À Table !

The Gourmet Culture of France

For Ken, Lowell and Coralie

À Table !

The Gourmet Culture of France

Becky A. Brown

ISBN 13: 978-1-58510-297-6
ISBN 10: 1-58510-297-0

Cover images:Front cover © istockphoto / James Goldworthy, Wing Tang, Andreas Arnold, and Yuriy Panyukov. Back cover © istockphoto / Maria Toutoudaki and Christoph Achenbach.

This book is published by Focus Publishing / R. Pullins Company, PO Box 369, Newburyport MA 01950.

10 9 8 7 6 5 4 3 2 1

Printed in Canada.

0210TC

Le menu

Remerciements

I owe my thanks to many, many people from all walks of life who offered expertise, advice and support over the years. Some I don't even know personally, but they responded enthusiatically to my questions posted on computer forums and listservs. The most vital help came in the form of subject matter texts that were meticulously clipped from newspapers and magazines and sent to me with care. Other content material came to me by way of precious time taken to scan texts and to attach them to e-mails. You will recognize your contributions throughout the book — it is far better because of you all!

Two dear friends were particularly helpful from the very beginning of this endeavor when it was merely an idea. Unbeknownst to them perhaps, Karine Annequin Welch and Deborah Houk Schocket assumed the role of impromptu sounding-board when I first envisioned a French Gastronomy culture course. I will be forever grateful for their expertise, generosity and sound advice which carried me through the ebb and flow of the years of course development and book project.

I couldn't be luckier to be surrounded by such supportive colleagues and students who helped throughout the inception, design and compilation of materials necessary for this book. I used, in some way, every piece of information that was shared with me. My profound thanks to: Nabil Boudraa, Thomas Broden, Juliette Cherbuliez, Lauren Clarke, Melanie Clary, Ric Coleman, Katharine Conley, Whitney Crosslin, René Dorel, Philippe Dubois, David Dulle, Amy Glaze, Renée Gosson, Marianne Gupta, Kathleen Hart, Joni Hipsher, John Kirby, Kazumi Hatasa, Julia Hebert Perceval, Sandra Hebert Perceval, Karine Henault, Garrett Heysel, Ken Knight, Elizabeth Knutson, Kathy Krause, Yannick Lallement, Tammy Lee, Tat Yen Lee, Howard Mancing, Susan McCready, Paul Miller, John Niendorf, Kristin Pairitz, Kim Pavel, Judy Pellissier, Sidney Pellissier, Valérie Perez, Debbie Peterson, Elizabeth Reeve, Nicole Roger-Hogan, Michael Ruhlman, Charlotte Scarcelli, Marcia Stephenson, Meghan Sutherland, Stéphanie Vallée, Gary Vaynerchuk, Nadège Veldwachter, Antoinette Wang, Erdmute Wenzel White and Allen Wood.

A vital component of this text owes its merit to the first-person essays found at the end of each chapter that give another authentic voice to the perspective presented. For this greater depth and cultural richness, I'm deeply appreciative to those contributors: Michelle Benoit, Éric Calais, Maude Cherrier, Amy Glaze, Frédérique Grim, Jennifer Haase, Valérie Orlando, Valérie Perez, Glen Pitre, Nicole Roger-Hogan, Maude Roucan-Kane, Chris Thielman, Karen Thielman, Nadège Veldwachter, Anne Violin-Wigent, and Karine Annequin Welch.

I have benefited immeasurably from the professionalism of Ron Pullins, his editorial staff, and their reviewers; Christopher Anderson (University of Montana), Amy Hubbell (Kansas State University), and Holly York (Emory University). To have such a competent and efficient team behind this endeavor is essential to its success. I will be forever beholden to Ron for believing in me from the very first communication.

I continue to be indebted to all of my students whose unbridled enthusiasm, boundless generosity, and youthful sense of humor make my job the best one could have.

Enfin, merci du fond du cœur pour le soutien précieux de Ken, Lowell et Coralie. C'est à eux que je dédie mon présent et mon avenir.

Préface

À Table ! The Gourmet Culture of France is a French culture text intended for the intermediate or advanced student. Ideally, students will have had two years of French grammar instruction covering the typical 4-skills curriculum—speaking, writing, reading, listening. As such, the emphasis in this manual is French society, language, history, custom and attitude, while only certain contextualized grammar revision is presented in supplementary form.

Like any other specific domain, the world of gastronomy is replete with a unique jargon that is challenging in any language. In a semester-long course, however, this lengthy time span allows for revisiting, recapitulating, and recycling of culinary vocabulary, expressions and notions. In fact, since all of the material centers on this one theme, the student necessarily draws on the jargon of the field repeatedly throughout the course. This pedagogical design is often touted as one of the strong points of content-based instruction (CBI).

While the student benefits from this purported sound pedagogy, the instructor, however, is met with a daunting task—mastery of the content of food culture. Instructor's competency in the content area, admittedly, is a serious concern of the CBI approach. Consequently, this book has been written with this concern in mind, such that each chapter and each section is self-contained. That is, all the necessary information is presented in each part of the text in order for the instructor to conduct meaningful discussions and activities, as well as subsequent writing assignments. Additionally, many useful resources appear throughout the book for further investigation, if desired. Furthermore, the appendix contains supplementary materials and helpful guides for both the instructor and student.

The chapters are organized for the most part chronologically. Decisions regarding chapter content and topic order were guided first and foremost by pedagogical soundness rather than necessarily by topical coherence. This occasional disjunction is, in fact, incidental for a CBI course whose goal is language mastery through content, as opposed to courses in culinary schools in which this particular content would be key. Thus, each chapter contains essays of information in different formats—prose and poetry, specific grammar points, a *dégustation* exercise, and a simple, but culturally important, recipe for the student to try at home. Given its componential design, the instructor may use any part of any chapter and may opt out of others. The text has also been designed with institutions in mind that incorporate Writing Across the Curriculum.

Many French courses in today's curricula use additional resources to accompany the textbook. One novel that complements a culture course on French Gastronomy exceptionally well is Peter Mayle's *Aventures dans la France gourmande : avec ma fourchette, mon couteau et mon tire-bouchon* (Seuil, 2003) translated into French by Jean Rosenthal. Students may read it on their own over the duration of the semester, or instructors may incorporate discussions into class lesson plans. The appendix includes comprehension and discussion questions specifically for Mayle's book that are divided by chapter and page range to promote independent learning.

An instructor may also wish to enhance the Francophone dimension by including the reading of *Comment cuisiner son mari à l'africaine* (Albin Michel, 2000) by Calixthe Beyala. This author from Cameroon weaves a thoughtfully amusing tale around Francophone cultural identity and self-discovery in Paris and the pursuit of love against the backdrop of African cooking. The appendix contains discussion questions for each chapter of this novel.

This course may also be supplemented by any of the many excellent films revolving around food themes that have been produced over the years. Each chapter is followed by a film suggestion, but any from the list of possibilities works very well at any point in the course and in any individual style.

Chapitre 1

Apéritif
Qui stimule l'appétit

Dans ce chapitre nous espérons *stimuler votre appétit* pour la gastronomie française, c'est-à-dire tout ce qui concerne la nourriture dans l'histoire et sa place dans la culture française. Commençons donc par cette perspective historique. Notre *apéritif* vous ouvrira les yeux sur le début de la notion de *cuisine* dans l'histoire française.

L'histoire de la gastronomie française révèle les traits particuliers et explique la présence des caractéristiques uniques à cette culture. Par exemple, dans la société contemporaine occidentale, on mange avec une fourchette, une cuillère et un couteau. Contrairement à la Chine, on mange avec des baguettes° et à la Tunisie on mange avec la main droite. On peut donc se poser la question : *Pourquoi pense-t-on à la France quand on parle de la gastronomie et non pas à l'Italie ou au Maghreb, par exemple ?* Il y a en effet des traditions anciennes dans le monde entier. C'étaient en fait les Français qui ont codifié les éléments fondamentaux de la cuisine avec des méthodes et techniques pour faciliter l'enseignement. Cela veut dire que toutes les cultures partagent les éléments fondamentaux pour la préparation de la nourriture, mais les Français les ont largement rendus maîtrisables° et « enseignables ». En conséquence, la France a créé des écoles culinaires pour former des chefs. Ainsi, des méthodes et recettes anciennes ont perduré° à travers les siècles, non pas seulement par l'oral comme ailleurs, mais conservées par l'écrit.

Au Moyen-Âge (de 400 à 1500) il y a une distinction sociale très importante entre l'aristocratie et les paysans dans le système féodal. La conséquence démontre un contraste constant entre les privilèges des riches (les seigneurs féodaux, les nobles, la cour°) au prix des pauvres (les paysans, les serfs). Chez les paysans surtout, la nourriture se fait rare, alors le fait de manger est considéré

les baguettes : chopsticks

maîtrisable : controllable

perdurer : to endure

la cour : royal court

un don : gift

comme un don° de Dieu et un événement sacré. Les paysans sont de simples consommateurs de céréales, de légumes [illegible] que les riches sont marqués comme la classe des mangeurs de viande. Le résultat de ce fossé favorise le développement de deux cuisines distinctes : une cuisine classique et une cuisine régionale. Fortunée, l'aristocratie a accès à une grande variété de fruits, de légumes et d'épices. La table des riches se couvre de montagnes de viandes de toutes sortes. De plus, la coutume pendant le repas est de ne pas remettre un aliment sur la table d'un aristocrate. Par exemple, si on prépare une soupe aux poireaux°, on ne met pas de poireaux dans la cuisson° de la viande. On prépare de préférence des carottes ou des pommes de terres.

un poireau : leek / *la cuisson* : cooking

un plat : dish

un couvert : place setting

la serviette : napkin

la nappe : tablecloth

On trouve plusieurs plats° à la fois sur la table de la population fortunée. Le repas est élaboré, élégant et multicolore. Il n'y a pas encore de couvert° individuel et on mange avec les doigts, le pain servant souvent d'ustensile. Les armes ont une double fonction : couteau pour couper la viande à table et protection du corps contre l'ennemi. Comme la serviette° n'existe pas encore, la nappe° est à double épaisseur pour s'essuyer les doigts.

Astuce (Chef's Tip)

La cuisine classique	**La cuisine régionale**
pour les aristocrates et les riches	pour les paysans et les pauvres
emploie plusieurs aliments différents	peu d'aliments variés ; produits de la région
variétés de textures, d'épices, de couleurs	cuisine simple
interdiction de répéter des aliments durant un repas	autorisation de répéter des aliments durant un repas
les sauces préparées à part	liquide ajouté à la marmite°

une marmite : cauldron

L'influence de la Renaissance italienne touche la France vers la fin du Moyen-Âge au 16e siècle. Alors que la Renaissance évoque des images, des avancées dans l'architecture, la peinture et la musique, elle se répand également dans le domaine des cuisiniers, des pâtissiers et des verriers°. La variété de produits s'élargit et les chefs apprennent la cuisson de nouvelles denrées°. Néanmoins, les pratiques alimentaires de la Renaissance restent très proches de la cuisine du Moyen-Âge. Pourtant, cette stabilité ne va pas durer longtemps après cette époque.

un verrier : glassmaker
une denrée : produce

À partir du 17e siècle, on parle du début de la haute cuisine, qui marque un bouleversement dans la préparation des mets°. Par opposition au Moyen-Âge, le plat devient maintenant plus léger et moins épicé, avec le développement des techniques complexes guidées par la science culinaire. Par exemple, le chef prépare la sauce *à part* du rôti°, et elle a sa propre recette°. Auparavant, le liquide de cuisson n'était pas séparé de la recette du plat. Les livres de cuisine énumérent désormais les listes de sauces. Grâce à ces livres de cuisine, toutes les cours d'Europe peuvent suivre la cuisine française et la France affirme pour toujours son identité culinaire.

un mets : dish
un rôti : roast / *une recette :* recipe

Les méthodes se transforment de nouveau au 18e siècle avec des techniques et méthodes de cuisson encore plus raffinées. L'influence alchimique a inspiré la recherche de l'essence et de l'esprit de l'aliment°. Le chef s'appuie en outre sur la maîtrise du métier. Cela implique une parfaite connaissance de chaque étape de la préparation et de toutes les techniques de cuisson possibles. Par la suite, les livres de cuisine de cette époque sont bien détaillés à cette fin.

un aliment : food item

Quant aux classes sociales, malgré la dissolution du système féodal moyenâgeux et l'ascension de la bourgeoisie, la séparation du peuple persiste. Ce fossé est fort illustré dans les établissements publics. Au Moyen-Âge, les tavernes et les auberges (fréquentés seulement par des paysans) servent des mets simples. Le restaurant, par contre, où l'on sert une gamme importante de plats, apparaît durant la deuxième moitié du 18e siècle. Le « catalyseur » pour cette industrie est la Révolution de 1789. Les chefs cuisiniers n'ayant plus de travail chez les nobles, ouvrent ainsi leurs propres

cuisines ou lieux pour *restaurer* le corps avec la nutrition, d'où le nom *restaurant*.

L'âge d'or de la gastronomie française se manifeste au 19e siècle car la France (et surtout Paris) s'établit comme modèle culinaire dans le monde entier. Le public dans l'hexagone devient plus expert en goût, mets, service et cuisson grâce aux livres critiques et discours gourmands. Les avancées chimiques, biologiques et industrielles vont de pair avec celles de la cuisson. Comme on comprend mieux le goût° et le palais°, le chef commence, entre autres, à préparer des plats qui font appel aux sensations complémentaires. De plus, à cette époque, on remarque l'apparence de la garniture sur le mets et la décoration des plats.

le goût : taste / *le palais* : palate

Enfin la modernisation de la cuisine française s'achève au 20e siècle. Le chef dispose du fourneau et du réfrigérateur professionnels. D'autre part, il bénéficie du système de brigade, où chaque cuisinier a sa compétence, plats rôtis ou desserts. D'ailleurs, l'industrie hôtelière s'épanouit et le chef est célébré.

Au 21e siècle la diversification des techniques et des méthodes se développe au plan international. Il y a de véritables mouvements culinaires provenant d'autres pays, bien qu'ils soient basés sur la cuisine classique en France. La réputation française comme maître de la gastronomie demeure. Par conséquent, l'art français du bien vivre et de la bonne chère° est enfin partagé par les peuples à travers le monde.

la bonne chère : eating well

⚜ Une cuillerée de réflexion

1. On peut constater que l'histoire de la gastronomie américaine commence en 1621 avec Thanksgiving qui fête la première récolte des pèlerins (*pilgrims*). Décrivez la scène. Qui sont les participants ? Que mangent-ils ? Comment la fête et le repas ont-ils changé au fil des années ?
2. Quels sont les plats typiquement associés à la culture française ? Lesquels avez-vous déjà dégustés ?
3. Nommez quelques plats traditionnels américains. Sont-ils associés à un repas de fête ?
4. Quels sont les plats que vous mangez avec des couverts (*silverware*), des baguettes ou avec des doigts ?
5. Aimez-vous faire la cuisine ? Quels mets aimez-vous préparer ?
6. On dit souvent que la différence entre l'Américain et le Français est que le premier mange pour vivre et le deuxième vit pour manger. Êtes-vous d'accord ?
7. Que prépareriez-vous à un Français qui voudrait déguster un plat typiquement américain ?

⚜ Au goût littéraire

Un extrait de Pierre de Ronsard (1524-1585)

L'artichaut et la salade
L'asperge et la pastenade°
Et les pompons° tourangeaux°
Me sont herbes plus friandes°
Que les royales viandes
Qui se servent à monceaux°.

la pastenade : carrot (archaic) / *le pompon* : melon (archaic) / *tourangeau* : from Tours / *friand* : fond

un monceau : heap

⚜ Une cuillerée de réflexion

1. Décrivez (ou même dessinez) l'image que vous imaginez en lisant ce poème ?
2. Composez un mets en utilisant les ingrédients trouvés dans ce poème.
3. Ronsard, un poète médiéval d'une famille noble, aimerait-il votre plat ? Expliquez.
4. Sachant que les nobles mangeaient de vastes quantités de viandes, trouvez l'ironie dans cet extrait.

Métaphore mangeable : Se fendre la pêche

Rire aux éclats.

Je lui ai dit la blague et elle s'est fendue la pêche.

⚜ Une pincée de grammaire

Le comparaison : Bon *good* / Meilleur *better*

Bon et *meilleur* sont des ADJECTIFS. Ils modifient ainsi les NOMS et donnent des informations sur les noms. C'est-à-dire que dans les phrases on peut trouver le nom modifié.

Troisgros est un *bon* restaurant à Roanne. ↑ *le nom modifié*	Troisgros is a *good* restaurant in Roanne. ↑ *the modified noun*
↓ *le nom modifié* Leur chef, Michel Troisgros, est *meilleur* que la plupart des chefs français.	↓ *the modified noun* Their chef, Michel Troisgros, is *better* than most French chefs.
Ce café est *bon.* ↑ *le nom modifié*	This coffee is *good.* ↑ *the modified noun*
↓ *le nom modifié* Le pain français est *meilleur* que le pain américain.	↓ *the modified noun* French bread is *better* than American bread.

Complétez les phrases ci-dessous avec la forme correcte de *bon* ou *meilleur.* N'oubliez pas d'accorder la forme en genre et en nombre : *bon*(*s*), *bonne*(*s*), *meilleur*(*s*), *meilleure*(*s*).

1. Julia Child, c'est une ______________________ (*good*) cuisinière américaine.
2. Elle a appris aux Américains les ______________________ (*good*) techniques françaises.
3. Ses pommes frites sont ______________________ (*better*) que les miennes.
4. Paul Bocuse, un chef célèbre, est ______________________ (*better*) que la plupart des chefs.
5. Les pains de Julia Child sont aussi ______________________ (*good*) que les pains de Fernand Point.
6. Les pommes frites de mon ami ont ______________________ (*good*) goût.
7. Troisgros à Roanne est un ______________________ (*better*) restaurant que Le Grenier à Lyon.
8. Alice Waters a proposé une ______________________ (*better*) philosophie de cuisson américaine Chez Panisse en Californie.

Bien *well* / Mieux *better*

Bien et *mieux* sont des ADVERBES. Ils modifient ainsi les VERBES, les ADJECTIFS et les ADVERBES, et donnent des informations sur les verbes, les adjectifs et les adverbes. C'est-à-dire que dans les phrases on peut trouver le verbe / l'adjectif / l'adverbe modifié.

le verbe / adjectif
↓ *modifié*
Troisgros est *mieux* connu en France qu'aux E.U.

the modified
↓ *adjectival*
Troisgros is *better* known in France than in the US.

le verbe
↓ *modifié*
Leur chef, Michel Troisgros cuisine *mieux* que la plupart des chefs français.

modified
↓ *verb*
Their chef, Michel Troisgros, cooks *better* than most French chefs.

Ma mére fait *bien* la cuisine.
↑ *le verbe modifié*

My mother cooks *well.*
↑ *the modified verb*

Elle cuisine aussi *bien* que sa soeur.
↑ *le verbe modifié*

She cooks as *well* as her sister.
↑ *the modified verb*

Complétez les phrases ci-dessous avec *bien* ou *mieux*. N'oubliez pas que l'on n'accorde pas les adverbes !

1. Julia Child fait ______________________ (*better*) la cuisine française qu'Alice Waters.
2. Mais Alice Waters a ______________________ (*well*) rétabli la connection entre le plat et le jardin.

3. Pierre Troisgros fait les grillades aussi ____________________ (*well*) que son frère, Claude.
4. Les fils de Michel Troisgros apprennent ____________________ (*well*) la cuisine à l'école culinaire de Paul Bocuse à Lyon.
5. Les sous-chefs travaillent ____________________ (*well*) chez Guy Savoy à Paris.
6. Les Français aiment ____________________ (*better*) le pain français que le pain américain.
7. La pizza est ____________________ (*well*) assaisonnée. (*The pizza is well-seasoned.*)
8. Thomas Keller, chef de French Laundry, est ____________________ (*better*) connu aux E.U. qu'en France.

⚜ Les chefs d'autrefois

Taillevent

Vers la fin du Moyen-Âge, l'histoire de la cuisine française débute avec le premier grand chef professionnel appellé Guillaume Tirel dit *Taillevent* (1310-1395). À une époque où les recettes sont transmises de bouche à oreille, Taillevent documente les siennes dans un livre intitulé *Le Viandier.* Cet ouvrage montre les techniques influencées par le manque de réfrigération. Par exemple, la nourriture est salée et épicée, le résultat étant la perte du goût d'origine de l'aliment. Les sauces ont souvent pour base le vinaigre et la moutarde qui date d'ailleurs de cette époque.

La Varenne

Après la Renaissance, les coutumes culinaires sont codifiées par le grand chef de la cuisine classique, Pierre François de la Varenne dit *La Varenne* (1615-1678). Son ouvrage entitulé *Le Cuisinier françois* met en lumière le début de la haute cuisine influencée par la cour, la nouvelle reine venant d'Italie, Catherine de Médicis, et les valeurs de la société de la Renaissance. Les épices fortes du Moyen-Âge sont remplacées par des herbes fraîches. Ainsi, le palais à cette époque redécouvre le goût naturel de l'aliment. Grâce à La Varenne, le gourmet de nos jours apprécie les sauces béchamel et hollandaise, le roux, le bouquet garni et le mille-feuille.

Antonin Carême

Au début du 19e siècle, Marie-Antoine Carême dit *Antonin Carême* (1783-1833), est passionné par l'art de la présentation des pâtisseries, le sucre et la confection, et par la suite devient célèbre pour l'art culinaire. Pour lui, « les beaux arts sont au nombre de cinq, à savoir : la peinture, la sculpture, la poésie, la musique et l'architecture, laquelle a pour branche principale la pâtisserie. » Sa *pièce montée* est une véritable construction d'architecture inspirée par ses études dans ce domaine. On peut la trouver aujourd'hui dans les communions, les baptêmes et les anniversaires en France, ainsi que dans les gâteaux de

mariage aux E.U. Carême révolutionne les sauces en créant des sauces mères dont proviennent toutes les autres. De plus, on lui attribue la création de la toque, le chapeau des chefs. Pour toutes ses contributions il est appelé *Le roi des chefs et le chef des rois.*

⚜ Une cuillerée de réflexion

1. Réfléchissez au statut du chef dans la société d'autrefois. Qui a embauché des chefs ? Ensuite, examinez le statut du chef dans la société contemporaine. Qui embauche des chefs aujourd'hui ?
2. Que pensez-vous de la « starisation » du chef ? Combien de chefs pouvez-vous nommer ? Êtes-vous capable de citer leur contribution au monde culinaire ?

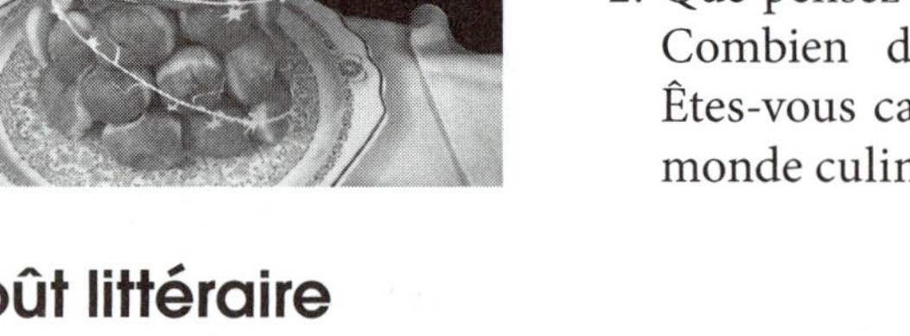

⚜ Au goût littéraire

« Que grand tu as et souple le gosier ! »
[How big you are and nimble the throat!]
— *Gargantua,* par François Rabelais (1494-1553)

à tort : wrongly

Cette remarque du papa à son fils, Gargantua, fait référence à sa grande taille et son énorme appétit. Rabelais, écrivain de la Renaissance, décrit le Moyen-Âge d'une manière satirique en employant un vocabulaire amusant, extraordinaire et quelquefois obscène. Il croit à tort° que l'époque est caractérisée par l'ignorance et la superstition. Il mêle la réalite et la fantasie en faisant référence à la fois à la tradition comique carnavalesque du Moyen-Âge et aux nouveaux savoirs de la Renaissance.

L'extrait suivant décrit la scène de la naissance du géant Gargantua et la quantité de nourriture qu'il faut pour apaiser son appétit incommensurable.

Chapitre 7

Comment le nom a été imposé à Gargantua
et comment il engloutissait le vin

Tandis qu'il buvait et s'amusait avec les autres, le bonhomme Grandgousier a entendu le cri horrible que son fils avait poussé en venant au monde, lorsqu'il avait crié pour demander : « À boire !

À boire ! » Ce qui lui a fait dire : « Que grand tu as ! » (sous-entendu : le gosier). En entendant ces mots, les assistants ont dit que vraiment, pour cette raison, on devait lui donner le nom de Gargantua, selon la coutume des anciens Hébreux, puisque telle avait été la première parole de son père à sa naissance. Grandgousier y a consenti, et le nom a plu tout à fait à sa femme. Pour apaiser l'enfant, on lui a donné à boire en quantité, puis il a été porté sur les bassins et baptisé, selon la coutume des bons chrétiens.

Et dix-sept mille neuf cent treize vaches de la région ont été réquisitionnées pour l'allaiter° quotidiennement°. Car il n'était pas possible de trouver, dans tout le pays, une nourrice° qui pût suffire, étant donné la grande quantité de lait dont il avait besoin pour s'alimenter.

allaiter : to nurse / *quotidiennement* : daily / *une nourrice* : wetnurse

C'est ainsi qu'il a passé un an et dix mois ; après quoi, par le conseil des médecins, on a commencé à le porter, et une belle charrette° à bœufs a été construite. On le promenait de-ci de-là joyeusement, et il faisait plaisir à voir, car il avait une belle figure et presque dix-huit mentons° ; il ne criait que bien peu, mais il se déféquait° dessus à toute heure, car il était prodigieusement flegmatique des fesses, tant par constitution naturelle que par une disposition fortuite, qui lui était venue à force° de trop boire du vin. Et il n'en buvait jamais une goutte sans cause, car s'il arrivait° qu'il soit dépité°, courroucé°, fâché ou chagriné, s'il trépignait, s'il pleurait, s'il criait, il suffisait de lui apporter à boire pour l'apaiser, et aussitôt il demeurait tranquille et joyeux.

une charrette : cart

un menton : chin

déféquer : to defecate

à force : eventually

(s'il) arriver (que) : to happen / *dépité* : annoyed / *courroucé* : angered

Une de ses gouvernantes m'a juré qu'il en avait tellement pris l'habitude qu'au seul son des bouteilles et des flacons il entrait en extase, comme s'il avait goûté les joies du paradis. Si bien que pour le réjouir, le matin, elles faisaient tinter les verres avec un couteau, ou les carafes avec leur bouchon, ou les pichets avec leur couvercle. À ce son, il s'égayait, tressaillait, se berçait lui-même en dodelinant° de la tête, pianotant les doigts et barytonnant du cul.

dodeliner : to wobble

C'est ainsi que l'immense bébé a été nommé. *Gar-gan-tu-a* signifie *que-grand-tu-as*. De plus, cette expression de l'antiquité, *gargantuan*, demeure toujours en anglais et préserve la signification originale de ce grand personnage.

⚜ Une cuillerée de réflexion

1. Explorez les choses dans la société médiévale qui peuvent être l'objet de cette satire ?
2. Quelle est la valeur du comique et de la fantaisie ?
3. En ce qui concerne la nourriture, êtes-vous difficile ? Quels sont vos plats préférés ?

⚜ Un zeste d'activité

1. Faites un portrait de l'enfant qui refuse de manger.
2. Écrivez un conte satirique qui commente la nourriture et la société.

Un repas est insipide, s'il n'est pas assaisonné d'un brin de folie

– Érasme (1469-1536)

⚜ François Vatel, maître culinaire au service de Louis XIV

écuyer de cuisine : kitchen manager

un festin : banquet / *fastueux* : sumptuous

un convive : guest

le feu d'artifice : fireworks

un vicomte : viscount

un plat : course

la crème chantilly : flavored whipped cream

Fritz Karl Watel dit *François Vatel* (1631-1671) est écuyer de cuisine°, maître d'hôtel et chef du protocole chez certains nobles aux châteaux de Vaux-le-Vicomte et de Chantilly sous le règne de Louis XIV. Son travail exige l'organisation de festins° fastueux° souvent pour la cour et la noblesse. Pour lui un dîner somptueux peut compter une cinquantaine de convives° ou bien quelquefois même mille ! Il s'occupe de tout ce qui concerne la soirée. Il planifie également le spectacle pendant le repas, c'est-à-dire la musique, la danse, les jongleurs, les acrobates et le feu d'artifice° pour conclure le spectacle.

À cette époque le maître culinaire est au service du roi ainsi que de ses nobles. Presque comme leur possession, le maître d'hôtel apporte du prestige à son vicomte° ou à son marquis qui, par la suite, impressionne le roi. Alors, Vatel, au service de son prince, cherche à se faire bien voir du roi par de grandioses menus de cinq ou six plats° composés d'une grande gamme de viandes et de desserts exotiques. En fait, la crème chantilly°, attribué à Vatel, est souvent servie au château de Chantilly (dont le nom).

Aujourd'hui, Vatel prend sa place parmi les grands personnages culinaires historiques. Il est même immortalisé par un film de Roland Joffé qui porte son som.

⚜ Un zeste d'activité

Visionnez le film *Vatel* de Roland Joffé (2000) avec Gérard Dépardieu. Observez surtout la présentation de la nourriture. De plus, remarquez le contraste entre le monde de l'aristocratie et du paysan.

⚜ Une pincée de grammaire

Bon *good* / Meilleur *better* ADJECTIF ET Bien *well* / Mieux *better* ADVERBE

Astuce	
Adjectif	**Adverbe**
une BONNE cuisinière	elle cuisine BIEN
ce café-ci est MEILLEUR que celui-là	il fait du café MIEUX que toi

Complétez les phrases ci-dessous avec la forme correcte de l'adjectif (*bon*(*s*), *bonne*(*s*), *meilleur*(*s*), *meilleure*(*s*)) ou de l'adverbe (*bien*, *mieux*). N'oubliez pas que contrairement à l'adverbe, l'adjectif s'accorde en genre et en nombre.

1. Les ________________ (*good*) manières sont toujours importantes à table.
2. Leurs enfants ne se tiennent jamais ________________ (*well*) aux restaurants.
3. Hier, le serveur a ________________ (*well*) fait son travail.
4. On dit que le célèbre Pierre Hermé est ________________ (*better*) en pâtisserie que son maître.
5. Sans aucun doute, Joël Robuchon est un ________________ (*good*) chef.
6. Coralie aime ________________ (*better*) aller au restaurant que faire la cuisine.
7. Le chef Grant Achatz du restaurant Alinea cuisine très ________________ (*well*) la cuisine moléculaire.
8. La boulangère a fait une ________________ (*better*) baguette aujourd'hui.

Un grain de conversation

Entrer dans une boulangerie … ça creuse !

Going into a bakery really gives you an appétite !

⚜ La Dégustation : Le Chocolat Noir

Qu'est-ce qu'une dégustation ? C'est l'action de déguster qui veut dire *goûter ou manger avec un œil critique*. Ou plutôt avec les papilles bien réveillées ! Comme notre dicton en matière de la dégustation reprend l'adage du chef important du 20e siècle, Auguste Escoffier, « Faites simple ! » commençons par une dégustation de chocolat noir.

Malgré la mode récente du chocolat artisanal et même biologique dans les grandes surfaces américaines, le chocolat demeure une gâterie dans la vie d'un Américain. Il est bien entendu associé aux traditions comme Pâques, la Saint Valentin et Halloween, mais il n'est en aucun cas l'élément essentiel du repas. Cela implique que le chocolat ne fait pas partie du menu quotidien comme en France. Les Français associent le chocolat à Pâques et à Noël, mais aussi pour le goûter, le moment pendant la journée entre le déjeuner et le dîner où l'on prend une boisson et une nourriture légère. Pour la plus grande partie, c'est pour les enfants en rentrant de l'école. Traditionnellement, le goûter consiste en un bout de pain, un morceau de chocolat, des gâteaux secs et un verre de lait ou un chocolat chaud selon la saison. Dans la famille contemporaine cela peut être une variété de produits dérivées du secteur de la restauration rapide et les goûters deviennent de plus en plus variés et copieux.

Un grain de conversation

Avoir bon goût : to have good taste	*Evidemment, Escoffier a bon goût.*
Plaire : to be liked	*Le chocolat me plaît. Il m'a plu.*
Être friand(e) de : to be fond of	*Elle est friande de glace au chocolat.*

⚜ À Table

Pour la dégustation on choisit le chocolat noir pour son caractère nutritif antioxydant. Pour bénéficier de ce trait, il faut que le chocolat ait au moins 70% de cacao.

Dégustez les types de chocolat noir un par un. Mâchez lentement et retrouvez les goûts et les arômes. Reconnaîssez vos réactions d'aimer ou de ne pas aimer. Consultez les expressions ci-dessous pour vous aider à décrire les goûts.

⚜ Vocabulaire

les papilles : tastebuds	*lisse* : smooth	*une saveur* : flavor
une gâterie : treat	*crémeux* : creamy	*une saveur de noix* : nutty
sec : dry	*onctueux* : smooth *et* creamy	*râpeux* : rough
mœlleux : moist	*amer* : bitter	*granuleux* : granular
sucré : sweet	*salé* : salty	*fort* : strong

⚜ Une cuillerée de réflexion

1. Aimez-vous le chocolat ? Si oui, à quelle occasion en mangez-vous ?
2. Quand vous sentez l'arôme du chocolat, à quoi pensez-vous ? Êtes-vous capable d'identifier des éléments précis ?
3. Est-ce que le chocolat noir vous plaît ? Expliquez votre impression comme si vous étiez un critique culinaire.
4. Quel marque de chocolat préférez-vous ? Pourquoi ?
5. Quel type de boisson pourrait accompagner le chocolat noir ?
6. Quels autres aliments pourraient l'accompagner ?
7. Quant à la dégustation, par quelle force de goût faut-il commencer — forte ou fade, amère ou pas amère, piquante ou pas piquante ? Pourquoi ?
8. Qu'est-ce que le goût ? Comment arrive-t-on à un bon palais ?
9. Écrivez un résumé de la dégustation.

⚜ Un brin de parole

La vie se croque° au Nutella™

— Karine Annequin Welch

On vous l'a probablement déjà dit : il ne faut pas se fier° aux apparences ; ou, dans notre cas précis : L'habit° ne fait pas le Nutella™. Certes, le Nutella™ est bel et bien cette pâte à tartiner° au chocolat qui ravit les papilles, mais encore et surtout, une expérience toute en saveurs dans une vie d'enfant ; et aussi d'adulte quelque peu mélancolique en quête° de plaisirs gourmands simples et sublimes.

Laissez-moi donc vous parler un instant d'un de ces souvenirs d'enfance où tout n'était que pur plaisir. Plaisir auquel on s'adonnait° sans limites et où toute pensée rationnelle était rejetée avant même d'avoir pu se former. Ces souvenirs-là, on les chérit pour toujours.

Un mardi, vers 16h30, les années 1980s, retour de l'école, trois sœurettes, un village quelque part en France. On pose les vélos, monte bruyamment les escaliers du garage, ouvre la porte, « Papa, maman! ». Échanges de bisous. On pose les cartables°, on enfile ses chaussons, direction : la cuisine.

L'école est finie, les devoirs restent à faire mais entre temps, ah l'entre-temps, c'est le temps du temps suspendu. Cette demi-heure d'intense plaisir où tout est permis. En quelques instants, la cuisine se transforme en champ de bataille: la télé à tue-tête, les positions abracadabrantes sur les chaises en bois, les bouteilles de lait, le pain, la brioche° au beurre, les tartines grillées, la

se croquer : to take a bite
se fier : to trust
l'habit : clothes
tartiner : to spread
une quête : quest
s'adonner : to indulge in
un cartable : school bag
brioche : French butter roll

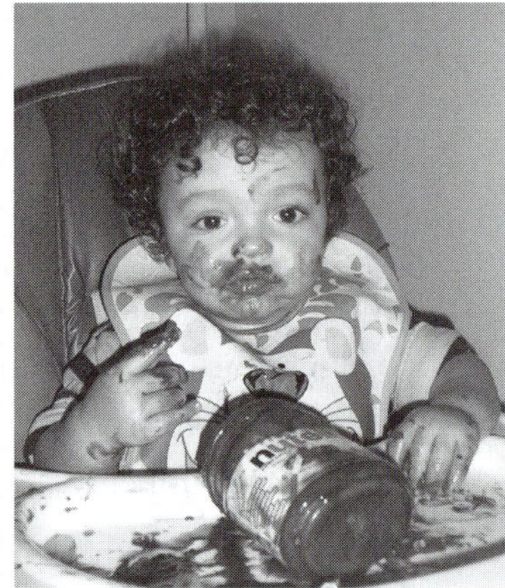

confiture, les bols, les cuillères, les fourchettes, les couteaux, pas les assiettes (jamais les assiettes) et pour finir en beauté tout 4 heures° digne de son nom … le Nutella™.

4 heures : snack time (*le goûter*)

Tout d'abord consommé à la grosse cuillère comme pour bien se rappeler du goût, puis soigneusement (pour ne pas en perdre une miette°) mais négligemment (pour en mettre le plus possible sur sa tartine) étalé° sur les tranches de brioche… pardon, vous avez dit brioche ? Où ça ? Ah, ça y est, je vois, la couche fine (mais primordiale° pour ne pas avoir les doigts plein de chocolat) en dessous de la montagne couleur cacao qui ressemble plutôt à la lave d'un volcan ayant englouti tout un village. (Quoique, des fois, je le faisais exprès d'en avoir sur les doigts pour prolonger le goûter en léchant un à un tous mes doigts et toujours en commençant par le pouce. Petite astuce : si vous en avez sur les doigts, vous en avez probablement aussi sur le côté de la main droite, (là ou vous posez votre main pour écrire)… si, si, cherchez bien, si ça n'est pas sur la main droite c'est probablement sur la main gauche… ou quelque fois, quand le goûter a éte particulièrement festif, sur le coude droit.)

une miette : crumb

étaler : to spread

primordial : essential

Et puis là, comme par enchantement, la sérénité fait place au chaos, le temps est en suspend. C'est le moment de la première « croque », celle où on n'entend plus personne, ne voit plus personne et où on oublie tout ; tout sauf son Nutella™. Celle où on s'en met plein la bouche, les lèvres, les dents, le palais, le nez et le menton. Celle qui nous dit que finalement l'école aujourd'hui ce n'était pas si mal, celle qui nous dit que peut-être on n'aura pas besoin de dîner ce soir, celle qui nous dit qu'on a vraiment de la chance d'avoir un papa et une maman qui nous achètent du Nutella™, celle qui nous dit que le Nutella™… ahhh, le Nutella™… (soupir sublime). En plus, c'est maman qui le dit (et c'est aussi écrit sur le pot) que le Nutella™ avec un verre de lait constitue un goûter bien équilibré, alors il y a vraiment pas de quoi se priver°. Aucun risque de culpabilité. Ça rend l'acte encore plus délicieux.

se priver de : to deprive oneself of

⚜ Expressions

croquer la vie à pleine dent : *to embrace life to the fullest*

l'habit ne fait pas le moine : *don't judge a book by its cover*

⚜ Une cuillerée de réflexion

1. Définissez et décrivez le Nutella™. En avez-vous déjà dégusté ?
2. À quel repas le Nutella™ est-il pris ?
3. Goûtez-vous régulièrement ? Si oui, que prenez-vous ?
4. Selon l'auteur, que signifie le goûter ?

⚜ Un zeste d'activité

1. Faites un dessin de la cuisine en *champ de bataille.*
2. Écrivez un essai personnel qui décrit une situation lorsque vous étiez à table sans surveillance. Exposez ce qui s'est déroulé. Y a-t-il eu des conséquences par la suite ?

À Vous, Chez Vous

⚜ Recette

Mousse au Chocolat

200 g (7 OUNCES) de chocolat noir
400 ml (1½ CUPS) de crème Half & Half™
4 œufs (séparer le blanc du jaune)
50 g (¼ CUP) de sucre

Battre les jaunes d'œufs avec le sucre jusqu'à ce qu'ils soient crémeux.

Faire fondre à feu doux le chocolat dans une casserole au bain-marie (DOUBLE BOILER). L'ajouter ensuite lentement à la préparation et bien remuer.

Battre les blancs d'œufs en neige très ferme.

Fouetter la crème jusqu'à ce qu'elle soit mousseuse.

Incorporer les blancs d'œufs délicatement à la crème. L'incorporer soigneusement à la préparation.

Verser dans des coupes ou des ramequins.

Laisser réposer deux heures au frais avant de servir.

Bon appétit !

⚜ Pour en savoir plus

Pour lire la suite de l'histoire de Gargantua et son fils, Pantagruel, consulter le livre de Pierre Mari entitulé *Pantagruel, Gargantua : Rabelais*, publié par Petits Classiques Larousse (2000).

Pour une excellente lecture détaillée sur l'histoire de la nourriture voir *Histoire de la cuisine et des cuisiniers* par Jean-Pierre Poulain et Edmond Neirinck, publié par Éditions LT Jacques Lanore (2004).

Pour un exemple visuel de l'apparat chez les nobles du 17e siècle voir le film *Vatel* (Roland Joffe, 2000). Ce personnage historique était le cuisinier et maître d'hôtel du prince au Château de Chantilly.

Pour lire un roman sur la culture contemporaine qui complète bien ce texte, profiter du livre de Peter Mayle et Jean Rosenthal, *Aventures dans la France gourmande : avec ma fourchette, mon couteau et mon tire-bouchon* publié par Seuil (2003). Des questions de compréhension et de discussion se trouvent dans l'appendice.

Chapitre 2

Amuse-bouche

Petit sandwich ou biscuit salé servi à l'apéritif

À la première vue de la quantité de verrerie° et d'argenterie° sur une table d'un restaurant chic, le convive débutant peut être *amusé*, fasciné, ou même intimidé. Comment peut-on savoir quel verre et quel couvert° doit-on utiliser ? Même les gourmets expérimentés doivent se demander de temps en temps, « Est-ce la fourchette pour l'amuse-bouche ou pour la salade ? » ou encore « Prend-t-on l'amuse-bouche avec les doigts ou bien avec la petite fourchette? » Particulièrement amusant, l'*amuse-bouche*° peut être servi sur un cure-dents° décoratif et offert directement de la main du serveur à celle du client !

la verrerie : glassware / *l'argenterie* : silverware

le couvert : eating utensil

l'amuse-bouche : hors d'oeuvre / *un cure-dents* : toothpick

En tout cas, le chef préfère que l'expérience au restaurant soit amusante, enrichissante et non intimidante ou frustrante. Dans ce chapitre nous allons donc apprendre à mettre la table, disons *mettre le couvert*°, et à utiliser les bonnes manières à table. Que ce soit à la maison ou au restaurant. Cela lèvera le mystère autour de ce monde culinaire, et l'étudiant deviendra aussi confiant au restaurant qu'à la maison.

mettre le couvert : to set the table

L'apparition du couvert° individuel se manifeste après les épidémies de peste° du 14e siècle. Afin d'éviter la diffusion des microbes à tous les convives, il devient évident de ne plus partager bols et cuillères avec son voisin de table. Dès lors chaque personne a ses propres couverts. La fourchette, déjà présente en Italie pour la dégustation des pâtes, fait son apparition sur les tables françaises au 16e siècle. Elle est introduite à la table du roi par Catherine de Médicis, femme du Roi Henri II. Afin de ne pas tacher leurs élégants habits, les aristocrates trouvent plus propre d'employer une fourchette.

le couvert : place setting

la peste : bubonic plague

À travers l'histoire, le placement sur la table du couvert individuel se précise. Aujourd'hui, il y a peu de différences entre la France et les États-Unis mais suffisamment pour confondre le débutant. Dans les deux pays, l'assiette occupe la position centrale avec les fourchettes sur la gauche, les couteaux et les cuillères sur la droite. Au plus près de l'assiette, se trouve la fourchette du plat principal. Puis à sa gauche, une seconde plus petite pour la salade ou le hors-d'œuvre. C'est sur la droite de l'assiette que l'on trouve la première différence. Aux États-Unis, il y a le couteau, et sur sa droite, la petite cuillère à dessert. Par contre, en France la cuillère à dessert est placée entre l'assiette et le verre. La place à côté du couteau est prise par la cuillère à soupe. La règle principale pour choisir son ustensile correctement est : *Les couverts s'utilisent de l'extérieur vers l'intérieur.* Autrement dit, on prend d'abord les couverts les plus éloignés de l'assiette. Une deuxième différence de style se trouve en France où on positionne la cuillère et la fourchette retournées sur la table. En voyant les dents de la fourchette faces à la table°, l'Américain pense à tort que c'est une erreur ! Alors, si vous êtes un convive bien poli, vous allez résister à la forte envie de mettre la fourchette ou la cuillère à l'endroit ! Voir les dessins ci-dessous pour mieux visualiser les différences entre les États-Unis et la France.

face à la table : face down

Une fois assis à table, il faut savoir comment se tenir correctement. En examinant un Américain à table à côté des Français, on observe une différence dans la position du corps. Sage et bien élevé, l'Américain s'assoit bien droit, la fourchette dans une main et l'autre main placée avec la serviette° sur les genoux. Cette position de la main sous la table n'est pas acceptée à la table française. Historiquement la main sous la table suggère l'action de sortir son arme. Cette position agressive dans le passé est devenue malpolie. De préférence il vaut mieux mettre les deux mains en vue des convives, c'est-à-dire fourchette et couteau toujours en main et les poignets° sur la table. Une autre différence, ce sont les acrobaties réalisées par l'Américain avec ces couverts, alertant fourchette et couteau afin de pouvoir couper et manger de la main la plus habile. Le Français coupe sans spectacle suivant les règles de bonne tenue : le couteau dans la main droite et la fourchette, dents vers le bas, dans la main gauche. Il est même acceptable de saucer son assiette avec un morceau de pain piqué sur les dents de la fourchette !

la serviette : napkin

un poignet : wrist

À Table !
(*"Come And Get It!"*)

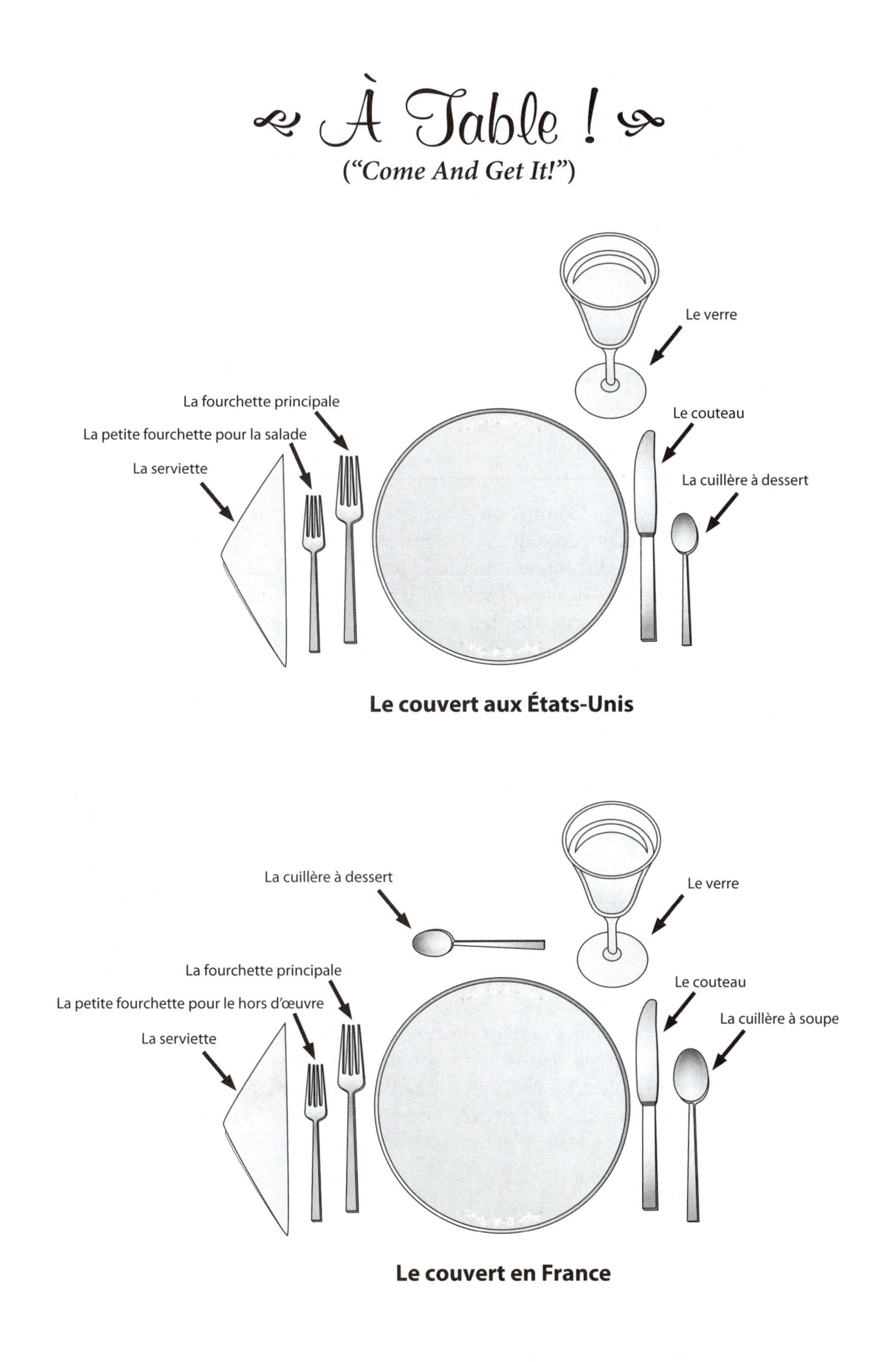

Le couvert aux États-Unis

Le couvert en France

Astuce	
À table aux États-Unis	**À table en France**
cuillère à café à côté du couteau	cuillère à dessert au-dessus de l'assiette
argenterie face vers le haut	argenterie retournée sur la table
une main sur les genoux	poignet placé sur la table; couteau en main
acrobatie du couteau pour couper	couteau reste toujours dans la même main
ne pas saucer son assiette	saucer son assiette avec un morceau de pain

la faïence : earthenware

Comme on le voit avec la fourchette, les bonnes manières à table rentrent dans la culture française avec l'aristocratie qui veut se distinguer du monde paysan « non-cultivé ». Avant le Moyen-Âge, il n'y a ni salle à manger ni table qui servent exclusivement à la prise des repas. On mange couché sur des lits ! Au cours des derniers siècles du Moyen-Âge et pendant la Renaissance, l'art de la table se développe et se raffine. Il subit l'influence italienne. Cette dernière est évidente dans la façon de manger, dans l'utilisation de la faïence° et dans le service. La position assise permet de disposer des deux mains et ainsi l'utilisation de la fourchette et du couteau. Celui-ci perd dorénavant sa double fonction d'arme et d'ustensile à table et prend pour fonction principale le découpage des aliments. Les assiettes individuelles n'apparaissent que tardivement. Au Moyen-Âge, on emploie une écuelle (sorte de bol) pour les plats liquides et une épaisse tranche de pain pour les plats solides, les doigts servant d'ustensiles principaux. L'apparition du couteau à table donne naissance à une tradition : le maître, ou bien un hôte à qui le maître veut faire un grand honneur, est en charge du découpage. Cette tradition demeure toujours de nos jours : quand la viande est servie entière, c'est le maître de maison qui la découpe. Aujourd'hui on peut voir cette coutume à Thanksgiving ou à Noël quand le père de la famille a le privilège de couper la dinde ou le jambon.

⚜ Une cuillerée de réflexion

1. Énumérez les conseils de nos parents qu'il faut respecter à table.
2. Dessinez le couvert pour une fête chez vous. Comparez-le à ceux de vos camarades de classe.
3. Pour la fête de Thanksgiving chez vous, qui coupe la dinde ?
4. Décrivez un moment embarrassant à table au restaurant ou chez des amis.
5. Dans votre vie personnelle, comparez la façon de couper un aliment. Dans quelle main gardez-vous la fourchette et le couteau ? Y a-t-il une différence entre votre génération et celle de vos parents ?

⚜ Au goût littéraire

Un poème de Guillaume Apollinaire (1880-1918)

Quand la faim est calmée
Les fruits gais et parfumés
Terminent le repas
Tous se lèvent joyeux et adorent la vie
Sans dégoût° de ce qui est matériel
Songeant° que les repas sont beaux sont sacrés
Qui font vivre les hommes

dégoût : disgust, distaste
songer : to consider

⚜ Une cuillerée de réflexion

1. Décrivez (ou même dessinez) l'image que vous imaginez en lisant ce poème ?
2. Composez un plat ou une décoration centrale (*table centerpiece*) en utilisant des fruits suggérés par les adjectifs *gais et parfumés.*
3. Apollinaire est connu pour le calligramme, un poème visuel dont la disposition typographique suggère le thème. Récrivez ce poème en plaçant les mots sur la page pour former une image. Ensuite, expliquez votre « dessin ».
4. Sachant que les poètes commentent souvent la société, discutez le symbolisme des deux expressions, *dégoût de ce qui est matériel* et *font vivre les hommes.* À quoi peuvent-elles référer dans la vie de l'homme ?
5. Comment comprenez-vous la description *les repas … sont sacrés* dans ce contexte ?
6. Pour quelle chose dans votre vie personnelle avez-vous faim ? Qu'est-ce qui la calme ?

Métaphore mangeable : Être soupe au lait

Se fâcher facilment.

Quand son couteau se casse, le chef est très soupe au lait.

⚜ Une pincée de grammaire

Le conditionnel pour exprimer la politesse

Le conditionnel en français comme en anglais permet d'indiquer la politesse. Si vous êtes à table et que vous désirez du sel, il est plus poli de demander, *Je voudrais du sel, s'il vous plaît.* ("I would like some salt, please.") Si vous êtes un invité et que l'hôte de la famille vous demande si vous en aimeriez encore, vous répondez, *Je reprendrais bien un peu de fromage.* ("I would like a little more cheese.") Si vous avez envie de manger tout de suite, vous pourriez dire, *Nous aimerions manger tout de suite.* ("We would like to eat right away.") Si vous avez besoin d'une deuxième serviette, vous pourriez demander, *Me serait-il possible d'avoir une autre serviette ?* ("Would it be possible for me to have another napkin?"). Par ailleurs, *Pourrais-je avoir … ?* (May I have … ?) est une autre formule utile que l'on peut également dire dans sa forme ancienne *Puis-je avoir* (prononcée comme *puis-j'avoir*). En somme, si l'on se trouve dans une culture étrangère et même chez soi, il est toujours conseillé d'être le plus poli possible. À cette fin, pratiquons un peu ! Rappelez que le conditionnel est formé avec le radical du futur, d'habitude l'infinitif du verbe, sur lequel est ajouté la terminaison de l'imparfait.

Astuce			
Pronom sujet	**Infinitif**	**Terminaison**	**Conditionnel**
je	-er: chauffer	-ais	je chaufferais
tu	-ir: servir	-ais	tu servirais
il/elle/on	-re sans 'e': cuir	-ait	elle cuirait
nous	-er: mélanger	-ions	nous mélangerions
vous	-ir: couvrir	-iez	vous couvririez
ils/elles	-re sans 'e': prendr	-aient	ils prendraient

Traduisez les phrases suivantes en français de politesse.

1. I would like some butter, please. ____________________

2. May I have some butter, please? ____________________

3. We would like to eat together. ____________________

4. May we eat together? ____________________

5. Would you like some more water? ____________________

6. I would like to meet him for dinner. ______________________________

7. I would love to go with her to cooking school. ______________________

8. Would it be possible for us to reserve four seats? ___________________

9. I'd prefer not to eat right away. _________________________________

10. I'd be delighted to help clear the table. ____________________________

⚜ Éléments de la cuisine classique : le fond et les sauces mères

Le fond° est la base de la cuisine classique française à partir duquel on fait des soupes, des sauces mères et de nombreux autres plats. La préparation du fond est simple mais longue. On fait mijoter° les os° des animaux (bœuf, veau° ou volaille°) avec des légumes et des épices à basse température pendant 1 à 2 heures. Par exemple, après le repas de Thanksgiving, on peut mettre tous les os dans une marmite° remplie d'eau, de carottes, d'oignons, de poireaux et d'un bouquet garni°. On fait bouillir cette préparation à feu doux pendant 2 heures en écumant° fréquemment pendant la cuisson. Ensuite, on passe° le tout à la passoire° pour finir avec un liquide clair et bien aromatisé. Celui-ci s'appelle un *fond blanc.* Pour faire un fond brun, avant de mijoter les os dans l'eau, on les colore° à four très chaud pendant 40 minutes. Cette étape donne au liquide sa couleur brune et le nom de *fond brun.*

le fond : stock

mijoter : to simmer / *un os* : bone / *le veau* : veal / *la volaille* : fowl

une marmite : cooking pot

un bouquet garni : thyme, bay leaf, parsley / *écumer* : to skim off the foam / *passer* : to strain *la passoire* : colander

colorer : to brown

Vers le 20e siecle, les cinq sauces mères qui constituent la base de la cuisine classique française sont :

1. la béchamel — faite avec du lait, de la crème, du beurre et de la farine°.
2. le velouté — fait avec un fond blanc de volaille, des jaunes d'œufs, de la crème, de la farine et du beurre.
3. la tomate — faite avec des tomates, des échalotes°, de l'aïl°, un bouquet garni et de l'huile d'olive.
4. l'espagnole — faite avec un fond brun de veau, de l'huile d'olive, des tomates, du beurre et de la farine.
5. la hollandaise — faite avec des jaunes d'œufs, du beurre et du jus du citron°.

la farine : flour

une échalote : shallot / *l'aïl* : garlic

le citron : lemon

Une cuillerée de réflexion

1. Retrouvez trois plats dans lesquels on utilise les trois fonds.
2. Retrouvez cinq plats dans lesquels on utilise les cinq sauces mères.

Un grain de grammaire

Un changement simple pour exprimer la politesse à l'écrit est de transformer une expression de l'impératif à l'infinitif. L'impératif indique un style direct alors que l'infinitif est indirect. Donc, dans un manuel scolaire on peut voir l'instruction ***Répondre*** *aux questions ci-dessous* ou lieu de *Répondez aux questions ci-dessous.* Par ailleurs, dans les recettes, on voit souvent l'instruction ***Incorporer*** *lentement les œufs dans la préparation.*

Au goût littéraire

Chapitre LI
De la vanité des paroles

— *Essais* par Michel de Montaigne (1533-1592)

Durant sa courte vie, Michel de Montaigne, écrivain de la Renaissance, a écrit trois tomes d'essais sur plusieurs sujets de l'homme, par exemple, la tristesse, la lâcheté°, la solitude, l'éducation, la colère, l'odorat°, l'expérience, et la conscience. Dans son œuvre il réussit à transmettre une philosophie profonde à travers des histoires personnelles.

L'extrait suivant tiré du Chapitre 51 des *Essais*, publié en 1580, décrit sa rencontre avec un maître d'hôtel italien qui décrit son service auprès du Cardinal Caraffe, neveu du Pape Paul IV au 16e siècle.

la lâcheté : cowardice
l'odorat : sense of smell

J'ai dit ce mot sur le sujet d'un Italien que je viens d'entretenir, qui a servi de maître d'hôtel au Cardinal Caraffe jusqu'à sa mort. Je lui faisais conter de sa charge. Il m'a fait un discours de cette science de gueule° avec une gravité et contenance magistrale, comme s'il m'avait parlé de quelque grand point de théologie. Il m'a déchiffré une différence d'appétits, celui qu'on a à jeun°, qu'on a après le second et le tiers service ; les moyens, tantôt de lui plaire simplement, les moyens tantôt de l'éveiller et piquer ; la police° de ses sauces, premièrement en général, et puis particulièrement les qualités des ingrédients et leurs effets ; les différences des salades selon leur saison, celle qui doit être réchauffée, celle qui veut être servie froide, la façon de les orner

la gueule : mug, mouth
à jeun : on an empty stomach
la police : monitoring

et embellir pour les rendre encore plaisantes à la vue. Après cela, il est entré sur l'ordre du service, plein de belles et importantes considérations, « Et il n'est certes pas d'une mince importance de distinguer la manière de découper un lièvre° ou un poulet. » Et tout cela enflé de riches et magnifiques paroles, et celles même qu'on emploie à traiter du gouvernement d'un Empire. Il m'est souvenu de mon homme : « Ceci est trop salé ; cela est brûlé ; ceci est fade° ; voilà qui est bien ! Souvenez-vous de faire de même une autre fois. Je les instruis soigneusement, autant que me le permettent mes faibles lumières. Enfin, Déméa° je les exhorte à se mirer dans leur vaisselle° comme dans un miroir, et les avertis de tout ce qu'ils ont à faire. » Si est-ce que les Grecs eux-mêmes ont loué° grandement l'ordre et la disposition que Paulus Æmilius° a observé au festin° qu'il leur a fait au retour de Macédoine ; mais je ne parle point ici des actions, je parle des mots.

un lièvre : hare

fade : bland

Déméa: 16c. theologian

la vaisselle : tableware

louer : to praise / *Paulus Æmilius* : 16c. teacher / *un festin* : feast

Le contexte plus large de ce texte est un commentaire sur la parole où Montaigne condamne la rhétorique. Néanmoins, on peut remarquer les caractéristiques du monde gastronomique à cette époque.

⚜ Une cuillerée de réflexion

1. Décrivez le monde gastronomique qu'observe Montaigne. Exposez les changements au cours de la Renaissance par rapport au Moyen-Âge.
2. Que pense Montaigne de la bienséance ou des bonnes manières ?
3. Discutez le choix des mots, *science de gueule*, pour parler de la gastronomie ? Quel est l'effet stylistique ?
4. Quelles expressions signalent l'importance de la bienséance ? du raffinement des ingrédients ?

En France nous avons la fourchette à quatre dents, le point culminant de la civilisation

– Eugène Briffault *Paris à Table* (1846)

⚜ Une pincée de grammaire

Et si + l'imparfait pour exprimer la politesse

À plusieurs moments dans votre vie, il se peut que vous aimeriez faire une demande, une requête, ou une suggestion. Dans ces cas, la structure *Et si* suivi de l'imparfait serait une éducation de bonnes manières. Observez les exemples ci-dessous et traduisez les phrases en utilisant cette structure pour exprimer la politesse.

Et si vous veniez avec nous ?	Why don't you come with us?
Et si on faisait un gâteau ?	What if we made a cake?
Et si vous me permettiez de vous chercher encore de pain ?	How about letting me get you some more bread?

Traduisez les phrases suivantes en français de politesse.

1. Why don't you eat with us? ______________________________
2. How about going to a French restaurant tonight? ______________________________
3. What if we made crêpes for lunch? ______________________________
4. How about helping clear the table? ______________________________
5. Why don't we cook dinner now? ______________________________

⚜ Compliments pour le cuisinier

Les convives à table ont l'occasion parfaite d'employer les règles de la bonne éducation en montrant leur appréciation au chef, au cuisinier ou à la maîtresse de maison. Alors profitez bien de ces compliments ci-dessous et servez-vous en volontiers et souvent !

Ça sent si bon !	That smells so good!
Ce bifteck a un goût délicieux !	This steak is delicious!
Ce dessert est un régal !	This dessert is delicious!
C'est vraiment alléchant !	It's really mouth-watering!
Les papilles se réveillent !	It's mouth-watering!
Il est vraiment délicieux !	It is really delicious!
Vous êtes un vrai cordon-bleu !	You are a true chef!
Vous êtes une cuisinière hors pair !	You are an excellent cook!
Ce repas est un vrai festin !	This meal is a real feast!
J'en demeure pantois !	I'm amazed!
Je me sens ébahi !	I'm amazed!
Ça vaut le détour !	It's worth the trip!

⚜ Un zeste d'activité

Composez un dialogue rigolo dans lequel un convive fait excessivement de compliments à l'hôte. Écrivez entre 15 à 20 lignes.

Un grain de conversation

J'ai assez mangé !	I've had enough to eat!
J'en ai assez, merci !	I've had enough, thank you!
Je ne peux plus rien avaler !	I can't eat any more!
Franchement, je n'en peux plus !	Frankly, I can't eat any more!
Il m'est vraiment impossible d'en reprendre!	I can't possibly eat any more!

⚜ La Dégustation : Le Pain

Rappelons que dégustation veut dire *goûter* ou *manger avec un œil critique et les papilles bien éveillées.* Le dicton d'Escoffier demeure toujours « Faites simple ! ». Alors cette fois-ci, nous allons apprécier une nourriture essentielle de la culture française à travers le monde — le pain.

Le pain est un des plus vieux aliments préparé par l'homme. Depuis l'antiquité jusqu'à nos jours, le pain garde une tradition d'honneur à chaque repas sur la table française. Au matin, le petit déjeuner consiste en une tartine, du beurre et de la confiture. Pour boire, les adultes prennent du café et les enfants prennent du lait au chocolat servis dans un bol. Le déjeuner et le dîner sont également accompagnés de tranches de pain mais sans beurre. N'oublions surtout pas le goûter où le pain est traditionnellement l'aliment principal. Le Français va souvent à la boulangerie pendant la semaine pour acheter du pain frais.

⚜ À Table

Pour cette dégustation on choisit le pain pour son importance quotidienne dans la culture française. De plus, son apport nutritif en protéine, en fibre et en fer est bien connu.

Dégustez les différents types de pain. Mâchez lentement et retrouver les goûts, des arômes, et des textures. Reconnaîssez vos réactions d'aimer ou de ne pas aimer. Consultez les expressions ci-dessous pour vous aider à décrire les goûts.

⚜ Vocabulaire

frais, fraîche : fresh
rassis : stale
friable : crumbly
sec : dry
doux, douce : soft, sweet
croustillant : crispy
acide : sour
amer : bitter
savoureux : tasty

⚜ Une cuillerée de réflexion

1. Aimez-vous le pain ? Si oui, à quelle occasion en mangez-vous ?
2. Quand vous sentez l'arôme du pain, à quoi pensez-vous ? Êtes-vous capable d'identifier des éléments précis comme le type de farine ou les nuances de goût ?
3. Faites une liste des types de pain. Quel pain préférez-vous ? Pourquoi ?
4. Quel type de boisson pourrait accompagner le pain ? Quelle boisson ne va pas du tout ?
5. Quels autres aliments pourraient l'accompagner ?
6. Dans quelles recettes se trouve le pain comme ingrédient ?
7. Pour cette deuxième dégustation, commencez-vous à identifier plus facilement les goûts ?
8. Écrivez un résumé de la dégustation.

⚜ Un brin de parole

La fille de la boulangerie

— Anne Violin-Wigent
professeur de français

L'odeur du pain frais inspire pour beaucoup de Français un sentiment de bien-être et de familiarité. Pour moi, c'est l'odeur de mon enfance, car j'ai eu la chance et le privilège de grandir dans une boulangerie. Comme beaucoup de Français, j'ai grandi dans un appartement. Jusqu'ici, rien de remarquable. Ce qui était bien plus remarquable est l'emplacement de cet appartement. En effet, nous habitions au deuxième étage d'un bâtiment, mais surtout la boulangerie (le magasin) était au rez-de-chaussée et le fournil (l'endroit de fabrication) était au sous-sol. Il m'était donc impossible d'échapper à la profession de mes parents.

Le métier de boulanger est un dur métier. Pour que le pain soit prêt quand les gens le veulent pour le petit-déjeuner, les boulangers doivent commencer à travailler vers 22h00. La fabrication du pain consiste en de nombreuses étapes :

- Le mélange des ingrédients (farine, eau, levure° et sel, et rien d'autre) dans le pétrin°
- Le pétrissage, qui dure environ 15 minutes
- Le pointage°, ou première levée°, souvent dans un bac° en plastique pour qu'on puisse pétrir° une nouvelle fournée°

la levure : yeast
le pétrin : kneading trough

le pointage : dough rising / *la levée* : dough rising / *un bac* : container / *pétrir* : to knead / *la fournée* : batch

- La division de la pâte° en pâtons° de poids régulier, 200 grammes pour les baguettes et les tresses°, 400 grammes pour les flûtes° et les épis°
- La détente, ou deuxième levée
- Le façonnage°, durant lequel la pâte est formée selon le pain désiré : un long boudin° pour la flûte et la baguette, mais aussi pour la tresse, la couronne°, ou l'épi, une boule pour les différentes boules, un boudin plus court pour les bâtards°.
- L'apprêt°, ou troisième levée
- Le marquage, où, d'une main experte, le boulanger entaille le pain avec une lame° de rasoir huilée afin de laisser l'humidité de la pâte s'évaporer pendant la cuisson
- L'enfournement°
- La cuisson, qui dure entre 20 et 30 minutes
- Le défournement°

En tout, ce processus peut prendre jusqu'à six heures.

Mais quelle merveille naît, quel miracle est issu de ce long processus ! Ce n'est pas pour rien qu'il existe en français de nombreux métaphores basés sur le pain : *long comme une journée sans pain, avoir du pain sur la planche°, gagner sa croûte°*, etc. Le pain est vraiment au cœur de la vie en France, et on ne peut pas imaginer un repas sans pain.

Quand je repense à mon enfance, le pain est présent à chaque repas. Pour le petit-déjeuner, une tartine de pain avec de la confiture trempée dans un bol de chocolat chaud. À midi, la salade n'a pas le même goût sans pain, et, sans pain, comment ne rien laisser de la délicieuse sauce qui accompagne la viande ? À quatre heures (mon repas préféré), un morceau de pain avec du beurre et quelques carrés de chocolat. Et le soir, après la soupe, une tranche de pain avec du fromage. Voilà un jour parfait, simple mais nourrissant et satisfaisant.

Mais attention, tous les pains et tous les boulangers ne sont pas égaux. Tout d'abord, le nom de boulanger est strictement règlementé par la loi française. En effet, ne peut s'appeler boulanger ou boulangerie qu'un magasin dans lequel le pain est pétri, façonné et cuit. Tout autre magasin devra trouver un autre nom, tel que dépôt de pain, vente de pain, etc. La protection du nom va de paire avec la difficulté de l'apprentissage. Non seulement faut-il apprendre à travailler avec les ingrédients pour avoir un produit de qualité, mais il faut aussi apprendre les détails de la réglementation sur la fabrication, la vente, et l'hygiène. (Pour

la pâte : dough / *le pâton* : dough roll / *une tresse* : braid / *une flûte* : thick baguette / *un épi* : wheat stalk-shaped bread

le façonnage : shaping

le boudin : roll

la couronne : crown wage

le bâtard : short, fat loaf

un apprêt : finish

la lame : blade

enfourner : to put in oven

défourner : to take out of oven

avoir du pain sur la planche : to have a lot to do / *gagner sa croûte* : to earn one's bread

avoir plus de détails, vous pouvez consulter un des nombreux sites sur la boulangerie en tapant *boulangerie* dans votre moteur de recherche favori.) Même parmi les boulangers, de nombreux éléments influencent la qualité du pain. Les Français, ayant tous des idées précises sur ce qui constitue le bon pain, parlent de leur boulanger avec une affection particulière. Certains refusent d'acheter leur pain ailleurs, ce qui rend les choses difficiles les jours de fermeture hebdomadaire : faut-il acheter deux fois plus de pain la veille et manger du pain rassis ou aller dans une autre boulangerie et manger du mauvais pain ? Décision au combien difficile !

De l'autre côté du comptoir, le métier de boulanger, bien que difficile, est aussi un des plus beau du monde. Il permet de forger des relations avec des gens qui apprécient votre travail tous les jours. On voit grandir les enfants : ils viennent d'abord avec leurs parents, acheter une baguette ou un pain au chocolat pour goûter ; puis, ils commencent à venir seul, portant avec délicatesse et timidité, mais aussi avec la conscience de l'importance de leur mission, l'argent qu'on leur a confié pour la baguette ; enfin, ils sont grands et ont déjà oublié le rite de passage qui consiste à aller chercher le pain tout seul, et surtout, le plaisir de manger le quignon° en rentrant.

quignon : heel of loaf

Cela fait maintenant des années que mes parents n'ont plus la boulangerie. Mais je n'oublierai jamais l'odeur qui a jalonné° mon enfance. Je n'oublierai pas non plus les moments que j'ai passés derrière le comptoir, à vendre ce précieux aliment. Enfin, malgré les années et la distance qui me séparent de cela, je resterai la fille de la boulangerie.

jalonné : marked

⚜ Une cuillerée de réflexion

1. Où l'appartement se trouve-t-il par rapport à la boulangerie ?
2. Dans quelle mesure le métier du boulanger est-il dur ?
3. À quel repas mange-t-on du pain en France ? Aux E.U. ?
4. Trouvez dans le texte un synonyme de l'expression *le goûter*. Décrivez les aliments d'un goûter traditionnel.
5. D'après la loi, quels sont les critères à remplir pour porter le nom de *boulangerie* ? Comment s'appellent les magasins qui ne correspondent pas à ces critères ?
6. Quelles sont les choses que les enfants font à la boulangerie ?

⚜ Un zeste d'activité

1. Écrivez un essai personnel qui décrit le métier d'un parent, d'un grand parent ou d'un(e) ami(e). Tirez-vous de l'inspiration de son éthique du travail rigoureuse ? De son intégrité ? De ses sacrifices ?
2. Créez des phrases avec les trois métaphores de pain dans le texte.

À Vous, Chez Vous

⚜ Recette

Croque-monsieur, croque-madame

2 cuillères à soupe de moutarde de Dijon
8 tranches de pain de mie (SANDWICH BREAD)
4 tranches de jambon cuit
248 g (2 ½ CUPS) fromage de Gruyère (ou de Suisse) râpé
57 g (4 TABLESPOONS) de beurre ramolli (SOFTENED)

Faire quatre sandwichs avec la moutarde, le jambon, et la moitié du fromage.
Étaler (SPREAD) le beurre sur l'extérieur des tranches de pain.
Faire griller 5 minutes les sandwichs.
Parsemer (SPRINKLE) l'autre côté des sandwichs avec le reste du fromage.
Faire griller de nouveau 5 minutes de plus.

Si vous désirez une croque-madame, vous n'avez qu'à ajouter un œuf au plat (FRIED EGG) sur le dessus, juste avant de servir.

Bon appétit !

⚜ Pour en savoir plus

Pour une excellente lecture détaillée sur l'histoire de la gastronomie française voir *Histoire de la cuisine et des cuisiniers* par Jean-Pierre Poulain et Edmond Neirinck, publié par Éditions LT Jacques Lanore (2004).

Pour lire plus d'écrits d'Eugène Briffault, consulter la réédition de *Paris à table*, publié par Mercure de France (2003).

Pour un exemple visuel du contraste de la cuisine française transportée dans une culture étrangère chez une famille d'une vie modeste et austère, voir le film *Le festin de Babette* (Gabriel Axel, 1987).

Chapitre 3

Entrée

Mets qui se sert en début du repas

L'*entrée* en France n'est pas du tout la même chose qu'aux États-Unis. Pour les Américains, c'est le plat principal. Mais l'expression en français signifie la première partie ou le commencement de quelque chose. Elle indique également le passage de l'extérieur à l'intérieur. Dans ce chapitre nous allons *entrer* dans les magasins d'alimentation. De plus, nous apprendrons à faire les courses° et à mieux comprendre *le ventre* de Paris.

faire les courses : to shop

Traditionellement, il y a des boutiques spécialisées pour chaque catégorie d'aliments. Par exemple, les Français vont à la boulangerie pour acheter du pain ; à la fromagerie pour acheter du fromage ; à la boucherie pour la viande ; à la charcuterie pour le porc comme par exemple les saucisses° et les saucissons° ; à la poissonnerie pour le poisson. Même avec l'apparition des supermarchés, cette tradition demeure toujours. Les rues d'un centre-ville bénéficient de pâtisserie de quartier qui côtoie les supermarchés Leclerc. En outre, une fois par semaine il y a le marché en plein air avec les produits frais des agriculteurs locaux. Le fait d'aller faire ses courses est une activité rituelle dans la poursuite de qualité la meilleure possible.

la saucisse : uncooked sausage / *le saucisson* : cured sausage

Au 17e siècle des marchands se sont installés dans les marais° en dehors de Paris d'où leur nom de maraîchers. La terre y était bien fertile pour une culture vaste des fruits et légumes. Chaque semaine les maraîchers se rendaient aux marchés locaux de Paris pour y vendre leurs denrées. Ce style de vie se maintient toujours mais maintenant les légumes poussent le plus souvent sous serres. De plus, les maraîchers jouissent à présent du grand prestige de spécialistes de la récolte. Leurs techniques sont intensives et professionnelles ce qui leur permet de produire des aliments à contre-saison° et de les vendre toute l'année. Leur influence touche l'économie des marchés puisqu'ils peuvent demander le double des prix normaux.

le marais : marsh

contre-saison : off-season

Un marché couvert datant du 12e siècle auquel les maraîchers assistaient s'appelle *Les Halles de Paris.* Ce vaste marché se trouvait au centre de la capitale et concentrait des denrées alimentaires, des textiles et des vêtements ainsi que de la mercerie. Les marchands y vendaient leurs produits sous des abris particuliers. Au travers des siècles, Les Halles se sont élargies et ont subi plusieurs reconstructions. Pendant l'âge d'or des Halles, le marché comptait douze pavillons faits de colonnes et de verre. Bref, un gigantesque ventre de métal.

Pendant les années soixante, le gouvernement a décidé de déplacer Les Halles à l'extérieur de Paris à Rungis afin d'avoir plus d'espaces libres. Le nouveau site commercial était situé au carrefour de grandes voies routières, ferroviaires et aériennes. *Rungis* (comme on l'appelle aujourd'hui) est géant, moderne, et est caractérisé par son accès facile pour les vendeurs et les acheteurs parisiens ou provinciaux. Il se proclame le plus grand marché de produits frais du monde comprenant la vente des poissons, des viandes, des fruits, des légumes, des produits laitiers et même des fleurs. L'ancien site a été transformé en centre commercial nommé *Forum des Halles.*

⚜ Une cuillerée de réflexion

1. Discutez des avantages et des inconvénients des magasins d'alimentation spécialisés. Révélez la qualité des aliments dans les supermarchés. Iriez-vous plus loin pour une nourriture de qualité ?
2. Les marchés en plein air de produits frais deviennent de plus en plus communs aux E.U. Les fréquentez-vous ? Pourquoi ?
3. En considérant la baguette comme un aliment typique pour les Français, qu'est-ce qui peut être considéré comme typique pour les Américains ?

⚜ Un zeste d'activité

1. Dressez une liste de toutes les boutiques propres à des aliments avec leur spécificité. (Exemple, *fromagerie : fromage.*)
2. Consultez le site Internet de Rungis et faites une visite virtuelle des pavillons. http://www.rungisinternational.com/fr/rouge/visite_virtuelle/index.asp
3. Faites votre liste de provisions pour la semaine. Combien de fois par semaine allez-vous au supermarché ?

⚜ Au goût littéraire

Un poème de Charles Baudelaire (1821-1867)

L'Âme du vin

Un soir, l'âme du vin chantait dans les bouteilles :
« Homme, vers toi je pousse, ô cher déshérité,
Sous ma prison de verre et mes cires° vermeilles,
Un chant plein de lumière et de fraternité !

Je sais combien il faut, sur la colline en flamme,
De peine, de sueur et de soleil cuisant°
Pour engendrer ma vie et pour me donner l'âme ;
Mais je ne serai point ingrat ni malfaisant

Car j'éprouve une joie immense quand je tombe
Dans le gosier d'un homme usé par ses travaux,
Et sa chaude poitrine est une douce tombe
Où je me plais bien mieux que dans mes froids caveaux°.

Entends-tu retenir les refrains des dimanches°
Et l'espoir qui gazouille° en mon sein palpitant ?
Les coudes sur la table et retroussant tes manches,
Tu me glorifieras et tu seras content ;

J'allumerai les yeux de ta femme ravie;
À ton fils je rendrai sa force et ses couleurs
Et serai pour ce frêle athlète de la vie
L'huile qui raffermit les muscles des lutteurs.

En toi je tomberai, végétale ambroisie°,
Grain précieux jeté par l'éternel Semeur °,
Pour que de notre amour naisse la poésie
Qui jaillira° vers Dieu comme une rare fleur ! »

la cire : bottle's wax seal

cuire : to cook

le caveau : small cellars

le refrain des dimanches : chiming church bell /
gazouiller : to gurgle

une ambroisie : ragweed

éternel Semeur : God

jaillir : to blossom

⚜ Une cuillerée de réflexion

1. Dans ce poème de la collection *Les Fleurs du mal* retrouvez qui parle et à qui ?
2. Qu'est-ce que la *prison de verre* ?
3. Le vin, qu'offre-t-il à l'homme ? À sa famille ?
4. Le vin, pourquoi ne sera-t-il pas ingrat ?
5. Où le vin se plaît-il bien mieux ?
6. Pourquoi l'homme sera-t-il content ?
7. Discutez de la métaphore du *vin*. Que pourrait-il symboliser ?
8. Baudelaire utilise un champ lexical rappelant l'odorat et l'effluve. Quelles odeurs embaument ce poème ?

> **Métaphore mangeable :** Les carottes sont cuites.
>
> Tout est perdu. Il n'y a plus aucun espoir.
>
> *On a raté le bus, alors on sera en retard pour l'examen. Les carottes sont cuites !*

⚜ Une pincée de grammaire

Le superlatif : *the best, the biggest, the most, the least, the worst*

Pour exprimer *the best, the most* et d'autres superlatifs, il y a deux structures : 1) pour l'ADJECTIF, qui modifie un nom et s'accorde et 2) pour l'ADVERBE qui modifie un verbe et ne s'accorde pas. Notez quand l'adjectif se trouve avant le nom, il reste dans la même position au superlatif.

1) ADJECTIF

La salade niçoise est *la plus belle* salade monde. *le nom modifié* ↑	Niçoise salad is *the most beautiful* salad du in the world. *the modified noun* ↑
Ce sont les fromages *les plus chers* du pays. ↑ *le nom modifié*	These are *the most expensive* cheeses in the country. *the modified noun* ↑
La Tour d'Argent est *le meilleur* restaurant de Paris. ↑ *le nom modifié*	La Tour d'Argent is *the best* restaurant in Paris. *the modified noun* ↑
C'est *le plus mauvais* chef dans la cuisine. ↑ *le nom modifié*	He's *the worst* chef in the kitchen. ↑ *the modified noun*

2) ADVERBE

Les boulangères <u>travaillent</u> *le plus fort.* ↑ *le verbe modifié*	The bakers (f.) <u>work</u> *the hardest.* *the modified verb* ↑
Ce robot ménager <u>fonctionne</u> *le mieux.* ↑ *le verbe modifié*	This food processor <u>works</u> *the best.* *the modified verb* ↑
Le saucier <u>cuisine</u> *le plus mal.* ↑ *le verbe modifié*	The sauce chef <u>cooks</u> *the worst.* *the modified verb* ↑

Complétez les phrases ci-dessous avec la forme correcte de superlatif. N'oubliez pas d'accorder l'adjectif en genre et en nombre et de ne pas accorder l'adverbe.

1. Jacques Torres est ______________________ (*the best*) chocolatier du monde.
2. Guy Savoy cuisine ______________________ (*the best*) soupe à l'artichaut du monde.
3. Ce couteau-ci coupe ______________________ (*the best*).
4. Ses poissons sont ______________________ (*the worst*) de tous les poissons du marché.
5. Elle était ______________________ (*the best*) chef à l'école Le Cordon Bleu de Paris.
6. Le boulanger de la boulangerie Poilâne à Paris travaille ________________ (*the most*) dur.
7. Le lave-vaisselle chez ma copine fonctionne ______________________ (*the worst*).
8. Voici le livre de cuisine ______________________ (*the most*) intéressant.
9. Les serveurs au bistro du quartier servent les plats du dîner ____________________ (*the least*) vite.

Un grain de conversation: *Expressions de quantité*

Beaucoup d'eau	A lot of water
Un peu d'eau	A little water
Un verre d'eau	A glass of water
Une tasse de café	A cup of coffee
Un bol de céréale	A bowl of cereal
Une bouteille de vin	A bottle of wine
Une coupe de champagne	A goblet of champagne

⚜ La pâtisserie : Miam-miam !

Le terme pâtisserie définie des confections sucrées faites par un pâtissier, l'art de leur préparation mais aussi la boutique où se vendent ses créations culinaires. Nous avons appris que les bonnes manières à table sont attribuées aux Italiens. Cette influence italienne ne se restreint pas seulement aux bonnes manières ; elle est aussi fortement marquée dans le domaine de la pâtisserie.

L'arrivée en France au 16e siècle de Catherine de Médicis et de son Chef Pâtissier Pasterelli correspond à l'apparition de techniques pour la création des pâtes qui forment la base de plusieurs pâtisseries. Aujourd'hui la France connaît la pâte à choux (pour faire l'éclair au chocolat), la pâte brisée (*pie crust*) pour la tarte, la pâte feuilletée (*puff pastry*) pour faire le croissant. Outre l'avancement dans l'art, la Renaissance a également marqué une grande influence dans l'art des confitures, des gelées, des massepains, des pains d'épices et des nougats.

⚜ Un zeste d'activité

Effectuez une recherche afin d'identifier différentes pâtisseries et en faire une description. (Exemples : *un chou à la crème, un mille-feuille, un saint-honoré, un savarin, un baba au rhum, un éclair.*)

⚜ Au goût littéraire

Le pavillon des fruits

— *Le ventre de Paris* par Émile Zola (1840-1902)

L'écrivain célèbre du mouvement littéraire naturaliste, Émile Zola, a dépeint la société française sous le Second Empire. *Le ventre de Paris*, publié en 1873, est le troisième roman de la série *Les Rougon-Macquart*. Zola a exposé le drame humain parmi d'autres thèmes en utilisant une allégorie d'abondance de nourriture pour exposer les dures conditions de travail aux Halles de Paris. Ce tome est connu pour de nombreuses descriptions de nourriture au marché évoquant les arômes et le sens de l'odorat. L'extrait suivant décrit le personnage de La Sarriette dans le pavillon des fruits avec des détails d'une précision infinie. [Note : Les variétés de fruits apparaissent en LETTRES MAJUSCULES.]

s'entasser : to pile up
couturé : studded
la guipure : lace

Et, dans l'étroite boutique, autour de La Sarriette, les fruits s'entassaient°. Derrière, le long des étagères, il y avait des files de melons, des cantaloups couturés° de verrues, des maraîchers aux guipures° grises. À l'étalage, les beaux fruits, délicatement parés dans des paniers, avaient des rondeurs de joues qui se cachent, des faces de belles enfants entrevues à demi sous un rideau de

feuilles ; les pêches surtout, les MONTREUIL rougissantes, de peau fine et claire comme des filles du Nord, et les pêches du Midi, jaunes et brûlées, ayant le hâle° des filles de Provence. Les abricots prenaient sur la mousse des tons d'ambre, ces chaleurs de coucher de soleil qui chauffent la nuque° des brunes, à l'endroit où frisent de petits cheveux. Les cerises, rangées une à une, ressemblaient à des lèvres trop étroites de Chinoise qui souriaient : les MONTMORENCY, lèvres trapues° de femme grasse ; les ANGLAISES, plus allongées et plus graves ; les GUIGNES, chair commune, noire, meurtrie° de baisers ; les BIGARREAUX, tachés de blanc et de rose, au rire à la fois joyeux et fâché. Les pommes, les poires s'empilaient, avec des régularités d'architecture, faisant des pyramides, montrant des rougeurs de seins naissants, des épaules et des hanches dorées, toute une nudité discrète, au milieu des brins de fougère ; elles étaient de peaux différentes, les POMMES D'API au berceau, les RAMBOURG avachies°, les CALVILLE en robe blanche, les CANADA sanguines, les CHÂTAIGNIER couperosées°, les REINETTES blondes, piquées de rousseur ; puis, les variétés des poires, la BLANQUETTE, L'ANGLETERRE, les BEURRÉES, les MESSIRE-JEAN, les DUCHESSES, trapues, allongées, avec des cous de cygne ou des épaules apoplectiques, les ventres jaunes et verts, relevés d'une pointe de carmin. À côté, les prunes transparentes montraient des douceurs chlorotiques° de vierge ; LES REINES-CLAUDES, les prunes de monsieur étaient pâlies° d'une fleur d'innocence ; les MIRABELLES s'égrenaient° comme les perles d'or d'un rosaire, oublié dans une boîte avec des bâtons de vanille. Et les fraises, elles aussi, exhalaient un parfum frais, un parfum de jeunesse, les petits surtout, celles qu'on cueille dans les bois, plus encore que les grosses fraises de jardin, qui sentent la fadeur des arrosoirs. Les framboises ajoutaient un bouquet à cette odeur pure. Les groseilles, les cassis, les noisettes, riaient avec des mines° délurés° ; pendant que des corbeilles de raisins, des grappes° lourdes, chargées d'ivresses, se pâmaient° au bord de l'osier°, en laissant retomber leurs grains roussis par les voluptés trop chaudes de soleil.

La Sarriette vivait là, comme dans un verger, avec des griseries° d'odeurs.

le hâle : tan / *la nuque* : nape of the neck / *trapu* : stocky, squat / *meurtri* : bruised

avachi : misshapen

couperosé : blotchy

chlorotique : anemic

pâli : pale

s'égrener : to drop off the bunch

une mine : expression / *déluré* : knowing / *la grappe* : bunch / *se pâmer* : to swoon / *un osier* : trellis

une griserie : intoxication

⚜ Une cuillerée de réflexion

1. Comme Baudelaire, Zola utilise un champ lexical rappelant l'odorat. Quelles odeurs embaument cet extrait ?
2. Désignez les parfums figurés dans le texte.
3. Trouvez les expressions qui dépeignent le champ lexical du corps féminin.
4. Discutez le rapport entre l'individu, La Sarriette, et son milieu, le pavillon des fruits.
5. Comment Les Halles peuvent-elles représenter un microcosme d'une société ?

⚜ Un zeste d'activité

1. Dans un premier temps sans s'aider du texte, dressez une liste des fruits cités. Puis complétez la liste, cette fois avec le texte.
2. Affinez la liste de fruits en ajoutant toutes les variétes.

Être en verve c'est avoir envie de se mettre à table, sans céder tout de suite à cette envie.

– Gustave Flaubert (1821-1880)

⚜ Une pincée de grammaire

Le partitif pour exprimer *some*

Les articles *du, de la* et *des* peuvent fonctionner comme des expressions de quantité. Si vous voulez un morceau de pomme, vous diriez « Je voudrais *de la* pomme. » Ou bien si vous voulez un peu de lait dans votre verre, vous diriez « Je voudrais *du* lait. » Souvent le verbe va de pair avec l'article suivant. Par exemple, *vous mangez, buvez* ou *voudrez du, de la* ou *des* « some » alors que *vous aimez, adorez, préférez* le total de quelque chose, *le, la* ou *les* or « all ».

Astuce			
Verbe	**Article défini**	**Verbe**	**Article partitif**
adorer aimer détester préférer	le, la, les	acheter avoir boire commander manger prendre vouloir	du, de la, des

Ajoutez les articles définis ou partitifs dans le passage suivant. Faites attention aux contractions et n'oubliez pas que *du, de la* et *des* deviennent *de* au négatif.

Pendant les vacances, Sophie et Coralie sortent souvent au restaurant pour manger ________ soupe à l'oignon et ________ crêpes bretonnes. Mais elles sont surtout gourmandes, alors c'est un vrai plaisir pour elle d'aller au salon de thé pour le goûter. Sophie aime ________ gâteau au chocolat, ________ glace à la fraise et ________ macarons. Coralie préfère ________ pâtisseries, alors elle ne commande pas ________ glace. D'habitude, elle prend ________ tarte aux pommes et ________ thé au citron. Toutes les deux, elles détestent ________ vin et ________ bière.

Un grain de conversation : *Expressions de quantité*

Un bouquet de persil	A bunch of parsley
Un brin de romarin	A bit of rosemary
Une pluche de fenouille	A sprig of fennel
Un clou de girofle	A piece of clove
Une branche de celéri	A stalk of celery
Une feuille de laurier	A bay leaf
Une gousse d'ail	A clove of garlic
Une pincée de muscade	A pinch of nutmeg

⚜ La Dégustation : La soupe à l'oignon

Continuons le développement de notre palais par une dégustation d'une soupe qui date de l'antiquité — la soupe à l'oignon. Il n'y a pas de complexité de goûts, mais assez de saveur pour éveiller les papilles. Suivant notre dicton « Faites simple ! », ce mets se compose surtout d'oignon et de beurre.

Dans son œuvre, *Le ventre de Paris*, Zola décrit la coutume des marchands des Halles de se chauffer aux premières heures du matin en prenant une soupe à l'oignon. Cette tradition demeure toujours à Rungis. Au restaurant et en famille, la soupe à l'oignon est servie chaude en entrée.

⚜ À Table

Pour cette dégustation on choisit la soupe à l'oignon pour son importance dans la culture française. C'est une des soupes les plus célèbres associées à la France. L'exemple de la soupe à l'oignon démontre à l'étudiant américain que la quantité d'ingrédients n'augmente pas forcement la qualité du mets. Aux E.U., par exemple, on pense que les pizzas et les sandwichs sont meilleurs s'ils contiennent au moins cinq ingrédients ! La soupe à l'oignon, en revanche, n'est composé que de trois : de l'oignon, du fromage et du fond de volaille.

D'abord, prenez un bon moment pour bien humer la soupe afin de découvrir les arômes. Ensuite, dégustez une cuillère de soupe en essayant de la garder quelques secondes en bouche pour en extraire les goûts. Identifiez vos réactions d'aimer ou de ne pas aimer. Consultez les expressions ci-dessous pour vous aider à décrire les goûts.

⚜ Vocabulaire

peu épicé, doux : mild	*léger* : weak	*trop dilué* : watery
épicé, piquant : spicy	*fort* : strong	*savoureux* : tasty

⚜ Une cuillerée de réflexion

1. Aimez-vous la soupe en général ? Si oui, à quelle occasion en mangez-vous ?
2. Quand vous sentez l'arôme de la soupe, à quoi pensez-vous ? Êtes-vous capable d'identifier des éléments précis comme les oignons, le beurre, le type de fond ou les nuances de goût ?
3. Faites une liste des types de soupe. Quelle soupe préférez-vous ? Pourquoi ?
4. Quel type de boisson pourrait accompagner la soupe ? Quelle boisson ne va pas du tout ?
5. Quels autres aliments pourraient l'accompagner ?
6. Composez un menu pour compléter la soupe à l'oignon en entrée.
7. Pour cette troisième dégustation, identifiez-vous plus facilement les goûts ?
8. Écrivez un résumé de la dégustation.

⚜ Un brin de parole

Du Prada pour du poulet

— Amy Glaze
Chef, Guy Savoy - Paris et Le Bernardin - NYC
[Traduction : Xavier Rassion]

la partie viande : meat station

Lorsque j'ai commencé à cuisiner à la partie viande°, je ne pouvais pas croire qu'on ait du poulet au menu. « Du poulet ? Il y a du poulet au menu ? C'est un restaurant parisien trois étoiles et on sert du poulet ? » J'ai finalement demandé à mon patron pourquoi un restaurant élu le 8ème meilleur au monde se rabaissait à servir du poulet et pourquoi au prix outrageux de cinquante euros l'assiette.

« Tu as déjà gouté ?
- Non, je ne suis pas fan du poulet.
- Fais maintenant la papillote°.
- Non, je ne peux pas, j'ai beaucoup trop de choses à faire.
- Maintenant !

la papillote : foil parcel

- Oui, chef. »

Alors j'ai préparé ce stupide poulet en bougonnant° tout le long. Pendant ce temps mon patron restait planté là les bras croisés inspectant chaque détail de ma manière de découper l'oiseau pour le cuisiner. Être surveillée par un chef français menaçant, il y a de quoi avoir peur. Les chefs français ne sont pas connus pour cajoler leurs subordonnés.

bougonner : to grumble

Avec un mélange d'adrénaline et d'angoisse circulant dans les veines, j'ai coupé le cou avec mon couperet°, et l'ai jeté avec défi dans la poubelle. J'ai coupé le bout des ailes, enlevé le bréchet° et ai fait des portions de cette satanée chose plus rapidement que si j'avais le diable au trousse°. Il étudia ma carcasse de poulet soigneusement pour être sur que j'avais levé les blancs correctement et placé les cuisses avec le sot l'y laisse°, partie que le Roi Louis IV avait déclaré comme étant sa préférée. J'ai réussi le test.

un couperet : cleaver

le bréchet : wishbone

avoir qqn à ses trousses : to have somebody hot on one's heels / *le sot l'y laisse* : chicken oyster

Après que ma découpe fut considéré comme acceptable, est ensuite venue la partie la plus délicate : la cuisson. J'ai mis les blancs dans une feuille de papier aluminium que j'ai soigneusement pliée comme une forme d'origami. A l'intérieur de la papillote j'ai ajouté une branche de citronnelle°, des légumes, et quelques pleines cuillères de fond de volaille fait maison. J'ai placé la papillote d'origami dans un plat en aluminium rempli d'eau pour la faire cuire au bain-marie° à four très chaud.

la citronnelle : lemongrass

un bain-marie : water bath

Pendant que nous attendions que le poulet cuise, je continuais avec d'autres tâches ménagères tandis que mon chef restait planté là les bras croisés à observer chacun de mes gestes me faisant remarquer chacune de mes erreurs. Ce fut embarrassant, car franchement je n'aime pas avoir tort. Tous ceux qui me connaissent bien savent que je déteste réellement avoir tort. Mais c'est encore plus frustrant de savoir que j'ai tort probablement 80% des fois alors que j'insiste pour avoir raison. Ce débat à propos du poulet n'était pas différent.

Finalement, mon chef annonça, « Essaye ! » J'ai retiré les blancs de l'aluminium et les ai observés. Il faut admettre que c'était joli et brillant comme la pale innocence de l'ivoire. J'ai un peu frissonné à l'idée d'avoir à manger la peau caoutchouteuse° qui n'était pas croustillante comme je l'aime. Mais, si il y a bien une chose que j'ai appris en cuisinant dans une cuisine française avec des grands chefs français, c'est que vous ne pensez pas, vous faites juste ce qu'on vous dit de faire. « Oui chef » j'ai répondu.

caoutchouteuse : rubbery

Puis il y eut le silence pendant que je mâchais et avalais …

« Oh! C'est bon ça ». J'ai rapidement ingurgité les restes des plus tendres blancs de poulet que je n'avais jamais mangés. Oui, mon chef français, contre ma volonté, m'a appris une autre chose :

le poulet peut être bon. Parfois je suis une telle snob de ma ville natale, San Francisco, que je pense que les Français sont totalement obsolètes quand on en vient à parler nourriture, mais une fois de plus, cela fait partie des 80% de fois où j'ai tort.

Pour conclure notre débat sur le poulet, j'ai humblement remercié mon chef de m'avoir permise de manger des blancs de poulet à cinquante euros car cela n'est vraiment jamais autorisé en cuisine.

Il a répondu avec un amusant accent anglais, imitant ma manière de parler californienne, « What. Ever-er ! » (peu importe). Évidemment une expression qu'il avait apprise par mes réponses à ses ordres parfois plaintifs.

plumer : to pluck / *désosser* : to debone / *le Guide Michelin* : restaurant guide / *sous-vide* : vacuum-packed

À ce jour, j'ai plumé°, vidé, désossé°, préparé, fait cuire le tout (une fois pour le directeur du Guide Michelin°), farci et mis sous-vide° plus de poulets que la plupart des personnes n'en mangeront jamais dans toute leur vie. En fait, je suis sûre que si je pariais, je pourrais faire n'importe laquelle de ces taches les yeux bandés. Et de tous ces poulets manipulés je peux dire qu'en France, le poulet c'est de la dinde. Pas littéralement bien sûr, mais il est servi aussi cérémonieusement les jours fériés qu'il l'est pour un dîner de semaine. Je sais que beaucoup d'Américains se moqueront probablement à l'idée de servir du poulet pour une occasion spéciale, mais ici, en France, même le Guide Michelin applaudit un poulet correctement cuisiné.

le Poulet de Bresse : heritage breed

la crête : cock's comb

Avez-vous déjà mangé du Poulet de Bresse°? Il a le goût de son apparence : délicieusement fier. Il est livré quotidiennement au restaurant avec la tête toujours attachée : avec sa crête° rouge-vif et un collier brun-blanchâtre de plumes propres et douces. Autour de son cou duveteux il affiche fièrement un collier certifié, qui fait clairement état des références de l'oiseau incluant son lieu d'origine et son numéro sanitaire. Parfois le chef accroche ces médailles autour de mon cou, ce qui engendre l'hilarité générale pour des raisons que je ne comprends toujours pas. Les oiseaux sont savoureux, bien nourris, délicieux et engraissés avec du maïs et du lait durant ses dernières semaines. Attends une minute - le collier - dit-il que je suis grasse ? Ooh la la !

Le poulet de Bresse est aussi le seul poulet de France à avoir une Appellation d'Origine Contrôlée (AOC). Cela signifie qu'il y existe des lois strictes concernant comment et où ces oiseaux sont élevés. Après exactement trente-cinq jours, les oiseaux sont alimentés en parcours herbeux. Ce régime est complété avec des céréales et du lait écrémé° durant une période spécifique. Chaque animal doit avoir dix mètres carrés d'espace et le nombre de têtes ne peut pas excéder cinq cent. La dernière phase de production se déroule dans des cages en bois aérées qui sont placées dans un endroit calme et peu éclairé pour que les poulets soient heureux et calmes. Les poulets restent en cage entre 8 jours et 8 semaines. Pas étonnant qu'ils soient si chers !

écrémé : skimmed

On a aussi quelque chose d'autre en France que la plupart des supermarchés et restaurants américains n'ont pas encore. On a le choix dans le type de poulet que l'on achète. Je ne parle pas de la race, bien qu'il y ait cela aussi, mais de l'âge et du sexe du poulet. Par exemple les fermiers élèvent des chapons (des coqs châtrés°) et des poulardes (des poules) pour les vendre aux restaurants et sur les marchés au moment des fêtes de fin d'années. Ces volailles sont élevées pour novembre et décembre. On affiche ces oiseaux au menu en décembre quand Paris est froid et que les clients entrent dans le désir de manger des nouveautés saisonnières. Comme ils sont seulement élevés pour une courte période de temps chaque année, les Français et Françaises savent qu'il faut les commander rapidement.

châtré : castrated

Si l'on vient à manquer de ces fameux oiseaux au restaurant, on arrête de les afficher au menu. On n'en commande pas de nouveau et ils seront seulement servis aux tables de quatre ou plus car ils seront cuits et servis entiers afin d'être découpé en salle par un des serveurs spécialement entrainé. En fait quand le Guide Michelin est venu manger (ils étaient cinq), nous avons préparé un gros chapon. L'astuce pour les cuisiner entiers est de s'assurer que la peau dore° régulièrement et soit sans craquelure ou déchirure. Cela est plus dur qu'il n'y parait. Tout particulièrement quand vous cuisinez en même temps pour soixante autres tables avec de multiples repas en cours et qu'il y a seulement deux fours.

dorer : to brown

Je n'oublierai jamais avoir cuisiné ces oiseaux entiers tout au long de décembre et avoir observé les serveurs et les chefs se chamailler° pour chaque savoureux morceau restant sur les carcasses, qui revenaient de la salle. C'était comme regarder une horde de pigeons s'abattant sur le dernier grain sur Terre. J'étais là, observant cette frénésie nuit après nuit dans une totale incrédulité. « Ce n'est qu'un simple coq châtré, comment cela

se chamailler : to bicker

peut-il être si bon ? » Une fois de plus, j'aurais dû tourner sept fois ma langue dans ma bouche°.

tourner sept fois la langue dans la bouche : to think carefully before speaking

Mon chef, contrarié que les serveurs puissent manger toutes les bonnes parties que manifestement seuls les cuisiniers méritaient, mit fin à ces attroupements et déclara que tous les poulets seraient retournés illico° à la partie viande après le découpage. Après cette déclaration, les carcasses nous furent rendues tout de suite. Seuls les chefs principaux et moi-même pouvions manger les restes – l'ordre hiérarchique d'abord ! C'est ainsi que j'ai appris que ces oiseaux sont délicieux et ont un goût différent. Ils ont une saveur plus raffinée que les jeunes poulets et restent pourtant juteux. La sauce Albufera° mélangée avec du foie gras que l'on fait spécialement pour accompagner les volailles n'altère pas du tout la saveur. Inutile de dire que ce fut impossible pour moi de résister à l'envie d'y tremper mes morceaux de choix.

illico : right away

la sauce Albufera : classic French sauce

Je sais qu'il y a beaucoup de personnes ici (incluant mon ami George et moi) qui pensent que les poulets sont de sales oiseaux. Je me souviens des coups que faisaient ceux de ma grand-mère et je peux dire que ce sont de méchants petits diables qui méritent d'être rôtis à la broche. Je n'ai jamais réfléchi à deux fois avant de tuer un poulet.

Cependant, les poulets en France semblent avoir une sorte d'élégance que les nôtres Américains n'ont pas. Je pourrais excessivement embellir la vérité et c'est difficile de ne pas le faire quand vous vivez dans une ville de mode inégalée°. Du Prada pour du poulet ! Sérieusement, certains restaurants servent en effet le collier du gallinacé° à côté du plat pour prouver son authenticité. Vous pourriez penser que c'est une chaîne en or Cartier, par exemple.

inégalé : unequaled

le gallinacé : fowl

Je suppose que pour les Français, c'est pratiquement ça. Au moins ils ont leurs priorités : les poulets bien nourris élevés dans des conditions humaines ont meilleur goût et cela vaut la peine de payer. Ou encore : l'âge et le genre importent peu. Ces deux dernières déclarations, je pense, rentrent dans la catégorie des 20% de fois où j'ai raison.

⚜ Une cuillerée de réflexion

1. Quelle est l'opinion de l'auteur sur la présence de poulet au menu du restaurant ?
2. Est-ce qu'elle aime le poulet ?
3. Pourquoi sert-on alors du poulet dans un des meilleurs restaurants au monde ?
4. Décrivez la technique culinaire *en papillote.* Y a-t-il d'autres aliments que l'on peut cuire en papillote ?
5. Décrivez la technique culinaire *au bain-marie.* Pour quelles préparations est-il utile ?
6. L'auteur était-elle impatiente de goûter le poulet ? Pourquoi ? A-t-elle aimé le goût ?
7. L'auteur, que veut-elle dire par *le poulet c'est de la dinde* ?
8. Pourquoi le Poulet de Bresse est-il supérieur aux autres poulets ? Décrivez ses conditions d'élevage.
9. Comparez la différence du poulet vendu au supermarché entre la France et les E.U.
10. Décrivez l'astuce du chef pour cuisiner entier un poulet.
11. Qui a le droit de manger les restes du poulet ?
12. N'avez-vous jamais mangé un aliment d'héritage comme des tomates de variétés anciennes ? Qu'en pensez-vous ? Cela vaut-il le prix ?

⚜ Un zeste d'activité

1. Écrivez un essai personnel qui décrit une fête de famille, où vous avez préparé pour la première fois un aliment très spécial ou rare. Dans quel magasin l'avez-vous trouvé ? Était-il cher ? Le plat était-il un succès ?
2. Écrivez un essai personnel qui décrit la première fois que vous avez acheté ou mangé un aliment spécial ou rare. Exposez vos impressions et émotions.

Un grain de conversation

Faire bonne chère : to eat well	*Bien sûr, les chefs font bonne chère.*
Se goinfrer : to pig out	*l'enfant se goinfre de chocolat.*
Avoir une faim de loup : to be starving hungry	*J'ai une faim de loup !*
Avoir la dalle : to be starving hungry	*J'ai la dalle !*

À Vous, Chez Vous

⚜ Recette

Soupe à l'oignon

4 oignons
25 g (2 TABLESPOONS) de beurre
1 cuillère à soupe de farine
1 litre de fond de volaille ou de veau
6 tranches de pain grillé
125 g (1½ CUPS) de Gruyère (ou de Suisse) râpé

Peler et émincer les oignons.
Faire fondre le beurre dans une grande casserole et y ajouter les oignons.
Faire suer et blondir les oignons.
Y ajouter la farine et remuer à la spatule en bois.
Y verser le fond.
Porter à ébullition en remuant.
Répartir la soupe dans six bols de soupe.
Disposer les tranches de pain sur la soupe.
Parsemer généreusement le fromage sur chaque tranche de pain.
Mettre les bols au four chaud pour faire gratiner le fromage.

Bon appétit !

⚜ Pour en savoir plus

Pour lire la suite de la vie chez les marchands à Paris, consulter le livre d'Emile Zola entitulé *Le ventre de Paris*, publié par Gallimard (2002).

Pour lire plus de poèmes de Charles Baudelaire, voir sa collection intitulée *Les fleurs du mal*, publiée par Flammarion (2006).

Pour voir une liste de tous les marchés à Paris par arrondissements, voir ce lien : http://chocolateandzucchini.com/vf/marchesparis.html

Pour lire plus sur le marché à Rungis, voir http://www.rungisinternational.com/

Pour une visite virtuelle du marché à Rungis, voir ce lien : http://www.rungisinternational.com/fr/rouge/visite_virtuelle/index.asp

Pour en apprendre plus sur les coutumes des Français à table, lire *Les Français à table : Atlas historique de la gastronomie française* écrit par Anthony Rowley et publié par Hachette (1997).

Pour un exemple visuel de la table française contemporaine et des évènements concernant la gastronomie française en Provence, voir le film *A Year in Provence* (David Tucker, 1993).

Chapitre 4

Plat principal

Plat de résistance

Le *plat principal* est l'essentiel du repas et le mets le plus nourrissant. En France, il se compose de viande ou de poisson accompagné de légumes. Une différence remarquable entre les deux cultures, française et américaine, est qu'en France, on n'utilise jamais les doigts pour manger le plat principal. Les Français se servent assidûment du couteau et de la fourchette pour déguster des pommes frites et de la pizza. Par contre, aux E.U. on ne risque rien d'offenser des convives si l'on prend du poulet frit ou des côtelettes-barbecue avec les doigts. Vive la différence !

Une autre différence entre les deux tables est la façon de servir les plats. Les Américains mettent tous les mets dans l'assiette à la fois : viande, légume, salade, pain. On peut commencer le repas avec la salade, puis manger un morceau de viande, puis retourner à la salade. En France, la méthode contemporaine est une adaptation du *service à la russe.* Cette coutume, arrivée au 19e siècle, et venant évidemment de Russie, est une présentation des plats en séquence. Tout d'abord il y a la soupe ou l'amuse-bouche, puis vient le plat principal accompagné de légumes, puis la salade, puis le fromage et enfin le dessert. (Voir la Table de Matière de ce livre en forme de menu avec neuf services° !) Au restaurant américain, il y a souvent une séquence de mets mais la salade se trouve avant le plat principal et non pas après comme en France.

un service : course

Ce service à la russe est historiquement précédé par le *service à la française* qui est pratiqué à partir du 17e siècle. À cette époque, la quantité de nourriture sur la table permet d'exposer sa fortune aux convives. Afin de satisfaire le sens de la vue, le repas chez les aristocrates se divise traditionnellement en trois services dont chacun peut être composé de 20 à 100 mets ! Le premier, l'*entrée*, comprend plusieurs soupes et différentes petites viandes. Le deuxième service, le *relevé*, se compose de

Assiette

Soupes

Viandes, poissons

Hors-d'œuvres

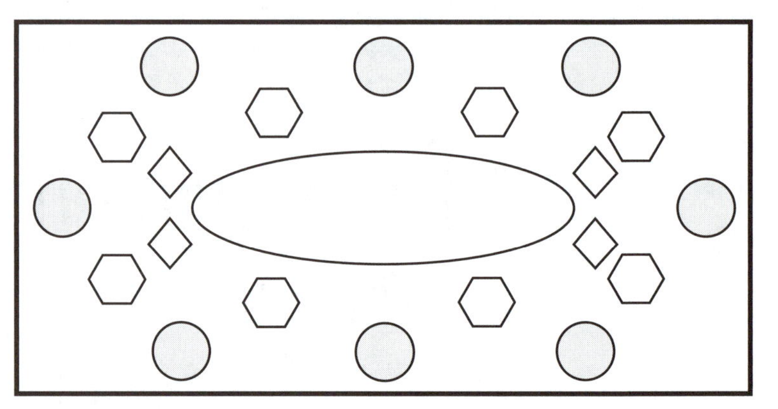

grands plats de diverses grandes viandes, d'une vaste quantité de légumes et d'une dizaine de salades. Enfin, le troisième comporte des meules de fromages°, une gamme de fruits frais et en gelée ainsi que des pâtisseries exquises. L'ensemble des plats de chaque service n'arrivent pourtant pas l'un après l'autre mais se trouvent simultanément placés sur la table dans une position précise. La présentation et la symétrie (illustrées ci-dessous) sont très importantes pour l'effet visuel. La table peut être comparée à un buffet actuel, où l'on mange à volonté.°

une meule de fromage : cheese wheel

à volonté : at will

À cause de la quantité de mets sur la table, l'accès aux plats n'est pas facile. Par conséquence, les convives ne prennent souvent que ceux qui sont à portée de main. De plus, comme tous les mets de chaque service se trouvent en même temps sur la table, la nourriture devient déplaisamment froide. Certes, le sens de goût ne deviendra important que plus tard !

Rappelons qu'au début du 19e siècle, Carême construit ses pièces montées exotiques avec du sucre filé° et du massepain°. Son but étant l'apparence, il ne se préoccupe pas de la saveur des aliments. En fait, ses présentations sont parfois immangeables ! À cette époque, le chef recherche l'esthétique visuelle. La complexité et le mariage des goûts n'ont attiré l'attention qu'à l'arrivée d'un certain chef, Auguste Escoffier (1846-1935). Pour lui, la nourriture doit être servie de son mieux, c'est-à-dire quand elle est chaude et fraîche. En d'autres termes, le service à la française ne suffit plus et il promeut dorénavant le service à la russe. Un avantage de ce style de service est la capacité de servir les mêmes plats chauds à tous les convives en même temps.

filé: spun / *le massepain* : marzipan

L'influence d'Escoffier est significative aujourd'hui et le monde culinaire lui attribue le développement de la cuisine moderne française. Tout d'abord, il simplifie le style soigné et orné de Carême. Il est ironique de se dire que le célèbre style Escoffier, renommé pour sa complexité, son nombre d'étapes et son temps de préparation, provient d'une simplification !

Par la suite, il crée, enregistre et codifie les recettes de l'époque dans des livres pour la formation de futurs chefs. Rien que pour cette raison, la définition de la cuisine classique française lui est attribuée. Par ailleurs, dans le restaurant il affine l'organisation des cuisiniers en équipes, dit *brigades*, selon leurs compétences culinaires. Chaque brigade est gérée par un chef de partie qui est responsable des cuisiniers et des commis.° La brigade est hiérarchisée par autorité, fonction et responsabilité. Grâce à ce système le temps de préparation des mets se réduit radicalement. Malgré l'apparition de nouvelles techniques et de nouveaux mouvements culinaires, quelques chefs à travers le monde suivent ses enseignements à la lettre. Dans les restaurants les plus traditionnels de France, ces chefs continuent à préparer mot pour mot les recettes d'Escoffier : les sauces, les viandes et les desserts. D'autres, en revanche, adaptent ses leçons selon leurs besoins. C'est le cas du Chef Vizard à la Nouvelle-Orléans en Louisiane, qui affirme avoir lu *Le Guide Culinaire* (1903) d'Escoffier une dizaine de fois et s'être fixé comme but la perfection de la préparation de la truite meunière dans le style classique avec un parfait beurre brun. Mais son restaurant éponyme est surtout connu pour sa créativité et son adaptation artistique de la cuisine classique française. Quels que soient les changements apportés à ses techniques, Escoffier possède toujours une forte influence dans le monde gastronomique.

un commis : chef's assistant

⚜ Une cuillerée de réflexion

1. Quel est votre plat principal préféré ? Quel(s) légume(s) aimez-vous en accompagnement ?
2. Dans votre famille que peut-on manger avec les doigts ?
3. Il paraît que l'utilisation des bonnes manières pour manger de la pizza sépare les familles américaines. Êtes-vous pour ou contre manger avec les doigts ? Prenez-vous de la pizza froide le matin ? Cette habitude, est-elle interdite dans votre famille ?
4. Le service dans votre famille, ressemble-t-il plus au service à la russe ou au service à la française ? Expliquez.
5. Discutez des types de service que vous avez experimentés au restaurant. Par exemple, dans un restaurant chinois où on sert un grand plat de *lo mein* au milieu de la table ? Ou bien les *tapas* dans un restaurant espagnol ? Ou des écrevisses ou des crabes bouillis (*a crawfish / crab boil*) dans un restaurant franco-louisianais ? Ou un plat que l'on prépare à côté de la table devant les convives ?
6. À votre table y a-t-il des habitudes uniques, drôles, dégoûtantes ou bizarres ? Par exemple, les adultes dînent-il en même temps que les petits ? Sont-ils à la même table ? Les enfants, doivent-ils utiliser les couverts en plastique ? Le chien, mange-t-il à table avec la famille ? Le chien, est-il autorisé à lécher les assiettes ?

7. Décrivez des exemples de bons et de mauvais services au restaurant. Quels sont les caractéristiques d'un bon serveur ? Avez-vous déjà travaillé au restaurant ? À votre avis, le pourboire (*tip*), est-il important ? Combien laissez-vous normalement comme pourboire ? Que faites-vous si le service n'est pas bon ? Laissez-vous quand même un pourboire ? Pourquoi ?
8. Quand vous sortez ensemble avec des amis au restaurant aimez-vous goûter leurs plats et leurs boissons ? Leur permettez-vous d'essayer les vôtres ?

⚜ Un zeste d'activité

1. Effectuez une recherche sur un chef français contemporain et enregistrez l'année de son apogée et sa contribution la plus importante au monde gastronomique. À savoir : Fernand Point, Eugènie Brazier, Paul Bocuse, Pierre et Jean Troisgros, Alain Ducasse, Joël Robuchon, Marc Veyrat.

Un grain de conversation : *La brigade de la cuisine au restaurant*

Chef de cuisine : gére l'ensemble de la cuisine et compose le menu
Sous chef : met en pratique le critère du chef de cuisine
Chef de partie : supervise une équipe de cuisiners et de commis
Commis : assiste le chef de partie
Saucier : apprête les sauces, les hors-d'œuvres et les ragoûts
Entremetier : apprête les légumes, les soupes et les œufs
Rotisseur : rôtit, grille et frit
Poissonnier : apprête les poissons et les fruits de mer
Garde-manger : apprête les mets froids, la charcuterie et les salades
Pâtissier : confectionne les desserts, le pain et les pâtes
Boucher : découpe les viandes
Aboyeur : transmet les commandes aux chefs de partie

⚜ Au goût littéraire

Un poème d'André Gide (1869-1951)

terrestre : of the earth

s'attendre à : to expect something

Nourritures terrestres°

Nourritures !
Je m'attends à° vous, nourritures !
Par tout l'espace je vous cherche,
Satisfactions de tous mes désirs.
Ce que j'ai connu de plus beau sur la terre,
Ah ! Nathanaël, c'est ma faim.
Elle a toujours été fidèle.

⚜ Une cuillerée de réflexion

1. Le pronom « elle », à quoi se réfère-t-il ?
2. Qu'est-ce qui est constant dans la vie du narrateur ?
3. Quel est le sens abstrait de la faim ? Que peut-elle symboliser ?
4. Les nourritures, que peuvent-elles symboliser ?
5. Décrivez la personnalité du narrateur ? Est-ce une personne patiente ? Égoiste ? Satisfaite de sa vie ?
6. Qui peut être Nathanaël ?
7. Comparez la faim des deux poètes Apollinaire (Ch. 2) et Gide.

Métaphore mangeable : *Tomber dans les pommes !*

Perdre connaissance. S'évanouir.

En voyant sa dinde rôtie toute brûlée, le chef est tombé dans les pommes.

⚜ Un menu pour enfant par Auguste Escoffier (circa 1900)

Potages
Consommé aux Cheveux d'Ange • Velouté Reine des Fées

Poisson
Ondines aux Crevettes roses

Relevés
Mignonettes d'Agneau de lait • Mousseline d'Asperges vertes

Entrée
Crème aux Amourettes • Rôti Blanc de poulet • Légumes • Cœurs de laitues au jus

Entremets
Petits Berceaux surprise • Pêches pochées à la vanille • Charlotte Chantilly •
Gelée aux Violettes

Desserts
Friandises • Nids de Fauvettes

Vins
Grand Cru St. Léger • Bébé Champagne

⚜ Une cuillerée de réflexion

1. Qu'est-ce qui vous apparaît étrange dans ce menu ?
2. À votre avis ce menu, est-il sain ? Justifiez votre conclusion.

⚜ Un zeste d'activité

1. Cherchez la définition du nouveau vocable présent sur le menu ?
2. Composez un menu pour un enfant d'aujourd'hui ?

⚜ Une pincée de grammaire

Tout, tous, toute, toutes (ADJECTIFS) pour exprimer *all, everyone, everybody*

J'ai fait du pain *toute la journée.*	I made bread *all day.*
Tout le monde a très faim.	*Everyone* is very hungry.
Toutes les filles ont pris du vin blanc.	*All of the girls* ordered white wine.

Astuce		
On accorde les adjectifs !	**Masculin**	**Féminin**
Singulier	tout	toute
Pluriel	tous	toutes

Complétez les phrases ci-dessous avec la forme correcte de *tout* l'ADJECTF.

1. Il faut cuire en même temps ______________ les pommes de terre.
2. L'enfant a mangé ______________ le gâteau au chocolat !
3. Le chef n'a malheureusement pas voyagé ______________ l'été.
4. Pour la fête de Thanksgiving, les familles font la cuisine presque ______________ la journée.
5. ______________ les ans, il y a un concours mondial de cuisine qui s'appelle le Bocuse d'Or.

Tout (PRONOM) pour exprimer *all, everything*

Ne confondez pas *tout* le PRONOM et *tout* l'ADJECTIF. Un pronom remplace un nom alors qu'un adjectif modifie un nom. Quand *tout* le PRONOM veut dire « everything », il n'y a qu'une seule forme *tout*. Quand *tout* le PRONOM veut dire « all », il y a une forme au masculin pluriel *tous* avec le ‹ s › prononcé et une forme au féminin pluriel *toutes*.

« Everything » (*tout* invariable)		« all » (*tous* masculin, *toutes* féminin)	
Tout est pris.	*Everything* is taken.	*Toutes* sont bonnes.	*All* are good.
Il sait *tout*.	He knows *everything*.	Vous êtes *tous* d'accord ?	You *all* agree?

Complétez les phrases avec la forme correcte de *tout* le PRONOM ou l'ADJECTIF. Puis, indiquez si la forme est un pronom ou un adjectif et si le 's' est prononcé.

	PRONOM	ADJECTIF
1. Ah, j'ai _______________ compris à la recette.	☐	☐
2. J'ai travaillé _______________ la nuit sur le menu.	☐	☐
3. Est-ce que c'est _______________, Madame ?	☐	☐
4. J'ai rencontré _______________ les soeurs du chef.	☐	☐
5. _______________ le monde est d'accord pour aller au restaurant ?	☐	☐
6. Ils sont _______________ chez Taillevent à Paris.	☐	☐
7. Elles sont _______________ à l'Atelier de Robuchon à Paris.	☐	☐
8. Nous avons lu _______________ les livres de cuisine d'Escoffier.	☐	☐
9. Ses enfants mangent _______________.	☐	☐
10. Les clients sont _______________ venus au restaurant.	☐	☐

Un grain de conversation : *La brigade de salle au restaurant*

Maître d'hôtel : dirige l'ensemble du personnel du service et accueille les clients
Chef de rang : veille au déroulement du service et s'occupe des clients
Serveur : enregistre les commandes et le paiement de la note et apporte les plats
Sommelier : gère la cave du restaurant et conseille les clients sur le vin
Commis : assiste le Maître d'hôtel et les serveurs

⚜ Au goût littéraire

La madeleine de Marcel Proust

Marcel Proust (1871-1922) est un écrivain français du genre modernisme. Son œuvre la plus connue s'intitule *À la recherche du temps perdu* dont le premier tome s'appelle *Du côté du chez Swann*. Proust intercale une madeleine, un délice d'origine lorraine, dans une scène célèbre de ce tome. La madeleine est un petit gâteau en forme de coquillage fabriqué dans une moule à gâteaux, qui lui donne sa forme. Dans cette scène, au moment où le narrateur la trempe dans son thé et éprouve les premières sensations gustatives, il commence à revivre des moments de son enfance. Ce puissant instant révèle des émotions profondes et des sentiments intenses. Les descriptions de Proust impliquent beaucoup plus que le sens du goût. Elles font revivre un temps au passé. Depuis, les Français font souvent référence à « la madeleine » qui représente le souvenir involontaire.

Du Côté du Chez Swann

Il y avait déjà bien des années que, de Combray°, tout ce qui n'était pas le théâtre et le drame de mon coucher, n'existait plus pour moi, quand un jour d'hiver, comme je rentrais à la maison, ma mère, voyant que j'avais froid, me proposa de me faire prendre, contre mon habitude, un peu de thé. Je refusai d'abord et, je ne sais pourquoi, me ravisai°. Elle envoya chercher un de ces gâteaux courts et dodus° appelés Petites Madeleines qui semblent avoir été moulés dans la valve rainurée° d'une coquille de Saint-Jacques.

Et bientôt, machinalement, accablé par la morne° journée et la perspective d'un triste lendemain, je portai à mes lèvres une cuillerée du thé où j'avais laissé s'amollir un morceau de madeleine. Mais à l'instant même où la gorgée mêlée des miettes du gâteau toucha mon palais, je tressaillis°, attentif à ce qui se passait d'extraordinaire en moi. Un plaisir délicieux m'avait envahi, isolé, sans la notion de sa cause. Il m'avait aussitôt rendu les vicissitudes de la vie indifférentes, ses désastres inoffensifs, sa brièveté illusoire, de la même façon qu'opère l'amour, en me remplissant d'une essence précieuse : ou plutôt cette essence n'était pas en moi, elle était moi. J'avais cessé de me sentir médiocre, contigent, mortel. D'où avait pu me venir cette puissante joie? Je sentais qu'elle était liée au goût du thé et du gâteau, mais qu'elle le dépassait infiniment, ne devait pas être de même nature. D'où venait-elle ? Que signifiait-elle ? Où l'appréhender ? Je bois une seconde gorgée où je ne trouve rien de plus que dans la première, une troisième qui m'apporte un peu moins que la seconde. Il est temps que je m'arrête, la vertu du breuvage° semble diminuer. Il est clair que la vérité que je cherche

Combray : area near Chartres

se raviser : change one's mind / *dodu* : plump

rainuré : grooved

morne : gloomy

tressaillir : to shudder

le breuvage : drink

n'est pas en lui, mais en moi. Il l'y a éveillée, mais ne la connaît pas, et ne peut que répéter indéfiniment, avec de moins en moins de force, ce même témoignage que je ne sais pas interpréter et que je veux au moins pouvoir lui redemander et retrouver intact à ma disposition, tout à l'heure, pour un éclaircissement décisif. Je pose la tasse et me tourne vers mon esprit. C'est à lui de trouver la vérité. Mais comment ? Grave incertitude, toutes les fois que l'esprit se sent dépassé par lui-même ; quand lui, le chercheur, est tout ensemble le pays obscur où il doit chercher et où tout son bagage ne lui sera de rien. Chercher ? pas seulement : créer. Il est en face de quelque chose qui n'est pas encore et que seul il peut réaliser, puis faire entrer dans sa lumière.

Et je recommence à me demander quel pouvait être cet état inconnu, qui n'apportait aucune preuve logique, mais l'évidence, de sa félicité, de sa réalité devant laquelle les autres s'évanouissaient. Je veux essayer de le faire réapparaître. Je rétrograde par la pensée au moment où je pris la première cuillerée de thé, je retrouve le même état, sans une clarté nouvelle. Je demande à mon esprit un effort de plus, de ramener encore une fois la sensation qui s'enfuit°. Et, pour que rien ne brise l'élan dont il va tâcher de la ressaisir, l'écarte tout obstacle, toute idée étrangère, j'abrite° mes oreilles et mon attention contre les bruits de la chambre voisine. Mais sentant mon esprit qui se fatigue sans réussir, je le force au contraire à prendre cette distraction que je lui refusais, à penser à autre chose, à se refaire avant une tentative suprême. Puis une deuxième fois, je fais le vide devant lui, je remets en face de lui la saveur encore récente de cette première gorgée et je sens tressaillir en moi quelque chose qui se déplace, voudrait s'élever, quelque chose qu'on aurait désancré, à une grande profondeur ; je ne sais ce que c'est mais cela monte lentement ; j'éprouve la résistance et j'entends la rumeur des distances traversées.

s'enfuir : to slip away

abriter : to cover

Certes, ce qui palpite ainsi au fond de moi, ce doit être l'image, le souvenir visuel, qui, lié à cette saveur, tente de la suivre jusqu'à moi. Mais il se débat trop loin, trop confusément ; à peine si je perçois le reflet neutre où se confond l'insaisissable tourbillon des couleurs remuées ; mais je ne peux distinguer la forme, lui demander, comme au seul interprète possible, de me traduire le témoignage de sa contemporaine, de son inséparable compagne, la saveur,

lui demander de m'apprendre de quelle circonstance particulière, de quelle époque du passé il s'agit. Arrivera-t-il jusqu'à la surface de ma claire conscience, ce souvenir, l'instant ancien que l'attraction d'un instant identique est venue de si loin solliciter, émouvoir, soulever tout au fond de moi ? Je ne sais. Maintenant je ne sens plus rien, il est arrêté, redescendu peut-être ; qui sait s'il remontera jamais de sa nuit ? Dix fois il me faut recommencer, me pencher vers lui. Et chaque fois la lâcheté qui nous détourne de toute tâche difficile, de toute oeuvre importante, m'a conseillé de laisser cela, de boire mon thé en pensant simplement à mes ennuis d'aujourd'hui, à mes désirs de demain qui se laissent remâcher sans peine.

Et tout d'un coup le souvenir m'est apparu. Ce goût, c'était celui du petit morceau de madeleine que le dimanche matin à Combray (parce que ce jour-là je ne sortais pas avant l'heure de la messe), quand j'allais lui dire bonjour dans sa chambre, ma tante Léonie m'offrait après l'avoir trempé dans son infusion de thé ou de tilleul°. La vue de la petite madeleine ne m'avait rien rappelé avant que je n'y eusse goûté; peut-être parce que, en ayant souvent aperçu depuis, sans en manger, sur les tablettes des pâtissiers, leur image avait quitté ces jours de Combray pour se lier à d'autres plus récents ; peut-être parce que, de ces souvenirs abandonnés si longtemps hors de la mémoire, rien ne survivait, tout s'était désagrégé°; les formes - et celle aussi du petit coquillage de pâtisserie, si grassement sensuel sous son plissage° sévère et dévot - s'étaient abolies, ou, ensommeillées, avaient perdu la force d'expansion qui leur eût permis de rejoindre la conscience. Mais, quand d'un passé ancien rien ne subsiste, après la mort des êtres, après la destruction des choses, seules, plus frêles° mais plus vivaces, plus immatérielles, plus persistantes, plus fidèles, l'odeur et la saveur restent encore longtemps, comme des âmes, à se rappeler, à attendre, à espérer, sur la ruine de tout le reste, à porter sans fléchir°, sur leur gouttelette° presque impalpable, l'édifice immense du souvenir.

un tilleul : herbal tea

désagrégé : broken up

un plissage : pleating

frêle : frail

fléchir : to weaken / *une gouttelette* : droplet

Et dès que j'eus reconnu le goût du morceau de madeleine trempé dans le tilleul que me donnait ma tante (quoique je ne susse pas encore et dusse remettre à bien plus tard de découvrir pourquoi ce souvenir me rendait si heureux), aussitôt la vieille maison grise sur la rue, où était sa chambre, vint comme un décor de théâtre s'appliquer au petit pavillon donnant sur le jardin, qu'on avait construit pour mes parents sur ses derrières (ce pan tronqué que seul j'avais revu jusque-là) ; et avec la maison, la ville, depuis le matin jusqu'au soir et par tous les temps, la Place où on m'envoyait avant déjeuner, les rues où j'allais faire des courses, les chemins qu'on prenait si le temps était beau. Et comme dans

ce jeu où les Japonais s'amusent à tremper dans un bol de porcelaine rempli d'eau, de petits morceaux de papier jusque-là indistincts qui, à peine y sont-ils plongés, s'étirent, se contournent, se colorent, se différencient, deviennent des fleurs, des maisons, des personnages consistants et reconnaissables, de même maintenant toutes les fleurs de notre jardin et celles du parc de M. Swann, et les nymphéas de la Vivonne, et les bonnes gens du village et leurs petits logis et l'église et tout Combray et ses environs, tout cela qui prend forme et solidité, est sorti, ville et jardins, de ma tasse de thé.

⚜ Une cuillerée de réflexion

1. Quels sentiments ou émotions l'auteur a-t-il ressenti lors la première gorgée de thé et de la madeleine mêlés ?
2. Quels sentiments l'auteur a-t-il cessé de sentir à ce moment-là ?
3. Pourquoi l'auteur essaie-t-il de faire réapparaître les sensations de la première gorgée ?
4. Que fait l'auteur pour écarter tout obstacle de perception et réussir à faire réapparaître ces sensations ?
5. La vue de la madeleine, a-t-elle le même effet sur l'auteur que son goût ?
6. Dans quelle mesure l'odeur et la saveur sont-elles moins comme des êtres et plus comme des âmes ?
7. Décrivez le jeu de papier des Japonais. Comment ce jeu est-il comparable au goût de la madeleine dans une gorgée de thé ?
8. Décrivez en détail le souvenir de son enfance.
9. Retrouvez des exemples d'un objet, d'un goût, d'une nourriture ou d'une image qui révèlent un souvenir, un sentiment ou une sensation de votre enfance. Décrivez vos sentiments ou émotions qui se révèlent en y pensant. Sont-elles aussi fortes et intenses que celles du narrateur ?

⚜ Un zeste d'activité

1. Soulignez les phrases précises dans l'extrait qui expriment le lien entre la madeleine et un souvenir de l'enfance du narrateur.
2. Découvrez une recette de madeleine sur Internet. Quels sont les ingrédients ? En utilisant vos propres mots, expliquez comment faire.

À voir : La Scène n° 28 du film *Ratatouille* (2007) où le critique culinaire au restaurant mange de la ratatouille qui le renvoie en flashback à son enfance.

Il n'y a que les imbéciles qui ne soient pas gourmands.
– Guy de Maupassant (1850-1893)

⚜ Une pincée de grammaire

Préposition *à* + l'article défini *le, la, les* pour exprimer la saveur d'un mets

Je voudrais une soupe À L'OIGNON, *s'il vous plaît.*
J'adore la tarte AUX POMMES.
Je préfère la glace AU CHOCOLAT.

Tout le monde aime la glace nature mais ce qui est encore mieux, ce sont les parfums somptueux et variés. Alors, pour décrire une glace avec un goût de vanille, on ajoute au nom *glace* la préposition *à* et l'article défini au féminin pour l'accord avec *vanille. J'aime la glace à la vanille.* Si vous voulez une glace au parfum chocolat, vous ajoutez l'article défini au masculin pour l'accord avec *chocolat. Je préfère la glace au chocolat.* Suivant ce modèle, si vous aimez ajouter des fraises dans votre glace nature, vous auriez ainsi une glace *aux fraises. J'aime également la glace aux fraises.*

Complétez les phrases avec la forme correcte de l'article défini pour l'accord avec la saveur.

1. Pour le goûter aujourd'hui, Mme. Siriot a fait une tarte _______________ citron.
2. La soupe _______________ oignon est un mets très traditionnel en France.
3. Un délice dans les Caraïbes est la confiture _______________ bananes.
4. Savez-vous faire une sauce _______________ ail ?
5. Le jeune chef voulait maîtriser un velouté _______________ brocoli.

⚜ Menus historiques

Le premier menu qui énumère les différents mets d'un repas date du Moyen-Âge. Lors du passage de service à la française au service à la russe, les convives n'ont plus connaissance des plats par le biais de la vue puisque ils ne se trouvent plus tous à la fois sur la table. Le menu fait donc son apparition afin de renseigner les convives sur les composantes du dîner. Aujourd'hui on fait une distinction entre *le menu* et *la carte*. Au restaurant on peut manger un menu fixe qui se compose d'une série de mets à un prix fixe. Ainsi, le chef peut proposer le menu du jour avec, par exemple, une soupe à l'oignon en entrée, le choix du canard à l'orange ou du bœuf bourgignon comme plat principal et une crème brûlée ou une glace à la pistache comme dessert. Il va de soi que la salade et le fromage sont compris dans le menu. Dans ce cas, le convive choisit le plat principal et le dessert selon les sélections limitées du chef sans pouvoir changer les éléments proposés. Un menu touristique ou un menu gastronomique

sont des exemples communs et ceux-ci ont des prix fixes et le service est compris. Le convive quitte avec insouciance la table sans laisser un pourboire et sans risque d'insulter le serveur. En revanche, quand on commande à la carte on choisit les différents mets parmi plusieurs possibilités. Le convive peut manger trois soupes ou sauter le dessert selon ses préférences individuelles. Dans ce cas, chaque plat dispose de son propre prix et il est fortement recommandé aux convives de laisser un pourboire car le service n'est pas compris.

Généralement la carte du restaurant se compose de plusieurs plats organisés en groupes, progressant du salé au sucré. Cette séquence savorique demeure inchangée depuis l'époque du service à la française. En France, le premier plat s'appelle diversement *hors d'œuvre*, *amuse-gueule* ou plus poliment *amuse-bouche*. En exemple, une coquille Saint-Jacques ou du foie gras de canard. Le deuxième plat s'intitule *entrée* et on peut commander des mets savoureux de taille modeste comme une soupe d'artichaut à la truffe noire ou des rouleaux de crabe à l'huile d'olive. Le troisième est le *plat principal* ou le *plat de résistance*. Voici les viandes et les poissons tels que de la volaille de Bresse en papillote à la citronnelle accompagnée par des betteraves en vinaigrette à la truffe. Ou bien du homard breton avec des feuilles d'endive acides à la moutarde. On ne voit pas de *salade* sur la carte, mais parfois au restaurant on en prend en entrée ou avec le plat principal ou juste après. À la maison la salade se mange normalement après le plat principal. En outre, c'est le plus souvent de simples feuilles de laitue nappées d'une vinaigrette. Par contre, le *fromage* étant un symbole français très présent dans le monde garde sa position importante sur de nombreuses cartes. Pour terminer le repas il y a le *dessert* tel que le fondant chocolat au pralin feuilleté, la tarte onctueuse au miel ou encore le soufflé à la noix de coco. En France, le dessert est de coutume consommé sans café ou thé car ces boissons sont généralement proposées en fin de repas. Dans plusieurs établissements le café est servi avec une petite confiserie ou sucrerie appelée friandise ou mignardise.

Astuce	
L'ordre des plats français	**L'ordre des plats américain**
Hors-d'œuvre, Amuse-bouche, Amuse-gueule	Hors d'oeuvre, Appetizer
Entrée	Salad or Soup
Plat principal, Plat de résistance	Entrée, Main course
Salade	
Fromage	
Dessert	Dessert and Coffee
Café, Thé, Infusion	

Considérons quelques menus historiques :

1. Un dîner de Noël à l'Hôtel Savoy à Londres préparé par Auguste Escoffier en 1899

MENU

Caviar frais • Crevettes en bouquet • Natifs royaux
Bouillon de tortue de mer • Borscht à la russe
Suprême de sole aurore
Filets de rouget aux œufs
Poulette royale
Timbales de truffes au champagne
Selle de gibier maître de la chasse royale
Mousseline aux écrevisses
Délices de bécasse
Sorbet à la Dame blanche
Cocotte d'ortolan
Caille à l'orange
Salade de nasturtium
Asperges nouvelles
Foie gras poché au champagne
Soufflé chantilly
Ananas givré
Tangerines orientales
Biscuits aux noisettes • Friandises
Sablé au beurre
Fruits

VINS

Johannisberger cabinet 1874
Pommery, extra dry 1884
Château Rauzan Segla 1875
Château Coutet, Marquis de Lur Saluces
Mise du Château Étampé 1861
Grand Champagne 1830
Grandes Liqueurs

Café turc

2. Un dîner servi aux Tuileries, Paris, le 6 janvier 1820

2 SOUPES

Primeurs * Soupe aux légumes * Bisque aux écrevisses

4 GRANDS PLATS

Faon à la broche
Turbot en sauce d'huîtres • Carpe régence
Ris de veau Saint-Hubert

16 ENTRÉES

Escalope de veau glacée à la laitue • Filets de perdrix sautés aux truffes
Filets de lapereau grenadins à la Toulouse
Gibier à la soubise
Côtelette villeroi, sauce vénitienne
Quenelles de poulet en consommé
Belle-vue gelée en brochette
Escalope de levraut
Poulettes à l'estragon • Kromeskis au velouté
Blanquette de filet de poulette conti
Perche
Poulet à la Reine Chivry
Tourte de viande à la béchamel
Filets d'agneau avec des pointes d'asperges
Purée de gibier à la polonaise

4 GRANDS PLATS

Écrevisse
Sultana à la chantilly • Soufflé au fromage
Jambon de sanglier glacé

3 PLATS RÔTIS

Faisan bohémien • Perdrix rouges • Bécasse morvan

16 ACCOMPAGNEMENTS

Tiges d'asperges • Chou-fleur au fromage parmesan
Champignons à la provençale • Truffes au champagne
Salade à la vinaigrette • Consommé d'épinard
Salade piémontaise • Consommé de concombre
Gelée d'orange
Crème anglaise
Crêpes au citron glacé
Œufs pochés en sauce • Brioche • Macaronis à l'italienne
Pommes au beurre Vanvres • Gauffres flamandes
2 Plombières spéciales

DESSERTS

8 grands paniers de fruits
4 petits paniers

3. Menu du Café Voisin, Paris pendant la Guerre Franco-Prussien, le 25 décembre 1870, le 99e jour du siège

HORS-D'ŒUVRES

Radis au beurre • Tête d'âne farcie • Sardines

SOUPE

Purée de haricots rouges aux croûtons

ENTRÉES

Goujons frits • Chameau rôti à l'anglaise
Civet de kangourou
Côtelette d'ours à la poivrade

RÔTIS

Selle de loup, sauce venaison
Chat encadré par des rats
Salade de cresson
Terrine d'antilope aux truffes
Champignon bordelaise
Petits pois au beurre

ACCOMPAGNEMENTS

Gâteau au riz à la confiture

DESSERT

Gruyère Cheese

VINS

PREMIER SERVICE	DEUXIÈME SERVICE
Sherry	Mouton Rothschild 1846
Latour Blanche 1861	Romanée Conti 1858
Ch. Palmer 1864	Bellenger frappé
	Grand porto 1827

Café et liqueurs

⚜ Un zeste d'activité

1. Déchiffrez ces menus historiques. Comparez leurs éléments selon que l'on est en temps de guerre ou en temps de paix. Comparez les boissons.
2. Composez un menu du jour pour votre propre restaurant de rêve. N'oubliez pas le prix.

Un grain de conversation : *La brigade de salle au restaurant*

Qu'est-ce que vous proposez?	What do you recommend?
Y a-t-il un menu du jour ?	Is there a fixed-price menu?
Avez-vous des plats végétariens ?	Do you have vegetarian dishes?
Qu'est-ce qu'il y a comme dessert ?	What do you have for dessert?
Je voudrais la viande saignante, s'il vous plaît.	I would like the meat rare, please.
Je voudrais la viande à point.	I would like the meat medium.
Je voudrais la viande bien cuite.	I would like the meat well-done.
Je vais prendre …	I will have …
L'addition, s'il vous plaît.	Check, please.
Le service est-il compris ?	Is the tip included?
Acceptez-vous les cartes de crédit ?	Do you accept credit cards?

⚜ La Dégustation : Le gratin dauphinois

Pour cette dégustation, on propose le gratin dauphinois, un simple mélange de pommes de terre, de crème et d'épices cuit au four dans un plat à gratin. Ce plat est présent aux E.U. et porte le nom de *scalloped potatoes* ou le nom quasi-français *au gratin potatoes.* En anglais, *au gratin* dans une recette signifie qu'il y a du fromage et un produit laitier ajoutés à la préparation qui est cuite au four. Les expressions se transforment souvent quand elles sont intégrées dans une nouvelle culture !

Le gratin dauphinois est une spécialité de l'ancienne province, le Dauphiné, dont la capitale était Grenoble. Aujourd'hui, cette région comprend les départements des Hautes-Alpes, de la Drôme et de l'Isère. Si l'on ajoute du fromage à l'ensemble, on obtient un gratin savoyard. La Savoie et la Haute-Savoie se trouvent au nord-est du Dauphiné dans les Alpes où sont fabriqués des fromages à pâte dure comme l'emmental et le beaufort. Au restaurant et en famille, le gratin dauphinois est servi chaud comme accompagnement du plat principal.

⚜ À Table

Ce plat est parfait pour une dégustation en classe. Fait en avance, il se réchauffe au micro-onde. Alors, suivant toujours le conseil d'Escoffier, nous « faisons simple ! ». Procédez comme les fois précédentes : par étapes. Dans un premier temps, prenez le temps de bien sentir la préparation et d'en apprecier les arômes. Ensuite, dégustez à pleine fourchette les pommes de terre enrobées de sauce. Identifiez vos réactions d'aimer ou de ne pas aimer. Appréciez chaque ingrédient comme un petit morceau de la culture française. Consultez les expressions ci-dessous pour vous aider à décrire les goûts.

⚜ Vocabulaire

crémeux : creamy	*appétissant* : appetizing	*relevé* : rich
fade : bland	*lourd* : heavy	*aqueux* : watery

⚜ Une cuillerée de réflexion

1. Aimez-vous le gratin dauphinois ? Croyez-vous que vous aimeriez le gratin savoyard ?
2. Faites une liste de tous les plats au gratin américains que vous connaissez ? Consulter l'Internet pour vous aider. Quels gratins américains préférez-vous ? Pourquoi ?
3. À l'aide d'Internet, faites une liste de tous les gratins français. Quels plats vous incitent le plus ? Pourquoi ?
4. Quel type de boisson pourrait accompagner le gratin dauphinois ? Quelle boisson ne va pas du tout ? Quelle boisson pourrait accompagner les plats au gratin américains ? Y a-t-il une différence entre ces préférences ?
5. Quels viandes ou poissons pourraient accompagner le gratin dauphinois pour former le plat principal ? Quels types de cuisson seraient recommandés pour celles-ci ?
6. Composez un menu (y compris un dessert et un vin) pour compléter le gratin dauphinois.
7. Écrivez un résumé de la dégustation.

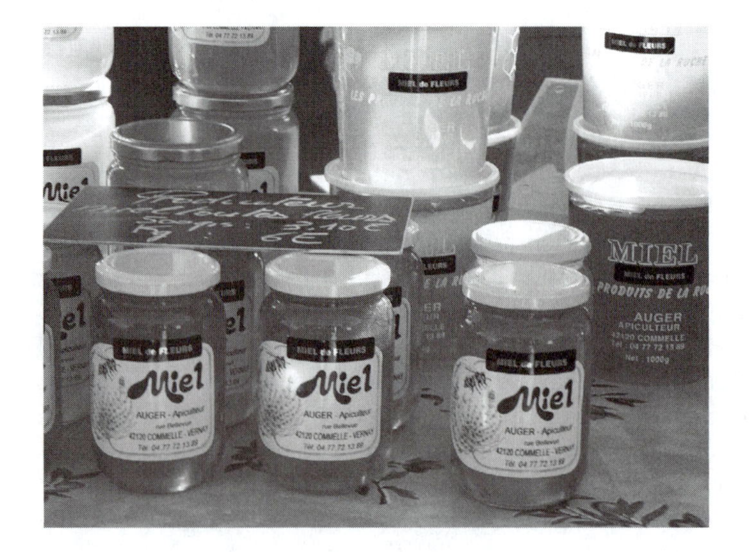

⚜ Un brin de parole

La beauté du couscous marocain

— Valérie Orlando
professeure de français et de littératures et cultures francophones

Le mot couscous est d'origine berbère° et signifie d'abord « gros grains ». Le plat de couscous est un repas très populaire au Maroc qui est devenu un symbole culturel dans le monde entier, évoquant l'hospitalité et la générosité des Marocains. On dit souvent à un ami européen : « je t'invite à un bon repas de couscous marocain » et bien sûr, le repas se termine en général avec un thé à la menthe. Dans le dialectal marocain, on appelle le couscous taâam°, طعام, ce qui signifie « le manger, » ou « la nourriture ». Le couscous marocain est unique dans le sens qu'il peut être soit épicé, soit sucré, ou les deux en même temps. Le couscous épicé se prépare avec des poivrons rouges et du poivre. Celui qui est sucré, rencontré surtout à Fès°, contient des oignons, des raisins secs, des pois chiches°, et du mouton. Pour faire cuire le couscous, il faut une couscoussière. La partie inférieure (le tanjra) de la couscoussière contient le ragoût. La partie supérieure (le kskas°) est en forme de passoire° et contient les grains. La vapeur de la cuisson du ragoût fait doucement cuire les grains.

berbère : Berber culture in North Africa

taâam : pronounced tah-ahm

Fès : Moroccan city

un pois chiche : chickpea

le kskas : pronounced kis-kas / *passoire* : strainer

Quand je voyage au Maroc, il m'est impossible d'échapper aux tentations des grands repas dont le plat principal est le couscous. Le couscous aux pruneaux, le couscous aux poissons, le couscous aux légumes, à la viande et aux amandes sont les plats qui garnissent typiquement les tables marocaines. Assis sur des banquettes faites de riches tissus en couleur brodés en fils d'or, on mange en groupe de 7 ou 10, chaque personne équipée d'une grande cuillère, son outil par excellence, pour fouiller dans le plateau de couscous afin de retrouver les délices cachés sous les grains. Chaque personne à sa place cherche son morceau choisi de viande, de poisson ou de légumes bien cuits. On savoure, on déguste, on se remplit autant qu'on peut, sans honte ni gêne. Le couscous est un plat de luxe, adoré par les enfants, les adolescents, les adultes et surtout les étrangers !

Mon ami, Nourredine Mhakkak, poète, auteur et intellectuel qui habite à Casablanca, m'a expliqué que le couscous a de l'importance surtout pendant la fête religieuse d'El aïd el-kébir (la grande fête qui a lieu le dixième jour du mois du Dhul Hijja du calendrier lunaire islamique — ces années-ci étant en novembre). La fête dure trois jours mais cette durée est variable selon les coutumes du pays. Ces réjouissances retracent la servitude d'Abraham à Allah quand il accepte de tuer son fils Ismaël suite à la directive d'Allah qui le récompense pour sa bonne foi en remplaçant l'enfant avec un mouton juste avant ce sacrifice suprême. Les familles musulmanes commémorent cette dévotion absolue d'Abraham à Dieu par les prières de l'aïd et un sacrifice d'une bête à domicile. Suivant la tradition religieuse un mouton (ou un autre animal) est égorgé et allongé sur le flanc gauche avec la tête orientée vers La Mecque°. Chaque nouvelle famille (jeunes mariés) prend son cuisseau° droit comme signe de bonheur et de respect, et se met en route pour la maison des parents, souvent de l'époux, quelque fois de l'épouse. Les deux familles fêtent ainsi ensemble avec un couscous. Lors de la fête d'Achoura, les Marocains égorgent un coq ou une dinde et préparent un couscous pour fêter ce jour-là, souvent avec des parents ou des amis. La fête d'Achoura est une fête qui a lieu exactement un mois après l'El aïd el Kébir. C'est le dixième jour du premier mois de l'année hégirienne°. Mon amie, Samira Douider, professeur de français à Casablanca, m'a dit qu'elle « ne connaît pas le sens de cette fête mais [elle sait] que parmi les traditions, on mange des fruits (pour se consoler de quelque chose) », m'avait-elle dit ». Samira explique que normalement les Marocains mangent un couscous qui est cuisiné avec la queue du mouton égorgé lors de la fête du mouton, et qui a été préparée et séchée pour cette occasion (diyala). Selon mes amis, Mohammed Hirchi et Safoi Babana-Hampton, la fête d'Achoura a lieu une fois par an, souvent au printemps. « C'est une fête surtout pour les enfants qui reçoivent des cadeaux et en particulier des instruments de musique traditionnels comme le darbouka ou le tambour et la flute qu'ils jouent en public. Dans les familles sunnites (la secte prédominante au Maroc), l'Achoura n'a pas la même importance que les fêtes religieuses par exemple. »

La Mecque : Mecca
le cuisseau : leg of lamb

hégirien : Hegiran or Islamic lunar calendar

Le vendredi, le jour saint au Maroc est considéré comme « le jour du couscous ». Les Marocains croient qu'en mangeant le couscous, on cultive la baraka (la bénédiction ou plus généralement la bonne fortune) pour le foyer. Le vingt-sixième jour du Ramadan, appelé « la nuit du destin », on prépare des plats de couscous et on les offre aux pauvres, surtout ceux qui font leurs prières à la mosquée pendant cette nuit sainte.

Le couscous constitue un sujet favori de beaucoup d'histoires et de contes qui sont souvent racontés aux enfants ou qui sont populaires dans la vie quotidienne. Un des contes populaires est qu' « un jour, Jeha, personnage bien connu dans le patrimoine arabe par sa malice, voit des gens près d'une mosquée en train de manger du couscous avec un grand appétit, alors il prend place parmi eux sans aucune invitation de leur part, en citant le nom du Dieu. L'un d'eux lui dit en colère qu'ils sont en train de manger un plat de couscous empoisonné, Jeha lui répond avec sourire, en disant que la mort avec les amis est une belle chose ! » Mourir en train de manger un tel délice est beaucoup mieux que de mourir affamé ou mal nourri d'après les croyances populaires. Selon les Marocains, « on dit souvent à quelqu'un dont le travail manque de méticulosité : Par le nom de Dieu, si tu ne fermes pas bien la couscoussière, tu n'auras pas un bon couscous » !

Parmi les milliers de recettes de couscous qui existent, je préfère celle-ci adapté aux végétariens comme moi : « Couscous aux légumes » :

2 oignons	Sel
4-5 tomates	Poivre
½ kilos de carottes	Safran
½ kilos de navets°	Cannelle°
½ kilos de courgettes°	Coriandre°
½ kilos de citrouille°	Persil
Pois chiches	Huile d'olive
Raisins secs	Eau

un navet : turnip / *la cannelle* : cinnamon / *une courgette* : zucchini / *la coriandre* : coriander / *une citrouille* : pumpkin

Mélangez tout dans le tanjra. Laissez mijoter pour une heure, ajoutez les grains de couscous dans le kskas et laissez les cuire à la vapeur pendant 20 minutes. Voilà et bon appétit !

⚜ Une cuillerée de réflexion

1. Comparez le sens de l'expression *couscous* en français par rapport à l'anglais.
2. De quelle culture en Afrique vient le plat couscous ?
3. À quel moment du dîner prend-t-on le couscous : en amuse-bouche, en entrée, en plat principal ou en dessert ? Est-ce un plat sucré ou salé ?
4. Décrivez comment la semoule cuit à la vapeur.
5. Nommez les ingrédients typiques du couscous.
6. Pour quelles célébrations islamiques le couscous est-il préparé ? Connaissez-vous d'autres mets qui sont uniquement associés à une fête ?
7. Quel jour de la semaine cuisine-t-on le couscous ? Connaissez-vous d'autres plats qui sont préparés un jour de la semaine en particulier ? (Par exemple, *En Louisiane, les haricots rouges se mangent le lundi.*)

⚜ Une cuillerée de réflexion

1. Effectuez des recherches sur Internet pour trouver différentes recettes de couscous. Laquelle vous semble-t-elle la plus traditionnelle ? Laquelle préférez-vous ? Écrivez un résumé de vos découvertes.
2. Écrivez un essai personnel dans lequel vous recevez chez vous un(e) étudiant(e) d'un pays étranger. Quelles traditions aimeriez-vous partager ? Quels plats aimeriez-vous présenter ?

À Vous, Chez Vous

⚜ Recette

Le gratin dauphinois

5 pommes de terre de taille moyenne
250 ml (1 CUP) de lait entier
30 ml (1/8 CUP) de crème Half & Half™
du sel et du poivre
1 grosse noix de beurre

Éplucher et découper les pommes de terre en minces tranches.

Les mettre dans une casserole avec le lait, le beurre, le sel, le poivre.

Porter à ébullition, puis réduire le feu légèrement et poursuivre la cuisson 8 minutes.

Remuer de temps en temps avec une spatule pour éviter que la préparation attache. Les pommes de terre vont s'enrober d'une crème.

Laisser cuire à petit feu pendant 5 minutes.

Disposer délicatement les pommes de terre dans un plat à gratin.

Ajouter la crème.

Enfourner à 350° et laisser cuire environ 30 minutes. La recette traditionnelle du gratin dauphinois ne prévoit aucun fromage râpé.

Bon appétit !

⚜ Pour en savoir plus

Pour lire davantage d'André Gide, voir son livre *Les nourritures terrestres* (Gallimard, Paris 1977).

Si l'extrait de Proust vous a plu, finir son livre *À la recherche du temps perdu, tome 1 : Du côté de chez Swann* de Marcel Proust (LGF – Livre de Poche, Paris 1992).

Pour lire plusieurs exemples de cartes et menus, taper « restaurants paris » dans le moteur de recherche et naviguer sur le Web.

Pour en apprendre davantage sur le service à table, consulter *L'ordre des mets* de Jean-Louis Flandrin (Odile Jacob, Paris 2002).

Pour maîtriser les techniques de la cuisine classique française, étudier *Le guide culinaire* par Auguste Escoffier (Flammarion, Paris 2001).

Pour une comédie dramatique qui a lieu dans un restaurant parisien, voir le film *Au Petit Marguery* (Laurent Bénégui, 1995).

Chapitre 5

Salade

Anticipe le fromage

Un fois que l'appétit est partiellement satisfait par les délices du plat principal, on apprécie la légèreté de la salade. En fait, ce plat frais au goût simple anticipe les saveurs complexes du fromage, l'assiette suivante. Malgré les multiples variétés de salade, il y a par défaut en France comme aux E.U. une salade ordinaire que l'on trouve régulièrement sur la table. Aux E.U. c'est la laitue iceberg surmontée de tomates morcelées° et de carottes râpées° arrosée d'une sauce ranch ou italienne. En comparaison, en France il n'y a qu'une simple laitue douce Boston assaisonnée d'une vinaigrette. Cette tradition quotidienne incite l'utilisation de l'expression *salade* pour dire *laitue*. Alors, pour la préparation d'une salade on peut dire qu'il faut laver la salade dans l'évier°. C'est-à-dire : nettoyer les feuilles.

morcelé : cut in pieces / *râpé* : grated

un évier : sink

Malgré les diverses variétés de salade, les Américains commencent à peine à apprécier l'abondance des espèces de laitue. Sur le marché français on peut voir des caisses de batavias, de romaines, de mâches, et de endives. La laitue beurre est particulièrement recherchée pour une salade de la région de Nice, appelée *la salade niçoise*. Malgré sa petite superficie (plus petite que le Texas), la France possède une diversité culinaire régionale importante. Grâce aux zones de climat distinct, chaque région a des aliments et des plats très particuliers. De plus, du fait de l'histoire coloniale importante du pays, la cuisine française s'exporte et influence les cuisines du monde, mais s'enrichit aussi de saveurs exotiques. En effet, la France adopte elle-même des aliments d'outre mer.

Comme on peut le voir avec l'exemple de la salade niçoise, de nombreux plats et aliments sont associés à des villes. Ainsi, on trouve la madeleine de Commercy ou encore le fromage bleu nommé Roquefort qui est fabriqué dans les caves souterraines de la ville. D'autre part les Américains connaissent bien la moutarde

le far : custardy cake / *une entrecôte* : rib steak

une huître : oyster

de Dijon. Il y en a également qui rappellent des régions ou des anciennes provinces comme le bœuf bourguignon (la Bourgogne), le far° breton (Bretagne), l'entrecôte° bordelaise (Bourdeaux), la fondue savoyarde (Savoie), la quiche lorraine (Lorraine) et le fromage comté (Franche-Comté). Comme la France touche la mer sur trois côtes, plusieurs lieux ont des spécialités de fruits de mer. Par exemple, on trouve des élevages d'huîtres° dans les bassins de Bretagne, de Normandie, d'Aquitaine, de Méditerranée dans le Languedoc, sur la Côte d'Azur et bien entendu en Corse. Pourtant selon les experts, les meilleures conditions pour cette récolte se trouvent dans les eaux atlantiques à Marennes-Oléron en Poitou-Charentes.

une moule : mussel / *la poutine* : French fries, cheese curds & gravy / *le colombo indien de cabri* : goat stew / *l'attiéké* : manioc grain

Par ailleurs, certains plats symbolisent une communauté du monde francophone comme les moules° frîtes pour la Belgique, la poutine° pour le Québec, le colombo indien de cabri° pour la Guadeloupe, l'attiéké° frais de Côte d'Ivoire et le gumbo de Louisiane.

De surcroît il y a des aliments particuliers ou des plats précis qui sont associés aux fêtes ou aux traditions. La France reconnaît plusieurs jours durant lesquels on fait des festins en famille. Une période importante est celle des fêtes de fin d'année. La saison débute avec le jour de la Saint-Nicolas, le 6 décembre, où les enfants recoivent des cadeaux et des chocolats. Ceci est suivi par la Fête des Lumières à Lyon, le 8 décembre. Les Lyonnais, en l'honneur de la Vierge Marie, allument des bougies à leurs fenêtres pour éclairer la ville. Toute la France fête ensuite le 24 décembre, ce que l'on appelle *le réveillon* de Noël, où un grand repas spécial rappelle en grandeur le festin américain de Thanksgiving. Tard le soir, souvent après la messe de minuit, les familles se réunissent pour une coupe de Champagne et le grand dîner. Selon la région, on mange une gamme de volaille — de la dinde aux marrons°, du poulet rôti, du chapon° en daube, de l'oie° farcie aux pommes, mais aussi du foie gras, des huîtres ou du boudin blanc°. Tout le monde attend la fin du repas pour déguster la traditionnelle bûche de Noël° qu'il est possible de trouver durant tout le mois de décembre. Dans le sud de France, on prend également du pain calendeau°, mais seulement après que l'on en partage avec une personne infortunée. Le soir, les enfants posent leurs sabots devant la cheminée pour que Père Noël puisse les remplir avec

un marron : chestnut

un chapon : castrated rooster / *une oie* : goose / *du boudin blanc* : pork sausage / *la bûche de Noël* : Yule log

le pain calendeau : bread with dried fruits

des cadeaux. On va également décorer le sapin de Noël avec des friandises° et des bibelots°.

De nombreuses familles récidivent° pour le réveillon du Nouvel an. On passe joyeusement des heures à table en famille, en appréciant les spécialités de la région accompagnées par un bon vin millésimé° du terroir. Vient ensuite l'Épiphanie, typiquement célébrée le 6 janvier. Ce jour-là, on fête les rois mages° en mangeant la galette des rois. En France, c'est une galette de pâte feuilletée fourrée à la frangipane (c'est-à-dire un mélange de crème d'amande et crème patissière). Mais il faut faire très attention en en mangeant, car une fève° ou comme cela se fait actuellement un petit bibelot, est cachée à l'intérieur. Celui qui reçoit le morceau de galette contenant la fève est nommé roi ou reine pour la journée.

La crêpe est un mets typiquement français et il y a même un jour, osera-t-on dire une saison, consacrée à cet aliment prisé°. Tout d'abord, le 2 février s'appelle la Chandeleur, jour des crêpes. De plus, on en mange le jour de Mardi Gras, un festin fixé par rapport à la date de Pâques. Mardi Gras est le jour précédant le Carême°, et il marque donc le début du jeûne°. La tradition veut que durant le Carême on arrête de manger des œufs (parmi d'autres nourritures), et c'est la raison pour laquelle on fait des crêpes pour Mardi Gras. Pâques marque la fin du jeûne de Carême, donc on recommence la consommation d'œufs — sous toutes ses formes d'ailleurs — les vrais, en chocolat et en friandise. À première vue, Pâques ressemble à une fête en l'honneur du chocolat, car les vitrines en sont remplies !

Ces fêtes et traditions soulignent le lien important entre la nourriture et la communion familiale. Elles illustrent le fait que manger est plus qu'un simple instinct de survie, c'est aussi un moment où l'on se réunit pour partager du temps avec des êtres qui nous sont chers.

une friandise : sweets / *un bibelot* : trinket / *récidiver* : to repeat

millésimé : vintage

les rois mages : The Three Wise Men

une fève : fava bean

prisé : appreciated

le Carême : Lent / *le jeûne* : fast

⚜ Une cuillerée de réflexion

1. Décrivez la salade typique servie chez vous. Comparez-la à celles de vos camarades de classe. Retrouvez l'origine des ces différences. Est-ce l'héritage culturel, la tradition régionale ?
2. À quel moment du repas prenez-vous la salade — au début ou à la fin ?
3. Prenez-vous parfois une salade en plat principal ? Dans ce cas, décrivez-la.
4. Quels types de vinaigrette ou sauce aimez-vous sur la salade ? Quels sont vos ingrédients préférés dans une salade ?

5. Quelles spécialités d'une région française avez-vous déjà dégustées ? Que recommandez-vous aux Américains de déguster ?
6. Décrivez les traditions de Noël et du Nouvel an chez vous.

✤ Un zeste d'activité

1. À l'aide d'Internet, faites une liste de toutes les variétés de laitue en français et leur traduction en anglais.
2. À l'aide d'Internet, faites une liste de salades composées traditionnelles françaises (*la salade niçoise, la salade de riz*). Ensuite, faites la même choses pour les salades américaines (*chef, Caesar*). Voyez-vous des différences culturelles ? Découvrez l'origine des ces différences si possible.
3. Consultez le site Internet suivant pour apprendre les spécialités gastronomiques de cinq villes de votre choix. http://www.cortland.edu/flteach/civ/Voyage/voyage.htm
4. En vous servant d'Internet, trouvez la description et l'origine régionale des spécialités suivantes : la bouillabaisse, le kugelhoph, la soupe au pistou, le foie gras, la ratatouille, les truffes, la raclette, la pissaladière, le clafoutis, les escargots, le kouign aman.
5. Choisissez trois spécialités listées à la question 4 et cherchez leurs propres recettes sur www.meilleurduchef.com. Quelle recette préférez-vous ? Quel plat êtes-vous plus enclin à essayer chez vous ?
6. Naviguez le site www.huitresmarennesoleron.info/FR/HMO-index.asp pour comprendre dans quelle mesure le titre *Huîtres Marennes Oléron* est une appellation importante de qualité. Résumez vos découvertes.
7. Choisissez trois pays de la francophonie et découvrez leurs plats nationaux. Décrivez leurs recettes, leurs places sur le menu (entrée, plats principal, dessert) et les influences (s'il y en a) de l'hexagone.
8. La fête d'Halloween n'est pas une fête traditionnelle en France, mais elle devient de plus en plus populaire chaque année. Naviguez sur Internet pour apprendre ce que font les Français ce jour.
9. Mardi Gras est une grande célébration dans plusieurs régions du monde. Faites une recherche sur Mardi Gras de la Nouvelle-Orléans pour le comparer au Courir du Mardi Gras dans le village cadien de Mamou en Louisiane.
10. De part leur tradition catholique, les Français marquent quelques jours saints par des festins comme la Saint-Nicolas. Découvrez-en d'autres exemples (à savoir, la Saint-Martin, la Saint-Antoine, la Saint-Sylvestre, etc.). Comment festoie-t-on ces jours ?
11. Regardez les images de bûche de Noël sur Internet. Quels motifs mettriez-vous sur la bûche de Noël chez vous ?
12. Faites des recherches pour comparer la tradition de carnaval dans les pays francophones. Résumez vos découvertes. Où aimeriez-vous aller pour cette fête ?

⚜ Au goût littéraire

Un poème de Paul Valéry (1871-1945)

Le vin perdu

J'ai, quelque jour, dans l'Océan,
(Mais je ne sais plus sous quels cieux),
Jeté, comme offrande au néant,
Tout un peu de vin précieux ...

Qui voulut ta perte, ô liqueur ?
J'obéis peut-être au devin° ?
Peut-être au souci de mon cœur,
Songeant au sang, versant le vin ?

un devin : fortune teller, soothsayer

Sa transparence accoutumée
Après une rose fumée
Reprit aussi pure la mer ...

Perdu ce vin, ivres° les ondes° ! ...
J'ai vu bondir° dans l'air amer
Les figures les plus profondes ...

ivre : drunk / *une onde* : wave / *bondir* : to jump

⚜ Une cuillerée de réflexion

1. Dans la première strophe, que fait le narrateur avec un peu de vin ?
2. Pourquoi le narrateur, fait-il une telle action ? En est-il conscient ? Exposez les raisons possibles.
3. Dans la troisième strophe après la disparition totale de la couleur rose du vin, la mer reprend sa couleur normale. Dans le monde de la poésie et du symbolisme, qu'est-ce qui disparaît peut-être dans la vie du narrateur ?
4. Dans la dernière strophe, qu'est-ce qui a bondi dans l'air ? Que cela symbolise-t-il ?

Métaphore mangeable : Raconter des salades

Dire des mensonges ou des histoires.

L'enfant a raconté des salades quand sa mère lui a demandé qui avait mangé les biscuits.

⚜ La critique culinaire

Que cela signifie qu'un restaurant possède trois étoiles ? Par exemple, le restaurant parisien renommé, Guy Savoy***, est écrit ainsi. On voit ces symboles suivant le nom du restaurant dans les articles de journaux et dans les guides touristiques. Les rapports utilisent soit des astérisques, soit des étoiles, soit des fourchettes ou des cuillères pour indiquer la qualité de l'établissement. Par ces signes, le lecteur comprend non seulement qu'il y a des mets exceptionnels, mais aussi que les prix vont de pair. Le public est-il influencé par ces indices ? D'un point de vue philosophique, doit-il être influencé ?

Selon les historiens, Alexandre Grimod de la Reynière et Jean Anthelme Brillat-Savarin sont, au début du 18e siècle, à l'origine de la critique culinaire. En 1802 Grimod publie le premier exemple de ce nouveau style littéraire intitulé *L'Almanach des gourmands*. Cet homme de lettre et fin gourmet se réunit hebdomadairement avec d'autres dégustateurs pour critiquer des restaurants de Paris et des recettes provenant des chefs parisiens. L'autre fondateur de cette littérature gourmande, Brillat-Savarin, est surtout réputé pour son livre *Physiologie du goût* paru en 1825. Dans ce tome, Brillat-Savarin discourt de la science de la table, des restaurateurs, des recettes, des mets, des denrées, des cinq sens et même de l'obésité, le tout sous forme de méditation. Depuis cette époque, les restaurants et les chefs confèrent une certaine légitimité à leurs travaux. Par conséquence, il existe maintenant une forte compétition entre les restaurants pour accéder aux places de hauts rangs.

L'autorité la plus importante en France aujourd'hui est *Le Guide Rouge* publié par la société des pneumatiques Michelin. Depuis 1931, les inspecteurs anonymes de cette autorité routière donnent 1, 2 ou 3 étoiles, dit *macarons*, aux bonnes tables de l'Hexagone. En 2006, ce guide prestigieux s'élargit pour inclure les restaurants de haute qualité de la ville de New York. D'ailleurs, ces guides fameux existent maintenant pour de grandes villes du monde.

⚜ Une cuillerée de réflexion

1. Pensez-vous que le lecteur est trop influencé par le système d'étoile ? Êtes-vous influencé par le système d'étoile ?
2. À votre avis, le guide de restaurant est-il nécessaire ?
3. L'Internet a de plus en plus de sites où le public peut écrire ses commentaires. En consultez-vous ? Écrivez-vous parfois vos propres commentaires ou critiques ?

⚜ Un zeste d'activité

1. Téléchargez le livre de Brillat-Savarin *Physiologie du goût* sur le site suivant http://www.gutenberg.org/etext/22741 (Utilisez le format « Plain text »). Ensuite, lisez la Méditation II sur le goût. Enfin, lisez une autre Méditation (*De l'appétit, De la soif, De l'obésité,* etc.) de votre choix. Pensez-vous que les idées et conseils de Brillat-Savarin s'appliquent à la vie moderne ?
2. Faites une liste de 10 de vos restaurants préférés dans votre région. Prenez le role d'un inspecteur gastronomique et octroyez (*award*) un macaron pour « une bonne table », deux macarons pour un restaurant qui « mérite un détour », ou trois macarons pour un établissement qui « vaut le voyage ». Soutenez vos décisions par des exemples précis.

3. Naviguez sur le site de Michelin, www.michelin.fr, pour retrouver d'autres produits du guide et des services touristiques. Dressez une liste des restaurants français à trois macarons.
4. Naviguez sur Internet pour retrouver les restaurants à trois macarons Michelin aux E.U. Combien sont des restaurants français ?
5. Un guide concurrent du *Guide Rouge* est le *Guide Gault-Millau*. Visitez leur site Internet, www.guides-gaultmillau.fr, pour connaître leur échelle et leurs critères de notation. Citez les restaurants possédant une note élevée ? Où se trouvent-ils ?
6. Faites une recherche sur les chefs Bernard Loiseau et Alain Senderens. Révélez leur propre histoire en ce qui concerne les macarons Michelin. Discutez sur les conséquences de tels concours.
7. Faites une recherche sur le personnage de Maurice Sailland. Pourquoi est-il appelé le prince-élu des gastronomes ?

⚜ Une pincée de grammaire

Accord des mots

RÈGLE D'OR : Les sujets et les verbes s'accordent en nombre, alors que les adjectifs et les noms s'accordent en nombre et en genre.

Complétez les phrases avec les formes correctes du verbe ou de l'adjectif selon le cas.

Les serveurs _______________ (*débutant*) qui _______________ (*travailler*) dans des _______________ (*grand*) restaurants _______________ (*gagner*) plus que le salaire minimum. Ils _______________ (*passer*) souvent toute la soirée debout et quand ils _______________ (*arriver*) à la fin d'une journée _______________ (*éreintant*), ils _______________ (*apprécier*) le confort de _______________ (*leur*) maisons. Ils _______________ (*se coucher*) tout de suite dans des lits _______________ (*confortable*) et _______________ (*retrouver*) le calme de _______________ (*leur*) chambres _______________ (*individuel*).

Un grain de conversation : *Insultes alimentaires*

Espèce de nouille !	Noodle head!
Gros cornichon !	Big imbecile!
Quelle patate !	What an idiot!
Quelle huître !	What a nut!
Espèce d'andouille !	You dummy!
Quel œuf !	What an imbecile!
Grande saucisse !	Nincompoop!

⚜ Au goût littéraire

Une cuisine modèle

— *Mon dictionnaire de cuisine* par
Alexandre Dumas (1802-1870)

L'auteur célèbre du *Comte de Monte Cristo* et *Les Trois Mousquetaires*, Alexandre Dumas, est étonnament aussi gastronome que cuisinier expert. Son encyclopédie culinaire réunit non seulement une liste exhaustive de recettes, mais expose aussi en détail les coutumes alimentaires de l'époque. Ce passage ci-dessous décrit, tel un tableau, une cuisine exceptionnelle.

J'ai vu à Sainte-Menehould, raconte Victor Hugo, une belle chose, c'est la cuisine de l'hôtel de Metz.

C'est là une vraie cuisine. Une salle immense, un des murs occupé par les cuivres, l'autre par les faïences. Au milieu, en face des fenêtres, la cheminée, énorme caverne qu'emplit un feu splendide. Au plafond, un noir réseau de poutres° magnifiquement enfumées, auxquelles pendent toutes sortes de choses joyeuses, des paniers, des lampes, un garde-manger°, et au centre une large nasse° à claire-voie° où s'étalent de vastes trapèzes de lard. Sous la cheminée, outre le tournebroche°, la crémaillère° et la chaudière°, reluit° et pétille° un trousseau éblouissant d'une douzaine de pelles° et de pincettes° de toutes formes et de toutes grandeurs. L'âtre° flamboyant envoie des rayons dans tous les coins, découpe de grandes ombres sur le plafond, jette une fraîche teinte rose sur les faïences bleues, et fait resplendir l'édifice fantastique des casseroles comme une muraille de braise°. Si j'étais Homère ou Rabelais, je dirais :

« Cette cuisine est un monde, dont cette cheminée est le soleil. »

Cest un monde en effet. Un monde où se meut° toute une république d'hommes, de femmes et d'animaux. Des garçons, des servantes, des marmitons°, des rouliers° attablés sur des poêles, sur des réchauds°, des marmites qui gloussent°, des fritures° qui glapissent°, des pipes, des cartes, des enfants qui jouent, et des chats, et des chiens, et le maître qui surveille. MENS AGITAT MOLEM°.

Dans un angle, une grande horloge à gaine et à poids dit gravement l'heure à tous ces gens occupés.

Parmi les choses innombrables qui pendent au plafond, j'en ai admiré une surtout, le soir de mon arrivée, c'est une petite cage où dormait un petit oiseau. Cet oiseau m'a paru être

une poutre : beam

un garde-manger : pantry

une nasse : net, fishing basket / *à claire-voie* : see-through / *un tournebroche* : roasting spit / *une crémaillère* : pothook / *une chaudière* : cauldron / *reluire* : to shine / *pétiller* : to sparkle / *une pelle* : shovel / *une pincette* : tong / *un âtre* : hearth / *une braise* : ember

se mouvoir : to move

un marmiton : chef's assistant / *un roulier* : delivery man / *un réchaud* : stove / *glousser* : to cluck / *une friture* : fried food / *glapir* : to yelp / *mens agitat molem* : The mind moves the mass (Virgil).

le plus admirable emblème de la confiance. Cet antre°, cette forge° à indigestion, cette cuisine effrayante est jour et nuit pleine de vacarme°, l'oiseau dort. On a beau faire rage autour de lui, les hommes jurent, les femmes querellent, les enfants crient, les chiens aboient, les chats miaulent, l'horloge sonne, le couperet° cogne°, la lèchefrite° piaille°, le tournebroche grince, la fontaine pleure, les bouteilles sanglotent, les vitres frissonnent, les diligences passent sous la voûte comme le tonnerre ; la petite boule de plume ne bouge pas. — Dieu est adorable, il donne la foi aux petits oiseaux.

un antre : den
une forge : ironworks
un vacarme : racket, noise

un couperet : cleaver / *cogner*: to strike / *une lèchefrite* : drip pan / *piailler*: to chirp

⚜ Une cuillerée de réflexion

1. Sans regarder le texte, décrivez la cuisine modèle en utilisant vos propres mots ? Ensuite, consultez-le pour compléter votre description.
2. Que veut dire *Cette cuisine est un monde, dont cette cheminée est le soleil* ?
3. Suivant ces structures métaphoriques *des marmites qui gloussent, des fritures qui glapissent*, finissez ces expressions avec des verbes figuratifs *des pipes qui … , des cartes qui …, des chats qui …, des chiens qui …*
4. Discutez le sens de l'aphorisme latin de Virgil *men agitat molem.*
5. Que représente l'oiseau selon le narrateur ? Quant à vous, que représente-t-il ?
6. Décrivez les bruits de la cuisine. Est-elle tranquille, bruyante ou assourdissante ?
7. Qui est *la petite boule de plume* ? Pourquoi ne bouge-t-elle pas ?
8. Décrivez la cuisine de votre maison. Comparez-la à la cuisine de vos grands-parents.

⚜ Un zeste d'activité

1. Faites un dessin simple de cette cuisine. Qu'y a-t-il sur les murs ? Décrivez ce qui est en face des fenêtres, pendus au plafond et sous la cheminée.
2. Décrivez ou dessinez une cuisine de rêve.

Dis-moi ce que tu manges, je te dirai qui tu es.

– Jean Anthelme Brillat-Savarin (1755-1826)

⚜ Une pincée de grammaire

Placement de l'adverbe

RÈGLE D'OR : L'adverbe se place après le verbe. Si la phrase est au passé composé, l'adverbe se place entre l'auxiliaire *être* ou *avoir* et le participe passé.

Réécrivez les phrases écrites *en franglais* en plaçant l'adverbe dans sa position correcte.

1. Nous allons au restaurant souvent.

   ___

2. Le père a pris du lait dans son café aussi.

   ___

3. J'aime la glace au chocolat beaucoup !

   ___

4. Elles sont accompagnées par deux Français seulement.

   ___

5. Aussi le chef était un gros cornichon !

   ___

Un grain de conversation : *Des synonymes pour* LE PATRON

La grosse légume	The big cheese
Le chef	The boss
Le mandarin	The big boss

⚜ La Dégustation : LA SALADE NIÇOISE ET LA VINAIGRETTE

Une des plus célèbres salades françaises tire son origine de la ville de Nice sur la Côte d'Azur — la salade niçoise. Cette salade est une exception à la simple salade de laitue que l'on voit normalement à table. C'est une salade composée de plusieurs légumes crus et cuits dont deux ingrédients clés sont les olives niçoises et les anchois.

La ville de Nice se trouve dans une zone climatique dit méditerranéenne, avec une terre fertile permettant la culture d'une grande gamme de légumes et des oliviers. Comme beaucoup de recettes, il y a plusieurs versions de la salade niçoise. Dans ce chapitre la recette pour *À Vous Chez Vous* requiert des tomates, des poivrons rouges et verts, des pommes de terres nouvelles, des haricots verts, du thon, des olives niçoises, des œufs durs, des anchois et, bien sûr, de la salade. Historiquement, la salade n'a pas d'anchois et le débat sur quels légumes se trouvent dans une vraie niçoise ne sera sans doute jamais résolu. Un point sur lequel tout le monde s'accorde, c'est que l'on peut aussi bien la servir en entrée qu'en plat unique le midi sur une terrasse ensoleillée.

⚜ À Table

Grâce à son apparence verdante et multicolore, la salade niçoise est tout d'abord un régal pour la vue. Rappelons qu'au restaurant, au moment de la mise de l'assiette sur la table, c'est le visuel qui est le plus important. De plus, avec la salade niçoise, il est possible de donner un effet de symétrie avec les ingrédients. Par exemple, les rondelles d'œufs ou les filets d'anchois peuvent former une étoile. Alors, notez bien s'il y a des motifs géométriques dans la présentation de la salade. Ensuite, dégustez des combinaisons variées de légumes accompagnés d'un petit bout d'anchois, le tout trempé dans la vinaigrette. Voir les expressions ci-dessous pour vous aider à articuler vos réactions de l'expérience.

⚜ Vocabulaire

léger : light
rafraîchissant : refreshing
croustillant : crispy
désagréable : distasteful
goût de poisson : fishy
croquant : crunchy
salé : salty
frais : fresh
médiocre : mediocre

⚜ Une cuillerée de réflexion

1. Aimez-vous la salade niçoise ? En avez-vous déjà dégusté une ? Si oui, dans quelle mesure cette salade-ci est-elle différente ?
2. Aimez-vous la salade avec ou sans anchois ? Aimez-vous les anchois sur la pizza ? Connaissez-vous d'autres plats qui contiennent normalement des anchois ?
3. À l'aide d'Internet, essayez de trouver la recette originale de la salade niçoise. Ensuite, essayez de trouver la (ou les) recette(s) pour une vraie niçoise.
4. Quel type de boisson pourrait accompagner la salade niçoise ? Quelle boisson ne va pas du tout ?
5. Quels plats principaux pourraient suivre la salade niçoise ?
6. Composez un menu (y compris un dessert et une boisson) pour compléter la salade niçoise.
7. Écrivez un résumé de la dégustation.

⚜ Un brin de parole

Le Nord et ses délices

— Frédérique Grim
professeur de français

un beffroi : belfry / *la mairie* : town hall

ch'ti : northerner in the Picard language

venteux : windy

Connaissez-vous le département du Nord ? C'est un département, qui se situe tout au nord de la France, le long de la Mer du Nord et de la frontière belge. C'est un département qui fait partie de la région Nord-Pas-de-Calais. Il est souvent bien oublié, non parce qu'il n'y a rien à y faire. Bien au contraire, avec les activités sur la plage ou les promenades dans les dunes ou le long des ports, le Carnaval en février avec ses costumes et ses géants, les beffrois° et les belles mairies° en briques, on trouve toujours de quoi s'occuper. Il est souvent oublié peut-être parce qu'il ne fait pas toujours bien chaud dans ce département si nordique. En fait, c'est un département qui longe la Mer du Nord et la Flandre belge, et qui a une longue histoire entachée par les guerres et une culture bien particulière, souvent liée à la mer. Sa préfecture est Lille, qui est une très jolie ville, avec une architecture typique du Nord. Dunkerque est la deuxième plus grande ville du Nord. Entre Lille et Dunkerque, il y a deux cultures différentes : la culture ch'ti° et la culture flamande. Aux alentours de Lille, c'est le pays des Ch'tis . Si vous ne connaissez pas les Ch'tis, regardez le film à succès *Bienvenue chez les Ch'tis* (Dany Boon, 2008) ! Il vous donnera une idée de cette partie de la France, de son caractère et de la solidarité des gens. Autour de Dunkerque, c'est la Flandre française. Dans la campagne, vous trouverez des gens qui parlent flamand (un dialecte du hollandais) à la maison. Les gens du Nord sont très fiers de leurs origines, et leur amitié est souvent reconnue comme étant une amitié profonde et durable. Comme partout en France, il est difficile de comprendre les cultures locales sans vraiment les vivre. Mais une des particularités de la France, c'est que chaque région a ses traditions culinaires que vous ne manquerez pas d'y goûter si vous voyagez dans le Nord.

La cuisine est simple, mais pleine de saveur. Comme les jours d'hiver sont froids et venteux°, les plats typiques sont souvent chauds. On aime les soupes, comme la soupe au cresson, les plats en sauce comme le Potjevleesch (une sorte de pot-au-feu avec beaucoup de viandes), le coq à la bière ou la carbonnade à la flamande (avec du bœuf, des oignons et de la bière). Pendant une promenade à l'air frais, il faut absolument déguster les fameuses frites du Nord, avec des saucisses ou des fricadelles (des boules de viande). Grâce à leur culture aisée, on trouve en abondance poireaux, pommes de terre et endives utilisés dans les soupes à l'oignon, aux endives ou aux poireaux, les flamiches (quiche aux poireaux), les endives au gratin ou les salades d'endives. Le mot « endives » change de nom selon les personnes. Les Flamands les appellent «witlof », les gens du nord « chicon » et le reste de la France « endive ». Pour ceux qui aiment le fromage, il y a aussi la tarte au Maroilles, une sorte de quiche faite d'un fromage fort qui vient de Maroilles, un village situé au sud du département. Parce que le Nord se situe le long de la Mer du Nord, le poisson et les fruits de mer se mangent souvent. Un plat typiquement flamand, les moules-frites, se trouve dans beaucoup de restaurants, surtout le long des plages. Le waterzoï (soupe de poisson ou de viande) est aussi un plat typique. Et il ne faut pas oublier les desserts — nous sommes toujours en France ! Les tartes au sucre sont une spécialité. Et vous connaissez peut-être les speculoos, un biscuit flamand à la cannelle. Pour les gourmands, les bêtises de Cambrai sont des bonbons à la menthe. Avec ou sans le café, on boit de la chicorée, une boisson amère et noire. Le café du Nord est bien connu pour sa force qui revitalise pendant les jours de froid. Et bien entendu, on ne peut pas oublier la bière, qui est un symbole de la Flandre.

Pour les fêtes, on a aussi des traditions locales. En début d'année, on offre des strinjes, des petites gaufres sèches qui se mangent au moment du café. Pour l'Épiphanie, comme partout en France, on mange des galettes des rois, mais celles du Nord sont spéciales : ce sont des sortes de brioches, fourrées de crème au beurre, dans laquelle vous trouverez la fève. Pour la chandeleur et Mardi Gras, on mange des crêpes flamandes et des gaufres, préparées avec de la bière ! Une fête très locale est la Saint Martin (le 10 novembre). Le jour de la Saint-Martin, les enfants vont dans la rue avec des lanternes, reçoivent des follards (ou des Volaeren - une sorte de brioche) et chantent en l'honneur de Saint-Martin en défilant dans les rues. Pour la Saint-Nicolas (le 6 décembre), les enfants reçoivent des bonbons, des chocolats et des mandarines. Et bien sûr, d'autres fêtes bien traditionnelles, sont aussi célébrées, comme le réveillon et le jour de Noël, le réveillon du Nouvel An et Pâques, où les repas sont au centre de la célébration avec une multitude de plats et de délices à manger. Les fruits de mer et les poissons sont souvent au menu, avec comme partout en France, une jolie bûche de Noël pour terminer le festin.

Alors, si vous êtes de passage en Flandres ou dans le pays des Ch'tis, arrêtez-vous pour déguster une des spécialités dont nous sommes fiers.

⚜ Une cuillerée de réflexion

1. Le Nord, est-il apprécié par les Français ? Exposez les charmes de ce département. Dépeignez les deux cultures du Nord.
2. Quelles sont les traditions culinaires du Nord ? Pourquoi les plats sont-ils typiquement chauds ? Quel plat aimeriez-vous déguster ?
3. Cherchez l'aliment *endive* dans le dictionnaire. Dans quels plats se trouve-t-elle ? Les Flamands et les nordistes, comment appellent-ils l'endive ?
4. Diriez-vous qu'il y a une cuisine française dans le Nord ? Argumentez votre réponse.
5. Quelle est la différence entre la galette des rois nordiste et celle du reste de la France ?
6. Quel alcool se trouve dans plusieurs plats du Nord ? Citez ces plats particuliers. Certains vous surprennent-ils ? Révélez d'autres plats dans lesquels on met de l'acool.
7. Écrivez un essai personnel qui dépeint votre région et ses spécialités.

⚜ Un brin de parole

Souvenirs de mes Noëls en France

— Maud Cherrier
enseignante de français

Le mois de décembre approche. Avec lui ce sont tous ces bons souvenirs qui reviennent à ma mémoire. Tout va commencer par Noël, puis mon anniversaire et le Nouvel an (pas de chance quand même d'être née un 29 décembre !). Viendront ensuite l'Epiphanie, puis Mardi gras, juste une petite pause avant Pâques. Bref, décembre a toujours entamé pour moi la bonne période de l'année. Je me souviens d'abord des petits catalogues de publicité que l'on reçoit à la maison. Vous savez, avec, bien sûr, la partie jouets (ma préférée) et après, les chocolats. C'était en général à partir de ce moment-là que je commençais à proposer à ma mère de préparer les petites friandises° de Noël.

une friandise : sweet delicacy

Cuisiner a toujours été quelque chose d'important pour moi. Dans ma famille, comme dans beaucoup de familles en France, ce sont principalement les femmes qui cuisinent et transmettent l'amour de la cuisine. Bien sûr, maintenant, les hommes s'y mettent, et les chefs sont principalement des hommes me direz-vous. Mais ce n'est pas pour rien que la confiture « Bonne Maman » et les yaourts « Mamie Nova » marchent autant ! C'est avec ma mère que j'ai commencé à cuisiner. Je me rappelle encore son fameux cahier de recettes, à petits carreaux, à spirales, écrit à la main, tâché et froissé°, mais si précieux. Il y avait aussi son classeur, où elle collectait (et collecte toujours d'ailleurs) les recettes glanées° à droite à gauche dans les

froissé : crumpled

glané : collected

magazines ou chez les copines. Celle qui m'intéressait particulièrement à cette époque de l'année, c'était « les truffes de Mémé ». Un petit morceau de papier collé, entre la recette des truffes de Michèle, ma tante et celle de Bernadette, une amie de ma mère. Mais c'était définitivement les truffes de ma grand-mère qui étaient les meilleures et j'ai maintenant moi aussi un petit papier collé dans un cahier à spirales. Bon, les truffes, ce sont évidemment les truffes au chocolat, que nous roulions, une fois le mélange refroidi, dans du cacao non sucré. On en avait plein les doigts, et qu'est ce qu'on aimait ça !

Je me souviens qu'on faisait aussi des roses des sables. Il me semble que la recette, cette fois-ci, provenait d'une autre de mes tantes, Claude. Petits chocolats croustillants car on y ajoute des corn flakes, on les plaçait dans des caissettes en papier et on n'en faisait qu'une bouchée car elles fondaient très vite. Et pour finir, les fruits déguisés : dattes, pruneaux et cerneaux de noix° que l'on fourrait de pâte d'amandes rose, verte ou blanche. Noël n'aurait jamais été Noël sans tout ça. Le plaisir n'était pas seulement de les déguster, mais aussi et peut-être même surtout, de les préparer, en famille, et de les partager, à la fin du repas, où je me souviens nous apportions l'assiette à chaque convive. Bon, j'avoue, maintenant il m'arrive, même si décembre est loin, de sortir mon cahier et de préparer des truffes, des roses des sables et des fruits déguisés juste pour le plaisir de tout ce que ça représente. La madeleine de Proust, vous connaissez ?

un cerneau de noix : shelled walnut

Pratiquement partout en France, même si c'est à l'origine une spécialité lyonnaise, on mange des papillotes pour les fêtes de fin d'année. Je pense que si vous montrez une papillote à un Français, il vous dira à coup sûr que cela évoque Noël. Mais peut-être ne connaissez-vous pas ? Ce sont des chocolats pliés dans des papiers brillants, qui ont des sortes de franges des deux côtés. Généralement, il y a des blagues ou des citations à l'intérieur. Il existe différents assortiments de papillotes, qu'on achète en sachets. Mes préférées sont les pralinées, qui contiennent une sorte de pâte faite à partir d'amandes et de noisettes caramélisées. Autant vous dire que ce n'est pas mauvais ! Je me souviens qu'enfants, nous recevions parfois à l'école des papillotes pour fêter Noël. Elles n'étaient pas très bonnes, mais ce que j'aimais par dessus tout, c'est qu'il y avait, en plus de la blague, un pétard° à l'intérieur ! Bien sûr, le jour de Noël, comme pour le Nouvel an d'ailleurs, on mangeait du foie gras, du saumon

un pétard : candy firecracker

fumé, des crevettes, des huîtres et des autres fruits de mer. La dinde, traditionnellement « la dinde aux marrons » est le plat classique, mais je ne sais pas pourquoi, sous prétexte que c'était trop classique, il me semble bien n'en avoir même pas mangé. On finissait par contre toujours par la bûche de Noël, qui, dans sa version originale est toute au chocolat, mais pouvait trouver des variantes : aux marrons, aux fruits ou même glacée. Mais ce qui était surtout formidable, pour nous les enfants, c'était que, comme tout repas familial traditionnel en France, on passait des heures à table. Enfin, les adultes, car nous nous étions tranquilles et pouvions jouer en toute liberté. Il suffisait qu'on réapparaisse pour le plat principal (qui suivait la longue pause après l'entrée). On sautait allègrement° le fromage, car en général nous n'avions plus faim et préférions jouer. Et on revenait pour le dessert. Venait ensuite le moment des cadeaux, et la journée était finie. Combien de fois sommes-nous partis d'une réunion de famille à dix-neuf heures, l'estomac et la tête encore pleins de toutes les bonnes choses que nous avions partagées ! Vraiment, Noël, comme tout autre évènement, important ou pas, est pour nous l'occasion de recevoir, de partager. Et le fait de prendre le temps de cuisiner, d'apprendre à cuisiner à ses enfants, de partager ses recettes, est un élément majeur dans notre vie sociale. C'est la raison pour laquelle, je vais vous laisser, je m'en vais retourner à mes fourneaux !

allègrement : cheerfully

⚜ Une cuillerée de réflexion

1. Pourquoi l'auteur n'a-t-elle pas de chance ?
2. Qui faisait la cuisine chez l'auteur ? Qui lui a enseigné à la faire ? L'auteur, aime-t-elle la faire ?
3. Trouvez les deux définitions culinaires de l'aliment *truffe*. En avez-vous déjà dégusté ? Si oui, quelles sont vos impressions ?
4 Décrivez les meilleures truffes selon l'auteur. Cherchez des recettes de truffe afin de découvrir votre préférée.
5. Décrivez les roses des sables. Connaissez-vous des friandises dans d'autres cultures qui sont faites pour ressembler aux objets ou aux choses ?
6. Pour l'auteur qu'est-ce qui est plus important que la dégustation des friandises ? Partagez-vous les mêmes sentiments ?
7. Décrivez la papillotte lyonnaise. Connaissez-vous des friandises similaires dans d'autres cultures ?
8. Savez-vous faire la cuisine ? Si oui, qui dans votre famille vous a montré ? À votre avis, est-il important d'apprendre à faire la cuisine ?
9. Écrivez un essai sur vos traditions de Noël.

À Vous, Chez Vous

Recette

La salade niçoise et la vinaigrette

6 pommes de terre nouvelles
500 g (20 oz) de haricots verts
4 œufs
4 tomates
1 poivron rouge
1 poivron vert
du persil
8 filets d'anchois à l'huile
150 g (1 CUP) d'olives niçoises dénoyautées
250 g (10 oz) de thon à l'huile
1 laitue douce de type Boston ou beurre

3 cuillerées à soupe d'huile d'olive
1 cuillerée à soupe de vinaigre de vin
1 cuillerée à café de moutarde
du sel fin
du poivre

Cuire les pommes de terre nouvelles avec leur peau à petite ébullition.

Effiler les haricots verts, les cuire à l'eau bouillante salée, les égoutter dans une passoire.

Cuire les œufs pendant 10 minutes à l'eau bouillante, les rafraîchir à l'eau froide une fois cuits.

Couper les tomates en quartiers égaux.

Couper les poivrons rouges et verts en fines lanières.

Hacher le persil.

Couper les pommes de terre en tranches fines.

Préparer la vinaigrette dans un bol avec une cuillère de vinaigre, du sel, du poivre et de la moutarde. Rajouter l'huile d'olive et vérifier l'assaisonnement.

Dans un saladier, tapisser le fond de feuilles de laitue et les parois. Dresser les pommes de terre et les haricots verts par-dessus, le thon émietté, les poivrons émincés, les quartiers de tomates et les œufs coupés autour de la garniture.

Disposer harmonieusement les filet d'anchois et les olives noires.

Arroser de vinaigrette.

Parsemer de persil haché.

Bon appétit !

⚜ Pour en savoir plus

Pour mieux comprendre la vie d'un chef de haute-cuisine et la forte pression de la critique culinaire, lire *The Perfectionist : Life and Death in Haute Cuisine* par Rudolph Chelminski (Gotham 2006).

Pour en apprendre plus sur la cuisine régionale lire *À table ! La fête gastronomique* par Anthony Rowley (Gallimard 1994).

Pour en apprendre davantage sur la cuisine des bouchons lyonnais, lire *Les secrets de la Mère Brazier* par Roger Moreau (Editions Solar, Paris 1977). Pour déguster un repas dans un bouchon, visiter le restaurant La Mère Brazier au 12, rue Royale à Lyon en France.

Pour un exemple visuel de la cuisine dans un restaurant à trois étoiles et l'importance de la critique culinaire, voir le film *Ratatouille* (Brad Bird et Jan Pinkava, 2007). Voir aussi le court métrage qui accompagne le DVD *Ratatouille* pour apprécier les perspectives du chef Thomas Keller, *Fine Food & Film: A Conversation with Brad Fird and Thomas Keller* (Brad Lewis, 2007).

Pour voir une autre comédie qui traite le thème du Guide Michelin sous le nom guide Duchemin, chercher *L'aile ou la cuisse* (Claude Zidi, 1976).

Chapitre 6

Assiette de fromage

Un pour chaque jour de l'année

Il est peut-être difficile de croire qu'il y a plus de 365 variétés de fromage en France. Mais comme certains le disent, *Un fromage pour chaque jour de l'année*. Après une simple salade verte, les papilles sont bien prêtes pour les saveurs fines et intenses d'un bon fromage. Sur la table quotidienne en France, on prévoit une assiette de fromage qui peut se composer d'un fromage crémeux comme le Pont l'Évêque, côtoyé par une Tomme d'Auvergne et son goût complexe de noix et d'herbes et se terminant avec la saveur parfumée d'un Chèvre Figue. Le palais de l'enfant se développe ainsi dès le plus jeune âge.

Le pain accompagnant indubitablement le fromage, le Français consomme de grandes quantités de matières grasses. Il est étonnant, pourtant, que la population ne présente pas un taux plus élevé d'obésité. Ceci est un paradoxe français : comment le Français peut-il suivre un régime aussi gras et cependant avoir une population globalement en assez bonne santé ? Le taux de crises cardiaques est bas et l'espérance de vie élevée. On peut également parler du paradoxe américain : comment se fait-il que l'Américain obsédé de régime en tout genre, soucieux de sa santé et faisant de l'exercice, continue à grossir et à souffrir de l'infarctus°? De nombreux ouvrages traitent de ces paradoxes et les débats houleux° perdurent°. Pourtant, les experts s'accordent sur l'influence néfaste° américaine qui est en train d'envahir la France — la restauration rapide, dit la malbouffe et le fast-food. Par exemple, autrefois au supermarché, les pommes chips se trouvaient dans la section apéritif avec les cacahuètes.

un infarctus : heart attack
houleux : heated / *perdurer* : to endure / *néfaste* : harmful

Actuellement, il y a des rangs de pommes chips, chips au maïs, chips épicées et autres comme aux E.U. Le gouvernement prend maintenant en charge ces changements inquiétants de la société en proposant des initiatives de santé publique. Davantage que sur le slogan souvent entendu aux E.U., « *Manger moins !* », les programmes français sont axés sur une meilleure alimentation. L'idée de manger une nourriture de bonne qualité fait partie de la structure de la société française depuis des siècles. Une mode à Paris est la transformation du hamburger américain en plat chic. Un chef parisien en sert un au bœuf wagyu, une viande de haute qualité, avec une sauce ketchup noire de mûres et de cassis. C'est peut-être cet aspect qui va sauver la santé de la nouvelle génération. Le fromage en est un bon exemple. La fabrication de fromage artisanal° et non-pasteurisé est grandement protégée par le gouvernement.

artisanal : home-made, traditionally

La culture qui entoure le fromage est fort intéressante et a une telle importance qu'il y a même à table un protocole concernant le découpage. Savoir bien couper le fromage assure à chaque personne la chance de savourer toutes les nuances de goût. Tout d'abord, on utilise un couteau à fromage et non un couteau traditionnel. Celui-ci est reconnaissable par les deux pointes au bout de la lame° légérement recourbée°. Il paraît que la pointe d'un couteau normal écrase et abîme le fromage. Ensuite, chaque portion coupée doit contenir une partie de la croûte. En effet, le goût est moins fort au cœur de la meule° que près de la croûte. Bien entendu la coupe varie selon la forme du fromage. Le schéma ci-dessous présente les différentes coupes.

une lame : blade / *recourbé* : bent

la meule : mold

L'art de découper le fromage

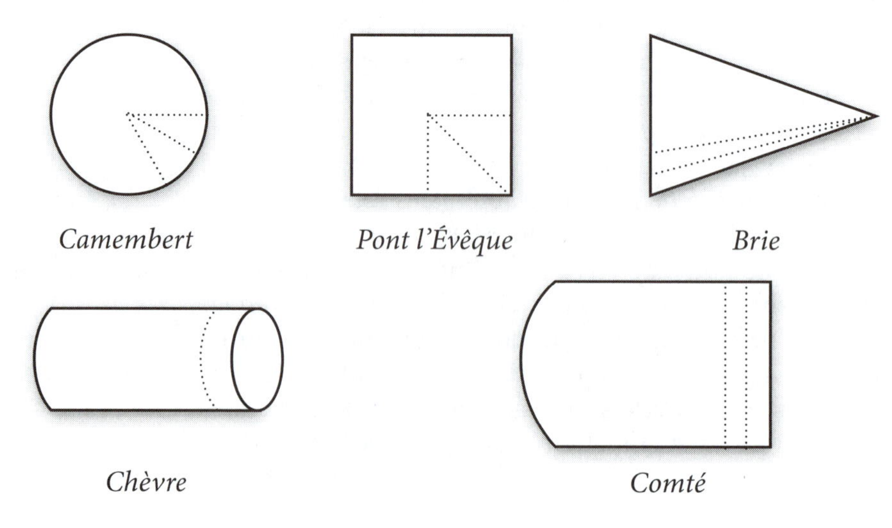

⚜ Une cuillerée de réflexion

1. Discutez le paradoxe français en essayant de trouver des explications. Ensuite, discutez le paradoxe américain à ces mêmes fins.
2. À votre avis, les Américains sont-ils obsédés par le problème de surpoids ? Dressez une liste de types de régimes (e.g. *South Beach*, seulement liquide). D'après votre connaissance, lesquels sont prouvés scientifiquement ?
3. Selon les experts, le problème de l'obésité augmente dans les deux pays, les E.U. et la France. Proposez une solution en formulant un plan détaillé pour le public ainsi que pour le gouvernement. Est-il possible de proposer le même plan pour les deux pays ou faut-il tenir compte des différences culturelles ?
4. Réfléchissez à votre activité personnelle. Comparez le nombre d'heures que vous passez assis devant l'écran de télévision et d'ordinateur, dans une salle de classe à l'université, à table dans la salle à manger, et le nombre d'heures d'activité sportive que vous faites par jour. Votre vie, devient-elle de plus en plus sédentaire ?
5. Seriez-vous pour ou contre l'interdiction des distributeurs automatiques de boissons sucrées et de friandises dans les établissements scolaires ? Justifiez votre position.
6. Comment s'appelle l'outil pour découper le fromage ? Pourquoi pensez-vous qu'il y a un tel outil ? Pourquoi n'est-il pas présent quotidiennement sur la table aux E.U.?
7. Décrivez les façons appropriées de découper le fromage. De quoi faut-il tenir compte ? Pourquoi est-ce que chaque personne doit avoir un morceau de la croûte ?
8. Prenez-vous du ketchup avec les pommes frites ? Mettez-vous du ketchup sur les œufs brouillés ?
9. La moitié des Américains admettent ajouter des aliments étranges, isolément ou préalablement mélangés dans une coupe de glace tels que des piments jalapenos, des olives vertes, des cornichons, et du ketchup. Quels condiments rajoutez-vous ?

⚜ Un zeste d'activité

1. Naviguez le site www.mangerbouger.fr pour voir le programme national français pour la nutrition et la santé. Discutez-en. Que propose-t-il ? Est-il raisonnable ? Que pensez-vous de son réel impact ?
2. Consultez le site Internet suivant pour composer une assiette de fromage. N'oubliez pas de sélectionner une boisson pour chaque fromage. www.artisanalcheese.com/cheeseclock/

3. À l'aide d'Internet, essayez de trouver combien de fromages sont fabriqués en France. Ensuite, trouvez la région où on fabrique les fromages suivants : le Camembert, le Brie, le Roquefort, la Gruyère et le Port Salut. Choisissez deux autres fromages et découvrez leur origine régionale.
4. Composez un menu du jour qui représente une cuisine saine. N'oubliez pas la boisson et le dessert. Exposez sa valeur nutritive.
5. Comprenez-vous les messages d'information nutritionnelle sur les emballages des produits alimentaires ? Comment peut-on l'améliorer ? Créez l'étiquette que vous aimeriez voir apparaître.

⚜ Au goût littéraire

Un poème de Jean Cocteau (1889-1963)

un lampion : Chinese paper lantern / *mûrir* : to ripen

Fruit

Un lampion° du dimanche,
S'il est mûri° par le vent,
Peut mettre le feu aux branches ;
Il faut le cueillir avant.

⚜ Une cuillerée de réflexion

1. Décrivez (ou dessinez) l'image qui vous vient à l'esprit à la lecture de ce poème.
2. Qu'est-ce qui *est mûri par le vent* ? Qu'est-ce qui *peut mettre le feu aux branches* ? Qu'est-ce qu'*il faut cueillir avant* qu'il mette le feu aux branches ?
3. Le lampion, allumé dans son intérieur, va être cueilli. Que symbolise cette lumière ?
4. Pour l'auteur, le lampion représente un fruit. Quel type de fruit envisagez-vous ?
5. En considérant le message d'avertissement du poème, quel est le conseil de l'auteur ? Dans quelle mesure pourriez-vous changer votre vie selon son conseil ?
6. Dans ce poème, Cocteau fait référence aux mots célèbres du poète de la Renaissance, Pierre de Ronsard : « Cueillez dès aujourd'hui les roses des la vie ». Discutez ce message.

Métaphore mangeable : Trouver un fromage

Trouver un emploi confortable

Après ses études en droit, Coralie Verret a trouvé un bon fromage.

⚜ Les mouvements culinaires

La cuisine classique ~1820

De façon semblable aux ères historiques, aux dynasties royales, et aux développements scientifiques, il y a des mouvements culinaires. Ceux-ci vont souvent de pair avec les changements sociaux. L'évolution gastronomique débute avec la cuisine classique de Carême et se codifie avec Escoffier. À cette époque, les chefs utilisent des fonds et des sauces mères comme base de cuisine. Leurs préparations sont méthodiques, complexes, et soigneuses. Cette grande cuisine reste toujours une référence importante pour les chefs contemporains français.

La restauration rapide ~1940

Que l'on le veuille ou non, les E.U. tiennent leur place dans le monde gastronomique avec plats préparés. Cette nourriture est à présent répandue partout dans le monde dans les établissements et supermarchés. Son succès s'accommode aux besoins de la vie urbaine, où la tradition de la pause déjeunée de deux heures disparaît. Le plat à emporter remplace de plus en plus le plat pris à table. Les mets servis sont le plus souvent des hamburgers ou des sandwichs, accompagnés de sodas et de frites, bref, la malbouffe.

La cuisine végétarienne ~1960

Les découvertes scientifiques sur la nutrition et le mouvement à contre-courant des années soixante donnent lieu au végétarisme. En général, cette cuisine interdit seulement la consommation de viande. Toutefois, il y a des variantes qui prohibent aussi les denrées liées aux animaux comme les œufs, le lait et le fromage. De plus, il y a une préférence pour la nourriture biologique, dite *bio*, indiquant la non utilisation de pesticides par les agriculteurs.

La nouvelle cuisine ~1970

Guidés par leur précurseur, Fernand Point, des célèbres chefs tels que Paul Bocuse et les frères Jean et Pierre Troisgros rejettent les formules de la cuisine classique. Ils privilégient le jus naturel de la viande et la cuisson vapeur pour les légumes. Au lieu de la lourde sauce classique à base de farine qui cache le goût de l'aliment, ces chefs mettent en avant la saveur originale de l'aliment. Leur menu est ainsi plus léger et les portions plus modestes.

La cuisine fusion ~1970

Au fil des découvertes mondiales et de la colonialisation, les fruits, les légumes, les poissons, les viandes et les épices exotiques entrent petit à petit dans la cuisine française. De nos jours, la mondialisation économique encourage un échange plus intime entre les chefs de différents horizons. Il y a maintenant une véritable fusion de méthodes et techniques culinaires à des fins artistiques et novatrices. Un chef parisien de formation classique trouve, par exemple, sa niche professionnelle en se spécialisant dans la cuisson asiatique. Sa sensibilité sera donc inévitablement altérée par ses nouvelles connaissances.

Le slow food ~1990

Ce mouvement, dont l'emblème est un escargot, est tout d'abord une réponse aux « effets dégradants » du fast-food et en particulier l'industrialisation de la production des denrées et la standardisation des goûts. L'objectif est de défendre la biodiversité agroalimentaire en déclin, notamment aux E.U. Les adhérents consomment des produits des fermes et des artisans locaux et encouragent les méthodes culinaires traditionnelles. Prenant son origine en Italie, ce mouvement est maintenant présent à travers le monde.

La cuisine moléculaire ~1990

Une véritable révolution des techniques a lieu dans la cuisine moléculaire. Les standards établis de la cuisine classique — rôtir, bouillir, rissoler — disparaissent complètement. Au lieu de faire cuire la nourriture traditionnellement, le chef la déconstruit, la transforme et la manipule pour des créations hyper-artistiques, utilisant les outils de laboratoire scientifique. En cherchant de nouveaux goûts et de nouvelles textures, la plaque à cuire est remplacée par la plaque à surgeler. Le four et la cuisinère (*stove*) sont remplacés par une machine à emballage sous vide afin d'achever la cuisson sous-vide (*vacuum-packed*). Pour cette technique la viande est emballée sans oxygène dans un emballage en plastique et cuite dans l'eau à feu doux pendant deux heures. Ceci rend la chair extrêmement tendre. Cette technique est maintenant employée dans la haute cuisine de grands restaurants du monde.

Le crudivorisme ~2000

Connu plutôt sous le nom américain, le *raw food* exige que les aliments soient crus et non raffinés. Les plats chauffés ne doivent pas dépasser la température de 118°F (48°C). L'essentiel du régime consiste ainsi à manger des plantes vivantes, ou déshydratées, complétées par des fruits, des graines et toutes variétés de noix. De plus, les produits laitiers ne sont pas pasteurisés. Les disciples soutiennent que la cuisson de la nourriture décompose les enzymes causant le stress digestif qui accélère le vieillissement et la fatigue du corps.

Une cuillerée de réflexion

1. Discutez de chaque mouvement culinaire en intégrant vos connaissances. Lesquels représentent un style de vie ? Lesquels ne sont que des modes ?
2. Distinguez un végétarien d'un végétalien. Que pensez-vous de ces régimes ?
3. Aux E.U. le mouvement locavore encourage les consommateurs à acheter des produits frais de saison des marchands ou agriculteurs locaux. L'intégration de cette mode dans la société américaine est illustrée par la croissance rapide des *farmers markets*. Croyez-vous que les habitudes dans la façon de faire ses courses est en train de changer ? Les Américains adoptent-ils maintenant l'habitude française ?
4. Par rapport au fast-food, que signifie l'expression « la standardisation des goûts » ? Donnez-en quelques exemples.

5. Trouvez des exemples de la cuisine fusion aux E.U. (Par exemple, *Tex-mex*). Pensez à la préparation du sushi. Le poisson, est-il toujours cru ? Trouvez des adaptations aux goûts américains.

⚜ Un zeste d'activité

1. Michel Guérard, un chef fondateur de la nouvelle cuisine, est plus célèbre pour un autre style de cuisine. Voir www.michelguerard.com pour y découvrir son importante contribution à la gastronomie française.
2. Naviguez sur Internet pour découvrir des recettes et composez un menu crudivore.
3. À l'aide d'Internet, essayez de trouver le père de la cuisine moléculaire. Ensuite, découvrez qui en est le spécialiste en France ?

⚜ Une pincée de grammaire

Les nationalités et les langues

Règle d'or: La nationalité prend une majuscule lorsque c'est un nom, et une minuscule lorsque c'est un adjectif. La langue prend une minuscule.

*Anne est une **Française**.*	(la nationalité, nom, majuscule)
*Elle est **française**.*	(la nationalité, adjectif, minuscule)
*Elle parle **français**.*	(la langue, minuscule)

Complétez le paragraphe avec la nationalité et la langue en faisant attention aux lettres majuscules et miniscules, ainsi qu'à l'accord de l'adjectif.

Salma Mourridine vient de Casablanca, alors elle est ________________ (*Moroccan*) et elle parle couramment ________________ (*Arabic*) et ________________ (*French*). Palmira Requeña, sa copine à l'Université, est née au Brésil, donc elle est ________________ (*Brazilian*). Elle dit tout le temps à Salma qu'elle aimerait se marier à un ________________ (*Morrocan*). Le problème, c'est que ses parents ________________ (*Brazilian*) ne sont pas d'accord. Ils veulent qu'elle se marie à un « bon » ________________ (*Brazilian*).

Un grain de conversation : *Les synonymes de cook*

cuire	*Il faut cuire les pâtes avant d'en manger.*
faire la cuisine	*J'ai toujours aimé faire la cuisine.*
faire cuire	*Faites bien cuire les pommes de terre.*
laisser cuire	*Laissez cuire pendant 3 minutes.*

⚜ Au goût littéraire

La symphonie des fromages

— *Le ventre de Paris* par Émile Zola (1840-1902)

Dans le Chapitre 3 nous avons déjà évoqué le génie de Zola et sa peinture littéraire du marché aux Halles de Paris. L'extrait suivant est surnommé, souvent ironiquement, la *symphonie des fromages* pour les détails presque lyriques évoquant les cinq sens. [Notes : Les noms de fromage sont indiqués en LETTRES MAJUSCULES.]

puer : to stink
une motte : slab
un vallon : small valley
une cime : peak / *éboulé* : crumbling
un clayon : small rack
un bondon : cheese round
s'empiler : to pile up / *une livre* : pound / *feuille de poirée* : large, thick leaf
barbouillé : smeared
montrer en exergue : to emphasize
âcre : acrid; sharp smell

Autour d'elles les fromages puaient°. Sur les deux étagères de la boutique, au fond, s'alignaient des mottes° de beurre énormes ; les beurres de Bretagne, dans des paniers, débordaient ; les beurres de Normandie, enveloppés de toile, ressemblaient à des ébauches de ventres, sur lesquelles un sculpteur aurait jeté des linges mouillés ; d'autres mottes, entamées, taillées par les larges couteaux en rochers à pic, pleines de vallons° et de cassures, étaient comme des cimes° éboulées°, dorées par la pâleur d'un soir d'automne. Sous la table d'étalage, de marbre rouge veiné de gris, des paniers d'œufs mettaient une blancheur de craie ; et, dans des caisses, sur des clayons° de paille, des bondons° posés bout à bout, des GOURNAY rangés à plat comme des médailles, faisaient des nappes plus sombres, tachées de tons verdâtres. Mais c'était surtout sur la table que les fromages s'empilaient°. Là, à côté des pains de beurre à la livre°, dans des feuilles de poirée°, s'élargissait un CANTAL géant, comme fendu à coups de hache ; puis venaient un CHESTER, couleur d'or, un GRUYÈRE, pareil à une roue tombée de quelque char barbare, des HOLLANDE, ronds comme des têtes coupées, barbouillées° de sang séché, avec cette dureté de crâne vide qui les fait nommer têtes-de-mort. Un PARMESAN, au milieu de cette lourdeur de pâte cuites, ajoutait sa pointe d'odeur aromatique. Trois BRIE, sur des planches rondes, avaient des mélancolies de lunes éteintes ; deux, très secs, étaient dans leur plein ; le troisième, dans son deuxième quartier, coulait, se vidait d'une crème blanche, étalée en lac, ravageant les minces planchettes, à l'aide desquelles on avait vainement essayé de le contenir. Des PORT-SALUT, semblables à des disques antiques, montraient en exergue° le nom imprimé des fabricants. Un ROMANTOUR, vêtu de son papier d'argent, donnait le rêve d'une barre de nougat, d'un fromage sucré, égaré parmi ces fermentations âcres°. Les ROQUEFORT, eux aussi, sous des cloches de cristal, prenaient des mines princières, des faces marbrées, et grasses, veinées de bleu et de jaune, comme attaqués d'une maladie honteuse de gens riches qui ont trop mangé de truffes ; tandis que, dans un plat à côté, des fromages de CHÈVRE, gros comme un poing° d'enfant, durs et grisâtres, rappelaient les cailloux que les boucs°, menant leur troupeau, font rouler aux coudes des sentiers pierreux°. Alors, commençaient les puanteurs° : les MONT-D'OR, jaune clair, puant une odeur douceâtre ; les TROYES, très épais, meurtris° sur les bords, d'âpreté° déjà plus fort, ajoutant une fétidité de cave humide ; les CAMEMBERT, d'un fumet de gibier° trop faisandé° ; les NEUFCHÂTEL, les LIMBOURG, les MAROLLES, les PONT-L'ÉVÊQUE, carrés, mettant chacun leur note aiguë et particulière dans cette phrase rude jusqu'à la nausée ; les LIVAROT, teintés de rouge, terribles à la gorge comme une vapeur de soufre ; puis enfin, par-dessus tous les autres, les OLIVET, enveloppés de feuilles de noyer°, ainsi que ces CHAROGNES que les paysans couvrent de branches, au bord d'un champ, fumantes au soleil. Le chaud après-midi avait amolli les fromages ; les moisissures° de croûtes fondaient, se vernissaient avec des tons riches de cuivre rouge et de vert-de-gris, semblables à des blessures mal fermées ; sous les feuilles de chêne, un souffle soulevait la peau des OLIVET, qui battait comme une poitrine, d'une haleine lente et grosse d'homme endormi ; un flot de vie avait troué un LIVAROT, accouchant par cette entaille° d'un peuple de vers. Et, derrière les balances, dans sa boîte mince, un GÉROMÉ anisé répandait une infection telle, que des mouches étaient tombées autour de la boîte, sur le marbre rouge veiné de gris.

un poing : fist
un bouc : billy goat
pierreux : rocky
puanteur : smelly one
meurtri : bruised
âpreté : harshness
le gibier : game / trop faisandé : hung for too long; rotted
le noyer : walnut tree
moisissure : mold
une entaille : gash, wound

⚜ Une cuillerée de réflexion

1. Examinez la description des fromages. Citez au moins 5 adjectifs du texte. Sont-ils positifs ou négatifs ? Qu'achève Zola avec cet aperçu ? Quel est son message ?
2. Continuons à étudier les adjectifs. Citez les couleurs présentes dans l'extrait. Quel suffixe ajoute-t-on à l'adjectif pour indiquer une couleur terne (*dull*) ? Cherchez dans le dictionnaire 3 autres couleurs contenant ce suffixe.
3. Avez-vous déjà dégusté l'un des fromages évoqués dans le texte? L'avez-vous apprécié ? Si oui, décrivez son goût.
4. Aimez-vous le fromage en général ? Préférez le fromage d'un pays en particulier ?

⚜ Un zeste d'activité

1. Choisissez 3 types de fromage cités dans le texte et faites une recherche sur Internet afin d'en trouver les provenances et les caractéristiques.

2. Quelles boissons prend-t-on avec le fromage ? Quelles boissons ne conviennent pas du tout avec le fromage ? À l'aide d'Internet, essayez de trouver des recommandations pour des boissons qui s'accordent avec le roquefort, le brie et le chèvre. Ensuite, trouvez 3 autres paires de votre choix.
3. Pour mieux comprendre la fabrication du fromage, cherchez les définitions des expressions suivantes : *affinage* et *affineur/se*. Consultez le site de la famille Mons. Pourquoi cette famille est-elle réputée ?
4. À l'aide d'Internet, trouvez les 5 types de fromage selon la fabrication. Citez un exemple de fromage dans chaque type. (Par exemple, *persillée : le roquefort*)

La cuisine ce n'est pas de la chimie. C'est un art qui requiert de l'instinct et du goût, plutôt que des mesures exactes.

– Marcel Boulestin (1878-1943)

⚜ Une pincée de grammaire

Le style oral et le style écrit

Lorsque nous parlons, nous utilisons un répertoire verbal qui contient une gamme de styles, du plus formel au plus familier. Il y a une façon de s'adresser à son patron et une autre pour parler à un ami. De même, à l'écrit, il y a un style, dit soutenu, plus approprié, que le style oral familier. Par exemple, on dit souvent *prof*, mais on écrit la forme complète *professeur*. Ce n'est pas que l'utilisation du terme *prof* à l'écrit est fausse. C'est simplement une question de style. Puisque les étudiants oublient souvent le style écrit, faisons un bref exercice.

Écrivez la forme soutenue des expressions suivantes. N'oubliez pas d'en employer dans votre prochain devoir !

Style oral	Style écrit	
télé	______________________	
sympa	______________________	
ça	______________________	
ciné	______________________	
qu'on	______________________	
si on	______________________	
t'as	______________________	
prof	______________________	
tu, vous	______________________	*(Il ne faut pas parler directement au lecteur dans les essais !)*

Un grain de conversation : *Que peut-on faire avec le couteau ?*

Couper ...

en dés : dice	*Il faut couper les tomates en dés.*
en tranches : slice	*Le jambon est coupé en tranches pour le dîner.*
en rondelles : slice round	*Le commis a coupé le citron en rondelles.*
en fines lamelles : in fine slices	*Le chef préfère le rosbif coupé en fines lamelles.*

⚜ La Dégustation : Le fromage

Il n'est pas loin de la vérité de constater que chaque dîner en France comprend une dégustation de fromage. Suivant la salade, le plateau d'une table ordinaire peut comprendre entre deux et quatre fromages différents. Par habitude sont dégustés un crémeux, comme le Brie ou le Camembert, et un fromage dur, comme le Comté ou l'Emmental. À cela, on peut rajouter un fromage avec un caractère distinct comme un chèvre ou un bleu. L'important est avant tout de servir des contrastes de goût.

⚜ À Table

Pour cette dégustation, on essaie d'offrir des contrastes gustatifs, mais aussi visuels et aromatiques. Le but du jeu étant de tous les définir. La dégustation est une réussite avec deux fromages au minimum. Tout d'abord, n'oubliez pas de regarder attentivement les formes et les couleurs des fromages. Puis, coupez-les selon les règles de découpage. Ensuite, sentez plusieurs fois chaque type de fromage afin d'apprécier la complexité de l'arôme. Enfin, dégustez le fromage en commençant avec le fromage le moins fort et le plus jeune. Terminez par le fromage le plus fort et le plus vieux. Consultez la liste de vocabulaire pour vous aider à parler de votre expérience.

⚜ Vocabulaire

fort : strong	*délicieux* : delicious	*lisse* : smooth
salé : salty	*désagréable* : distasteful	*original* : unusual
doux : mild	*fade* : bland	*sec :* dry

⚜ Une cuillerée de réflexion

1. En général aimez-vous le fromage ? Dans votre famille, quand en prenez-vous — au petit déjeuner, au déjeuner, au goûter, au dîner ? Comment est-il servi ou préparé ? D'habitude quel type de fromage achetez-vous ?
2. Avez-vous dégusté le fromage français ? Si oui, quelle(s) sorte(s) ? Décrivez l'expérience (en famille, au dîner).
3. Aimez-vous les fromages de cette dégustation ? Lequel préférez-vous ? Pourquoi ?
4. Dans quel ordre avez-vous dégusté les fromages ? Pour cette dégustation, croyez-vous que cet ordre était important pour le palais ? Justifiez votre réponse.

5. Quelle boisson pourrait accompagner le fromage ? Quelle boisson ne va pas du tout ?
6. Quels plats peut-on faire avec du fromage ? Citez-en au moins cinq.
7. Écrivez un résumé de la dégustation.

⚜ Un brin de parole

Une viande de qualité dans le respect de la nature

— Maud Roucan-Kane
professeur en économie agricole

Je suis née dans une ferme. J'y ai grandi. Tous les soirs, après l'école, j'allais ramasser les œufs de nos poules, aider papa à rentrer les vaches, aller nourrir les lapins, aller voir notre truie Valentine, jouer avec nos chiens et nos chats. En rentrant à la maison, une nouvelle expérience m'attendait : manger un bon steak, voir un poulet rôtir au four, voir papa faire une omelette avec nos œufs, ou ma sœur faire un bon riz au lait avec du lait frais sortant de la vache. L'été, il n'y avait guère besoin d'aller au supermarché : nous avions le jardin juste à côté qui répondait à tous nos besoins.

Cette vie rurale est à l'origine de mes valeurs, de mon respect pour la nature, de mon amour pour le travail bien fait, et de ma recherche incessante de nourriture de qualité. Contrairement à beaucoup d'enfants, j'ai appris à un plus jeune âge que les animaux n'étaient pas que des animaux de compagnie, mais étaient là aussi pour nourrir les hommes et faire partie du cycle de la vie. Ne vous m'éprenez pas : J'adore les animaux mais je sais que, comme nous, ils sont là pour servir un but. J'aime une bonne viande, mais je ne tuerai jamais un animal pour le plaisir. Tant que l'animal est à la ferme, le devoir de l'agriculteur est de rendre sa vie sereine et paisible. En tant que consommateur, notre rôle est d'apprécier cette viande.

J'ai un profond respect pour les agriculteurs qui ont des salaires de misère et travaillent 24h sur 24, 7 jours sur 7. Être agriculteur est à mon avis le plus beau métier du monde, le plus respectueux de la nature, et le plus utile : nourrir les hommes. Cet article est dédié à tous les agriculteurs qui peinent°, croulent° sous les injures d'être des pollueurs, et qui, malgré tout, continuent à nous nourrir. Cet article est dédié à deux d'entre eux particulièrement : mon père et mon frère.

peiner : to struggle / *crouler sous :* to collapse under

Tout a commencé en 1981 quand mon père est tombé amoureux d'une race de vache que l'on appelle les Salers. Les Salers, vaches rustiques à la robe acajou° des montagnes du

acajou : mahogany

Cantal, portent avec prétention de belles cornes en forme de lyre. Vaches magnifiques au tempérament amical et indépendant, elles ont une carrière de mère extraordinaire, tant par leur fécondité que par la façon dont elles élèvent leur veau. Elles ont aussi une viande de qualité supérieure, au goût prononcé, qui se maintient très bien à la congélation.

Aujourd'hui, mon père et mon frère cultivent 150 hectares dans le Sud de la France. Imaginez 120 bovins de race Salers et de la volaille gambadant° en liberté. Nous ne sommes pas au Texas mais presque. Notre production est faite dans le respect de la nature. Le but est d'apporter au sol les nutriments nécessaires à son fonctionnement mais sans excès. Et le gros de ces nutriments vient du fumier° de nos vaches. On ne peut guère faire plus naturel. En ce qui concerne l'alimentation de nos vaches, elle provient de nos champs et des champs des voisins dont nous connaissons les pratiques de production. La plupart d'entre eux ont choisi comme nous une agriculture raisonnée.

Depuis la crise de la vache folle°, nous avons commencé, tout comme beaucoup d'autres agriculteurs, à vendre notre viande en direct. Nous produisons du veau°, de la vache, du bœuf, du poulet, de la pintade°, et du chapon°. Le veau est un animal qui a entre 7 et 12 mois, qui se nourrit du lait de sa mère et de céréales en complément. Il est gardé à l'abri des intempéries, mais continue à gambader et à jouer avec les autres veaux dans une stabulation° de grande taille. Sa nourriture et sa vie sont à l'origine de sa viande rosée très tendre. C'était et c'est encore ma viande préférée. Cuite rapidement dans de l'huile très chaude avec de l'ail, ce mets me ravit bien plus qu'un bon gâteau. La viande de vache provient de vaches, de femelles, qui ont entre 3 et 8 ans. Leur âge plus

gambader : to frolic around

le fumier : manure

la vache folle : mad cow disease

le veau : veal

la pintade : guinea fowl / *le chapon* : capon chicken

une stabulation : stall

en daube : stewed

persillé : marbled

avancé que les veaux crée une viande avec davantage de goût. Sur notre ferme, nous vendons aussi de la viande de vache en daube° pour les familles – on the go- qui veulent cependant continuer à enseigner à leurs enfants ce qu'est une viande et une cuisine traditionnelle. La viande de bœuf est celle de mâles castrés de 3 ans. La castration permet d'obtenir une viande plus persillée°, c'est-à-dire avec plus de gras. Leur âge est à l'origine du goût tout comme pour les vaches. Parce qu'il s'agit de mâles, les morceaux de viande sont plus gros et plus intéressants pour le grill. Mon père dit toujours que les vrais connaisseurs de viande préfèrent le bœuf. Le poulet est élevé à l'extérieur pendant trois ou quatre mois. Comparé aux poulets que l'on trouve généralement dans le commerce, nos poulets sont plus fermes puisque nous les avons gardés à l'extérieur et qu'ils sont devenus adultes. Ils sont plus goûteux et ont le goût des poulets de nos grand-mères. Les pintades sont en quelque sorte de petits poulets au pelage gris avec des points blancs. Elles sont extrêmement bruyantes d'où l'expression du Sud « piaillent comme des pintades », mais ont un goût succulent qui ressemble davantage au goût du gibier – de la viande sauvage. Finalement les chapons sont des poulets castrés qui gambadent dans nos prés pendant six mois. Ils sont plus gras que les poulets, leur âge plus avancé leur apporte un goût plus prononcé et un poids nettement plus important (entre 5 et 6 kg). Nous les vendons aux périodes de fête : Noël et le Nouvel an.

Notre vente directe est un succès. Après la crise de la vache folle, les consommateurs ont recherché ce lien avec leur nourriture. Nos clients adorent rencontrer mon père, discuter avec lui de ses belles vaches Salers, partager des recettes, et dès que possible visiter notre ferme. Avant de fermer ce livre, je vous propose d'aller visiter le site de la ferme http://fermeduclos.site.voila.fr/ et faire un séjour en France dans le Sud, près de Toulouse. Vous y trouverez une gastronomie riche et goûteuse. Passez au Clos, visiter la ferme et acheter un colis de viande de 6-10 kg avec différents morceaux de viande. Pour les fanatiques de volailles, achetez une pintade, un poulet entier, ou un chapon. Dégustez et parlez-en à vos amis.

⚜ Une cuillerée de réflexion

1. Décrivez la vie autour d'une ferme. Croyez-vous qu'il est possible de vivre sans supermarché ?
2. Quel regard porte l'auteur sur les animaux de compagnie ? Que pense-t-elle des animaux de la ferme ?

3. Décrivez la vie d'agriculteur. Pourquoi selon l'auteur ce métier est le plus beau de monde ?
4. Pourquoi la Salers est-elle une race de vache reputée ?
5. Comment la ferme de l'auteur fonctionne-t-elle dans le respect de la nature ?
6. Comparez l'élevage des différents animaux de la ferme. Lequel est préparé en daube ? Lequel est le plus bruyant ? Lequel est vendu surtout pour les fêtes ?
7. Écrivez un essai qui dépeint la vie d'une ferme.

⚜ Un brin de parole

Qui° c'est le gumbo?

— Michelle Benoit et Glen Pitre
écrivains, cinéastes, Cadjins°

Cuillère par cuillère, on est après° analyser du gumbo dans un restaurant en ville.

Du bon tasso°. Saucisse boucannée. Andouille ou chourice° ? Andouille. Céléri et oignons cuits si longtemps pour disparaître, mais pour être bien goûtés. Des huîtres et des chevrettes° aussi, mises au dernier moment pour ne pas être trop crues. Du persil coupé fin et doucement poudré sur le gumbo. Et du riz louisianais un tout petit collant.

Même avec tous ces ingrédients délicieux, le roux est un rêve. Un niveau parfait de graisse et farine, le roux semble presque brulé, noirci pour un goût on va pas oublier. Un roux si clair et pas du tout épaissé° par un mauvais mélange de graisse et farine, ou de roux et bouillon. Et le bouillon est de poulet… (nos cuillères claquent contre le bol)… ET de poisson… (claque, claque)… ET peut-être aussi un petit goût de l'eau d'huîtres. Sel et poivre. Et piment fort, mais pas de trop. Voilà, espiculation° complète.

Nos cuillères sont des points d'exclamation dans des bols vidés. Là, on est plein et nos bouches sont bien contentes. Ça vient pas mieux que ça, hein ? Sauf, pour la vérité, le gumbo chez nous autres, c'est beaucoup mieux, bèbe ! C'est comme ça avec le gumbo, le roi de la table tout partout dans le sud de la Louisiane. Si t'es assis à la table avec plein du monde, tu vas pas mépriser leur gumbo, mais c'est pas ton gumbo à toi ! Le meilleur gumbo, c'est le gumbo que tu fais toi-même. Point final.

Le gumbo est devenu symbole de notre petit coin spécial du pays. Et on l'accepte comme symbole, plus ou moins, parce qu'il y a assez de différentes qualités de gumbo pour représenter tous les différents mondes alentours. Mais si tu mèles toutes ces

qui : what

Cadjin(ne), Cadien(ne) : Cajun

être après : être en train de

le tasso : smoked pork / *le chourice* : chorizo

la chrevrette : shrimp

épaissé : thickened

l'espiculation : analysis

une chaudière : cast iron pot

une manche : side road

le marécage : swamp

le filé : ground sassafras / *un gumbo févi* : okra gumbo / *un gumbo zhebes* : gumbo made with greens

la veillée : vigil

asteur : now

une palourde : clam

barguiner : to trade

différences dans une chaudière°, oh cher, tu vas avoir un mauvais goût. Poo-yie. Tu vois, chaque gumbo est aussi différent que chaque bayou, chaque village, chaque manche°, chaque famille, chaque expression, chaque cuisinier, et chaque poêlon dans lequel le gumbo est cuit. Un gumbo de marécage°. Un gumbo de volaille et saucisse boucannée. Un gumbo de canard et huîtres. Un gumbo filé°. Un gumbo févi°. Un gumbo zhebes°. Le gumbo de ta mère. Le gumbo de mon père. Le gumbo pour fêter la fin du courir de Mardi Gras, le gumbo pour le bal après le trail ride Zydeco. Le gumbo du Ninth Ward, le gumbo de Uptown. Le gumbo qui t'amene à la veillée° quand ton oncle est mort. Le gumbo à Lac Charles, le gumbo à Cut Off. Chacun tout différent.

Tu mets de l'ail dans ton gumbo ? Le piment doux ou du laurier ? Les œufs bouillis ? C'est mieux avec une salade de patate ? La salade de patate va dans le gumbo ou reste à côté ? Tu mets le filé avant ou après le gumbo est servi ? C'est le filé que t'as acheté ou ça que t'as fait à la maison ? Tu sers ton riz dans le gumbo, ou tu sers ton gumbo sur le riz ? Le piment fort ou le piment vinaigre ? T'aimes ton gumbo clair comme la soupe ou épais come un ragoût ?

J'imagine que tu savais pas que c'était tellement compliqué. Mais, il faut, tu dis, qu'il y a quelque chose qui unifie les gumbos. Peut-etre le roux? Oui ! Et non ! Premier, presque tous les gumbos commencent avec un roux. Mais fais attention : tu peux vite faire un roux qui va pas avoir beaucoup de couleur et goût, ou tu peux le cuire longtemps pour le faire bien brun comme du chocolat et très savoureux. Tu vois, y a tant de couleurs de roux que de couleurs de peaux dans le sud de la Louisiane. Et, boo, ça c'est beaucoup plus que toi, tu peux compter. Et l'huile pour ton roux ? C'est la graisse de cochon, de poulet, de canard, ou de vegetable oil ? Ou c'est un roux sec ? Ou tu l'achètes dans un jar pre-made ? Asteur°, pour le bouillon, c'est le poulet, le poisson, la chevrette ou simplement l'eau ? Et l'eau d'huîtres, tu le mets ou non ? Ou tu triches comme le chef d'en bas du bayou qui ajoute une bouteille de jus de palourde° achetée au marché ?

Pour tout compliquer l'affaire : deux choses. Premier, il y a des gumbos sans roux. Oui ! Oublie asteur la phrase "first, you make a roux." Et deux, le gumbo, notre symbole de la cuisine cadjine, est pas du tout cadjin ! C'est créole. Oh la, qui ça veut dire ? Ça veut dire que le gumbo c'est tant africain, tant caraïbe, tant français, tant espagnol, tant amérindien, que cadjin. Chaque cuillère raconte une longue histoire du monde qu'a venu à ces bayoux, à ces cyprières et ces prairies, et qui a appris comment cuire avec ça qu'on pourrait élever, et trouver, et tirer et pêcher et ramasser, ou barguiner° pour avec les voisins. Et allons pas oublier que le mot « gumbo » veut dire « okra » dans quelques langues, mais tous les gumbos ont pas d'okra dedans. Ramasse du monde du voisinage tout ensemble et personne va s'accorder un à l'autre sur ce qui va dans un gumbo, ni la quantité il faut y mettre. Y a seulement deux affaires qui sont sûres : premier, personne sauf un païen° va mettre des tomates dans un gumbo, et deux, quand le premier nord d'automne est pris, c'est la saison de gumbo, parce qu'il y a pas de meilleure manière de chauffer une maison que cuire un gros gumbo. Et pas meilleure affaire à faire dans cette maison toute chaude que s'assir° à table avec un gros bol de gumbo avec un morceau de pain français et un peu de salade de patate à côté, une bouteille de piments forts et un jar de filé. Et des padnahs° pour le partager ce bon repas. Tu peux user° une grosse cuillère et dis que le gumbo c'est le symbole du sud de la Louisiane, et on va s'accorder avec un clin d'oeil qui indique c'est pas aussi aisé que ça.

Asteur, arrêtons de chicaner avec vous autres et allons manger (et analyser) du bon gumbo ensemble. À table !

un païen : pagan

s'assir : to sit

un padnah : friend / *user*: to use

⚜ Une cuillerée de réflexion

1. Qu'est-ce que le gumbo ? Nommez les ingrédients principaux. En avez-vous déjà dégusté ?
2. Comment la recette de gumbo varie-t-elle ? Quel légume ne met-on jamais dans le gumbo ?
3. Votre famille, est-elle connue pour une recette particulière possédant plusieurs variations dont la vôtre est la meilleure ? (Par exemple, *une sauce barbecue, une tarte aux pommes, un gâteau au chocolat*)
4. Qu'est-ce qu'un roux ? Cherchez sur Internet pour les proportions correctes de la farine et de la matière grasse.
5. Cherchez sur Internet d'autres spécialités de la région franco-louisianaise. Écrivez un essai de vos découvertes.

À Vous, Chez Vous

⚜ Recette

La fondue savoyarde

2 baguettes coupées en dés
400g (½ LB) de comté
400g (½ LB) de beaufort
1 gousse d'ail
125ml (½ CUP) de kirsch
750ml (3 CUPS) de vin blanc

Peler l'ail et en frotter les parois du poêlon (jusqu'à usure).
Disposer les fromages râpés dans un poêlon.
Faire fondre le fromage à feu doux en remuant constamment avec une cuillère en bois.
Y ajouter petit à petit le kirsch et le vin blanc.
Lorsque la préparation est bien homogène, tremper les dés de pain piqués au bout de la fourchette.

Bon appétit !

⚜ Pour en savoir plus

Pour lire plus de poèmes par Jean Cocteau, voir la collection de Michel Décaudin, *Jean Cocteau: Œuvres poétiques complètes* (Gallimard, 1999).

Pour lire plus sur le milieu social de Paris au 19e siècle, consulter le livre d'Émile Zola intitulé *Le ventre de Paris* (Gallimard, 2002).

Pour un film de comédie dramatique qui se déroule dans une grande brasserie, voir *Garçon* (Claude Sautet, 1983).

Dessert

Un délice pour le palais

Même si l'on a resservi deux fois du plat principal et que l'on a aussi repris du fromage, il reste toujours une petite place pour le dessert. En France, le dénouement du repas est typiquement léger. En famille cela peut-être un yaourt nature pour aider la digestion ou bien simplement un fruit pour rafraîchir le palais. L'idée de prendre des gâteaux, des biscuits, de la glace ou autres sucreries en dessert n'entre pas dans la mentalité française. De même, prendre un yaourt comme dessert ne vient pas à l'idée de l'Américain. De plus, l'accord des goûts et saveurs entre aliments et boissons, ainsi que la participation de ceux-ci à la digestion ne sont pas des priorités au sein des foyers américains. Néanmoins, le dessert nous rend heureux, ce que l'on ne peut pas toujours dire au sujet de l'industrie agroalimentaire.

Depuis près de quarante ans, José Bové symbolise l'opposition à l'industrie agroalimentaire. Meneur° du syndicat des paysans et fermiers, Bové fait la une en 1999 quand ses adeptes° pénètrent en bulldozer sur un chantier d'assemblage de McDonald's. Pour Bové et ses adhérents, la restauration rapide représente l'industrialisation et l'invasion des corporations agroalimentaires américaines face aux méthodes d'agriculture traditionnelles. Selon eux, c'est la fin des petits agriculteurs en faveur de la récolte génétiquement modifiée. La question des organismes génétiquement modifiés (dit *OGM*) est tellement importante dans la culture française que les candidats aux élections présidentielles doivent présenter au public leur politique à ce sujet. Bové et ses partisans sont évidemment anti-OGM et poursuivant le mouvement social en organisant le fauchage° de champs de maïs transgénique°, prônant la désobéissance civile.

Tout comme le débat des OGM en France, la production du foie gras° sème la discorde aux E.U. Ce délice est surtout fabriqué dans les régions de l'Aquitaine et du Midi-Pyrénées dans le sud-

le meneur : leader

un adepte : follower

le fauchage : cutting, reaping

transgénique : transgenic, genetically modified

le foie gras : liver pâté

un engraissement : fattening / *une oie* : goose

le gavage : forced-feeding

un abattage : slaughter

ouest de France. Fait par l'engraissement° d'oies° et de canards, le foie gras est consommé le plus fréquemment froid en entrée et se trouve très généralement au menu des jours de fêtes. L'objet de la controverse porte sur le gavage° des animaux pour l'obtention de foie cirrhotique avant l'abattage°. En 2006, la France répond au débat mondial en votant une loi qui protège le foie gras comme patrimoine culturel et gastronomique. Dès lors, le public devient de plus en plus informé sur le sujet. En outre, certains chefs américains se rendent sur les sites de production pour être témoin des conditions d'élevage. Par la suite, ils recommandent des agriculteurs modèles, comme par exemple, la Patería de Sousa en Espagne et Hudson Valley Foie Gras dans le New York. Pour eux, le bien-être des animaux demeure capital.

la vache folle : mad cow disease / *le dauphin* : dolphin / *le thon rouge* : bluefin tuna

le chalut : trawl

L'agrobusiness ne manque pas de controverses. En quelques années, on voit se multiplier les préjudices tels que la crise de la vache folle°, la capture des dauphins° dans les filets des pêcheurs de thon et, plus récemment, la surexploitation du thon rouge°. Quels qu'ils soient, le monde entier est touché par ces problèmes. Pour le cas de la crise de la vache folle, la distribution mondiale du bœuf porte le risque loin des foyers d'origine de la maladie. Par conséquent, dans la société contemporaine, la quarantaine et l'abattage massif deviennent malheureusement courants. Pour le cas du dauphin, le problème n'est pas facile à résoudre puisque les dauphins suivent les bancs de thon sur leurs parcours et finissent dans le même chalut°. Les pêcheurs utilisent désormais des techniques adaptées à la conduite du dauphin pour qu'il puisse s'échapper lors de la pêche. Par tournure ironique, le thon lui-même, en particulier le thon rouge, est maintenant établi comme espèce menacée d'extinction. Un délice dans les restaurants fins, il est cependant rayé du menu par de nombreux chefs qui créent des plats novateurs en se servant de fruits de mer abondants. Considérons le message suivant qui se trouve sur le menu d'un restaurant new yorkais, possédant trois étoiles au guide Michelin : *Le Bernardin ne sert ni de bar chilien, ni de mérou brun, ni de thon rouge afin de soutenir les efforts éducatifs du NRDC* [Natural Resources Defense Council] *et du SeaWeb dans la protection de ces espèces menacées.*

En réfléchissant à ces débats ci-dessus, on peut possiblement conclure que la nourriture constitue un nouveau mouvement social. Il y a même l'expression, *Votez avec la fourchette !* En fait, les chefs américains et les restaurants les plus branchés ont tous un rapport public avec une association à but non lucratif°. Les chefs font le maximum pour démontrer leur contribution au bien-être de la communauté. Par exemple, ils participent aux programmes scolaires, donnent des cours culinaires aux jeunes déliquants, ou dirigent des campagnes de collecte alimententaire°. De la même façon, la gastronomie écologique, dit *écolo*, paraît de rigueur ou au moins attendue dans les grands restaurants aux E.U. Le restaurant se préoccupe de plus en plus des moyens, des techniques et des méthodes, dits *durables*°. Considérez-vous voter avec votre fourchette ?

à but non lucratif : non-profit

une campagne de collecte alimentaire : food drive

durable : sustainable

⚜ Une cuillerée de réflexion

1. Qu'est-ce qu'un organisme génétiquement modifié ? Donnez-en quelques exemples. L'OGM, paraît-il répandu dans l'agriculture américaine ? Est-ce un sujet délicat qui provoque de vives réactions ? Citez quelques thèmes qui déclenchent des discussions passionnées aux E.U.
2. Avez-vous déjà dégusté du foie gras ? À quelle occasion ? Décrivez vos impressions ?
3. Quant à sa fabrication, que pensez-vous du gavage ? De la même façon, que pensez-vous de l'élevage de dinde pour le jour de Thanksgiving ? Expliquez votre point de vue.
4. Qu'est-ce que la maladie de la vache folle ? Quelles sont les mesures de quarantaine mises en place pour combattre ce problème ?
5. Outre ceux cités dans ce texte, retrouvez deux exemples de controverses dans le monde de l'alimentation. Quelle est votre propre position sur ces questions ?
6. D'après vous, peut-on parler d'un rapport entre le réchauffement climatique (*global warming*) et la chaîne alimentaire ? Expliquez votre perspective en donnant quelques exemples.
7. Expliquez l'expression, *Votez avec la fourchette !* Donnez-en quelques exemples.
8. À votre avis, est-il temps que nos politiques intègrent l'élément de la gastronomie écolo dans leur campagne ? Expliquez votre point de vue.

⚜ Un zeste d'activité

1. À l'aide d'Internet, faites une recherche sur l'agriculteur espagnol, la Patería de Sousa et celui américain dans le New York, Hudson Valley Foie Gras. Décrivez leurs méthodes artisanales pour l'élevage des animaux. Qu'en pensez-vous ? Voyez-vous un compromis entre les deux positions pour ou contre le foie gras ?
2. À l'aide d'Internet, faites une recherche sur les organisations PETA, Sea Shepherd et Greenpeace (ce dernier a un site en français). Définissez la cause de chacune d'elles. Tout d'abord, êtes-vous d'accord avec leur cause ? Sur un deuxième plan, êtes-vous d'accord avec leurs façons de protester afin de promouvoir leurs propres buts ? Discutez d'autres stratégies pour protester au nom d'une cause.

3. Faites une recherche pour découvrir l'histoire de McDonald's en France. Est-ce un succèss ? Combien de magasins y a-t-il ? Quelle est l'opinion du public ? Nommez d'autres chaînes américaines de fast-food qui sont présentes en France actuellement ?
4. Consultez le site français de World Wildlife Foundation à www.wwf.fr et choisissez un sujet lié au domaine alimentaire. Après avoir parcouru les textes, résumez vos découverts en présentant des problèmes, des débats, et des solutions.

⚜ Au goût littéraire

Un poème de Raymond Queneau (1903-1976)

Sonnet No. 9

Le marbre pour l'acide est une friandise
d'aucuns par dessus tout prisent les escargots
sur la place un forain de feu se gargarise
qui sait si le requin boulotte les turbots

Du voisin le Papou suçote l'apophyse
que n'a pas dévoré la horde des mulots
le gourmet en salade avale la cytise
l'enfant pur aux yeux bleux aime les berlingots

Le loup est amateur de coq et de cocotte
le chat fait un festin de têtes de linottes
le chemin vicinal se nourrit de crottin

On a bu du pinard à touts les époques
grignoter des bretzels distrait bien des colloques
mais rien ne vaut grillé le morceau de boudin

⚜ Une cuillerée de réflexion

Ce poème fait partie d'une collection de 10 sonnets dont celui-ci porte le thème de la nourriture et de la boisson. Pourtant, le message alimentaire n'est pas concret, même secondaire, puisque cette œuvre sert plutôt à inspirer la créativité littéraire ainsi qu'à de démontrer le potentiel de la poésie. Poussé par l'école des surréalistes, Queneau offre au lecteur la possibilité d'intervertir une ligne d'un autre sonnet de la collection à un autre pour créer un nouveau poème. Grâce au talent poétique de Queneau, cette permutation réussit à garder les contraintes des rimes et du mètre du sonnet. Le lecteur recherche ensuite la cohérence du nouveau sonnet.

⚜ Un zeste d'activité

Consultez le site interactif de Beverley Charles Rowe — http://www.bevrowe.info/Queneau/QueneauRandom_v4.html — pour manipuler en ligne le Sonnet n°9 avec les autres sonnets de la même collection. L'étudiant verra que malgré la construction mécanique, on devient poète en cherchant à créer des combinaisons harmonieuses dans un monde surréaliste.

Métaphore mangeable : Avoir du pain sur la planche

Avoir beacoup de choses à faire.

Coralie Verret, étudiante en droit, a du pain sur la planche.

⚜ Livres de cuisines et recettes

Dans le premier chapitre, on demande pourquoi à l'évocation de la gastronomie pense-t-on en premier à la France, et non pas à un autre pays avec une histoire plus ancienne ? Une réponse possible est que les chefs du Moyen-Âge enregistrent soigneusement les recettes de l'époque. Cette codification des ingrédients, des techniques, des nuances culinaires, des considérations d'experts, dans le but de former des apprentis, garantit à cette gastronomie de s'inscrire à travers les siècles. Ces ouvrages demeurent, permettant un chef contemporain de préparer une sauce béchamel de manière identique à la façon dont elle se confectionne au 17e siècle. Par contre, dans d'autres cultures, les recettes et les practiques culinaires sont communiquées oralement à travers les générations. À la suite de plusieurs répétitions, accrues de variations personnelles, les recettes sont susceptibles d'être modifiées ou d'evoluer.

Les livres de cuisine française historiques les plus importants sont les suivants :

- *Le Viandier* par Taillevent publié au 15e siècle
- *Le Ménagier de Paris* par un chef anonyme publié au 15e siècle
- *Le Cuisiner françois* par La Varenne publié au 17e siècle
- *Le Guide culinaire* par Auguste Escoffier publié au 20e siècle

⚜ Un zeste d'activité

1. À l'aide d'Internet, retrouvez des recettes anciennes. Comparez leur style par rapport au style contemporain. Y a-t-il une grande différence ? Expliquez à l'aide d'exemples précis.
2. En vous servant d'Internet, essayez de retrouver la recette originale du 17e siècle de la sauce béchamel. Comparez-la à la recette contemporaine. Faites la même chose avec la recette originale de la salade niçoise.
3. Choisissez un plat spécial pour votre famille et traduisez la recette en français. Essayez d'imiter le style suivant : la liste des ingrédients ; des phrases courtes et précises ; des verbes d'action à l'infinitif ; des structures *faire* causatif + infinitif.

4. Il se peut que le livre de cuisine française le plus influent pour la société américaine soit *Mastering the Art of French Cooking* par Julia Child, Louisette Bertholle, et Simone Beck (Knopf, 1961). Faites une recherche sur Julia Child afin d'apprécier sa contribution à la gastronomie française aux E.U. Résumez vos découvertes.

⚜ Une pincée de grammaire

Le pronom *y* pour exprimer *there*

Une fonction du pronom *y* indique le sens de « there ». Si l'on veut dire que l'on voit des olives sur la table, on peut dire *Je les y vois* « I see them there ». Ou bien, si l'on a mis le lait dans le réfrigérateur, on peut dire *Je l'y ai mis* « I put it there ». Dans ces structures grammaticales, le pronom *y* remplace la préposition *dans, sur, sous, à* et *en* et l'objet auquel il se substitut.

Remplacez la préposition et son objet par *y* dans les phrases suivantes.

1. Le chef travaille toute la journée dans la cuisine. ____________________

2. Le commis a vu un cheveu dans la soupe. ____________________

3. Le sous-chef va au marché avant 8h00. ____________________

4. Le restaurant des chefs Troisgros se trouve à Roanne. ____________________

5. L'enfant a mis la bouteille d'eau sur la table. ____________________

Un grain de conversation : *Expressions de quantité*

Une noix de beurre	A knob of butter
Un morceau de beurre	A pat of butter
Une pincée de sel	A pinch of sel
Un dé de crème fraîche	A thimble of crème fraîche
Un paquet de levure	A teaspoon of baking powder
Une part de gâteau	A piece of cake
Une gousse de vanille	A vanilla bean

⚜ Au goût littéraire

Le bifteck et les frites

— *Mythologies* par Roland Barthes (1915-1980)

Dans *Mythologies*, Barthes écrit une série d'essais sur les mythes de la culture de masse. Son but principal est avant tout de décoder les choses, les objets et les événements de la vie quotidienne afin de révéler l'objectif égoïste de la bourgeoisie. Dans cet extrait, Barthes prend comme exemple un plat ordinaire tout en exposant son statut symbolique dans la société française. Pour Barthes, manger du bifteck est l'affirmation de l'identité française de soi-même.

Le bifteck participe à la même mythologie sanguine° que le vin. C'est le cœur de la viande, c'est la viande à l'état pur, et quiconque en prend, s'assimile la force taurine°. De toute évidence, le prestige du bifteck à sa quasi-crudité : le sang y est visible, naturel, dense, compact et sécable° à la fois ; on imagine bien l'ambroisie° antique sous cette espèce de matière lourde qui diminue sous la dent de façon à bien faire sentir dans le même temps sa force d'origine et sa plasticité à s'épancher° dans le sang même de l'homme. Le sanguin est la raison d'être du bifteck : les degrés de sa cuisson sont exprimés, non pas en unités caloriques, mais en images de sang ; le bifteck est saignant (rappelant alors le flot artériel de l'animal égorgé°), ou bleu (et c'est le sang lourd, le sang pléthorique des veines qui est ici suggéré par la violine°, état superlatif du rouge). La cuisson, même modérée, ne peut s'exprimer franchement ; à cet état contre-nature, il faut un euphémisme : on dit que le bifteck est à point, ce qui est à vrai dire donné plus comme une limite que comme une perfection.

Manger le bifteck saignant représente donc à la fois une nature et une morale. Tous les tempéraments sont censés y trouver leur compte, les sanguins par identité, les nerveux et les lymphatiques par complément. Et de même que le vin devient pour bon nombre d'intellectuels une substance médiumnique° qui les conduit vers la force originelle de la nature, de même le bifteck est pour eux un aliment de rachat°, grâce auquel ils prosaïsent° leur cérébralité° et conjurent° par le sang et la pulpe molle°, la sécheresse° stérile dont sans cesse on les accuse. La vogue du steak tartare°, par exemple, est une opération d'exorcisme contre l'association romantique de la sensibilité et de la maladivité° : il y a dans cette préparation tous les états germinants de la matière : la purée sanguine et le glaireux° de l'œuf, tout un concert de

sanguin : blood

taurine : bull-like

sécable : divisible

l'ambroisie : food of the gods

s'épancher : to flow

égorgé : gorged

la violine : dark purple

médiumnique : as a medium

rachat : redemption / *prosaïser* : to trivialize / *cérébralité* : intellectualism / *conjurer* : to ward off / *molle* : soft / *la sécheresse* : dryness / *le steak tartare* : raw steak / *la maladivité* : frailty / *le glaireux* : egg white *la parturition* : childbirth

semelloïde : like a shoe sole

juteux : juicy

humecté : moist

expéditif : prompt

un bien : possession

paré : adorned

la cote : index

renflouer : to raise / *la chair* : flesh

boche : Boche (German)

Match : *Paris Match* magazine

substances molles et vives, une sorte de compendium significatif des images de la préparturition°.

Comme le vin, le bifteck est, en France, élément de base, nationalisé plus encore que socialisé ; il figure dans tous les décors de la vie alimentaire : plat, bordé de jaune, semelloïde°, dans les restaurants bon marché ; épais, juteux°, dans les bistrots spécialisés, cubique, le cœur tout humecté° sous une légère croûte carbonisée, dans la haute cuisine ; il participe à tous les rythmes, au confortable repas bourgeois et au casse-croûte bohème du célibataire ; c'est la nourriture à la fois expéditive° et dense, il accomplit le meilleur rapport possible entre l'économie et l'efficacité, la mythologie et la plasticité de sa consommation.

De plus, c'est un bien° français (circonscrit, il est vrai, aujourd'hui par l'invasion des steaks américains). Comme pour le vin, pas de contrainte alimentaire qui ne fasse rêver le Français de bifteck. À peine à l'étranger, la nostalgie s'en déclare, le bifteck est ici paré° d'une vertu supplémentaire d'élégance, car dans la complication apparente des cuisines exotiques, c'est une nourriture qui joint, pense-t-on, la succulence à la simplicité. National, il suit la cote° des valeurs patriotiques : il les renfloue° en temps de guerre, il est la chair° même du combattant français, le bien inaliénable qui ne peut passer à l'ennemi que par trahison. Dans un film ancien (DEUXIÈME BUREAU CONTRE KOMMANDANTUR), la bonne du curé patriote offre à manger à l'espion boche° déguisé en clandestin français : « Ah, c'est vous, Laurent ! Je vais vous donner de mon bifteck. » Et puis, quand l'espion est démasqué : « Et moi qui lui ai donné de mon bifteck ! » Suprême abus de confiance.

Associé communément aux frites, le bifteck leur transmet son lustre national : la frite est nostalgique et patriote comme le bifteck. MATCH° nous a appris qu'après l'armistice indochinois, « le général de Castries pour son premier repas demanda des pommes de terres frites ». Et le président des Anciens Combattants d'Indochine, commentant plus tard cette information, ajoutait : « On n'a pas touours compris le geste du général de Castries demandant pour son premier repas des pommes de terre frites. » Ce que l'on nous demandait de comprendre, c'est que l'appel du général n'était certes pas un vulgaire réflexe matérialiste, mais un épisode rituel d'approbation de l'ethnie française retrouvée. Le général connaissait bien notre symbolique national, il savait que la frite est le signe alimentaire de la « francité ».

⚜ Une cuillerée de réflexion

1. Décrivez le bifteck selon l'auteur. Êtes-vous étonné par cette perspective ? Expliquez.
2. Exposez les trois degrés de cuisson du bifteck.
3. À plusieurs reprises, l'auteur compare le bifteck au vin. Croyez-vous à une telle comparaison ou en imaginez-vous une autre ? Expliquez votre point de vue.
4. Dans quelle mesure, le bifteck est-il présent chez toutes les classes sociales ?
5. Selon l'auteur, quels sont les signes alimentaires de la francité ? Êtes-vous d'accord avec ce propos ? Que choisiriez-vous comme signes alimentaires de la francité ? Quels sont les signes alimentaires des E.U. ?

On peut manger tout ce qui ne nous mangera le premier .

– Dicton cadien

⚜ Une pincée de grammaire

Le pronom relatif *dont* pour exprimer *that, for which, of which, whose*

Le pronom relatif *dont* est très employé en français, et il y a plusieurs règles grammaticales. Étudions la structure principale avec la préposition *de* suivie de son objet. Remarquez que la structure verbale contenant *de* (comme *se souvenir* DE, *avoir besoin* DE) signale l'usage de *dont.*

RÈGLE D'OR : Le pronom *dont* remplace *de* + son nom objet

1. verbe + *de* + objet (*Évitez le pronom relatif « que » !*)

   Je me souviens *de cette recette.* => C'est la recette *dont* je me souviens.
   Il a besoin *de l'épice.* => Voici l'épice *dont* il a besoin.

2. *de* + objet

   Il est fou *de ce plat.* => Le plat, *dont* il est fou, est répandu en France.
   Le frère *de mon copain* est un chef. => Le copain, *dont* le frère est un chef, vient avec nous au marché.

Complétez les phrases avec *dont* selon les indices entre parenthèses.

1. Le livre ______________________________ est trop cher. (il a besoin)
2. Le professeur ______________________________ est arrivé. (je t'ai parlé)
3. L'université a un nouvel ordinateur ______________________________. (Marc se sert souvent)
4. Je vais chercher l'enfant ______________________________. (ma mère est responsable)
5. Le restaurant ______________________________ est maintenant fermé. (les huîtres sont superbes)

Choisissez entre *dont* ou *que*.

1. Le garçon ______________________ vous voyez est le frère de Marie.
2. La femme ______________________ je viens d'embrasser est mon épouse.
3. As-tu vu au buffet le plat ______________________ j'ai envie ?
4. Avez-vous vu les étudiants ______________________ je cherche ?
5. Le chien ______________________ elle a peur est très gentil.

Un grain de conversation : *Quelques techniques culinaires*

peler la tomate	peel the tomato
décoquiller l'œuf	remove the shell of the egg
égoutter les pâtes	drain the water out of the pasta
émietter le thon	break the tuna into pieces
épépiner la pastèque	remove the watermelon seeds
émincer l'ail	mince the garlic
hacher la viande	grind the meat
effiler les haricots	remove the green bean string
étaler le beurre	spread the butter
verser le lait	pour the milk

⚜ La Dégustation : La tarte aux pommes

La tarte aux pommes est aussi importante dans la culture françise que l' « apple pie » l'est dans la culture américaine. De plus, elle est aussi facile à faire. La pâte faite maison est bien souvent meilleure, mais la pâte surgelée du super-marché suffira pour les besoins d'une vie chargée. Une différence notable entre les deux cultures est le moment de la journée durant lequel elle est consommée. En effet, l'apple pie est forcement un dessert alors que la tarte aux pommes peut aussi bien être mangée au goûter. Il existe une version plus élaboré que la simple tarte aux pommes — la tarte Tatin. C'est une tarte renversée dans laquelle les pommes sont caramélisées au sucre et au beurre avant la cuisson de la tarte.

⚜ À Table

La tarte aux pommes est un régal visuel et aromatique. Tout d'abord, les pommes disposées en spirale font un plat fantaisiste. Ensuite, à la sortie du four, les arômes enveloppent toute personne chanceuce d'être présente. Alors, sentez bien l'arôme de la tarte avant de la déguster. Distinguez-vous de la cannelle ou de la muscade ? Y a-t-il du beurre dans cette préparation ? En consultant la liste ci-dessous, décrivez le goût.

⚜ Vocabulaire

merveilleux : marvelous
beurré : buttery
affreux : awful
sucré : sweet
acide : tart
nutritif : nutritious
poisseux : gooey
savoureux : tasty
un pur délice : delicious

⚜ Une cuillerée de réflexion

1. Aimez-vous les tartes aux fruits en général ? Si oui, à quelle occasion en mangez-vous ? Quel(s) fruit(s) peut-on mettre sur la tarte ? Quel(s) fruit(s) préférez-vous sur la tarte ?
2. Comparez la tarte aux pommes au *pie* américain et à la tarte Tatin.
3. Quel type de boisson pourrait accompagner la tarte aux pommes ? Quelle boisson ne va pas du tout ?
4. Qu'est-ce que *pie à la mode* ? L'aimez-vous ? Cette habitude est-elle française ? Quelle autre garniture aimez-vous sur le *pie* américain ? Quelle garniture peut-on mettre sur la tarte Tatin ?
5. Écrivez un résumé de la dégustation.

⚜ Un brin de parole

La paix des dames

— Nicole Roger-Hogan
administratrice professionnelle

Quand j'étais enfant, j'habitais dans la banlieue de Paris, dans une petite ville qui s'appelait Saint-Maur-des-Fossés. Saint-Maur ressemblait beaucoup à la petite ville américaine où j'habite à présent. On pouvait aller partout à pied : à l'école, au lycée et même chez le boucher, le boulanger ou le pharmacien. Deux fois par semaine, il y avait marché sur une petite place en face du Café Tabac. Notre quartier était tout verdoyant avec beaucoup de pavillons et peu de HLM°. La mère de mon père vivait avec nous et, comme ma mère, elle avait grandi dans une ferme et était proche de la nature et de ses trésors. Les deux femmes ne s'aimaient guère, mais une activité commune les rapprochait chaque été : la fabrication des confitures.

HLM : Habitation à Loyer Modéré; subsidized housing

Chaque année, à la fin de l'été, toutes deux s'affairaient dans notre jardin de derrière la maison. Nous en avions un autre devant la maison, mais celui-là était réservé aux parterres de fleurs, notamment aux roses dont ma mère connaissait tous les secrets, et aux invités. Derrière la maison, le jardin était un vrai petit paradis avec fruits et légumes à volonté. Jamais on n'aurait cru que l'on se trouvait seulement à quarante minutes en bus du Bois de Vincennes, entrée officielle du sud-est de la ville de Paris.

un verger : orchard / *un potager* : vegetable garden

un cognacier : quince tree

un ver : worm

une touffe : tuft

papoter : to chatter

un tabouret : stool

les reins : lower back

macérer : to steep

la climatisation : air-conditioning / *écumer* : to skim

la besogne : job

« Le jardin de derrière » (comme nous l'appelions) était à la fois verger° et potager°. Laitues, haricots verts et herbes aromatiques étaient le domaine de ma mère. Mon père, lui, s'occupait des arbres fruitiers: poiriers parfaitement taillés, pommiers aussi fleuris que les cerisiers de la ville de Washington au printemps, un cognacier° dont les fruits ressemblent à des citrons déformés, un prunier géant penché au-dessus de la tonnelle, un cerisier aux récoltes imprévisibles, un pêcher très avare de ses fruits (ou, s'il en donnait, ils avaient un gros ver° dedans!), un abricotier dont les branches croulaient sous le poids des siens et, finalement, les groseilliers et la rhubarbe. Ce jardin ressemblait à un « U » à l'envers. Le haut du « U » avait les herbes aromatiques, les deux côtés du « U » avaient les poiriers, les pommiers, le cognacier et le pêcher. Au milieu, il y avait l'abricotier, les laitues et les haricots, puis une tonnelle entourée du prunier, du cerisier, des groseilliers et des touffes° de rhubarbe. Vers la fin de l'été, traverser le jardin donnait presque mal à la tête tant le parfum des fruits était fort.

C'est donc dans cet environnement que ma mère et ma grand-mère travaillaient côte à côte chaque année, en papotant° sans arrêt. Ce n'étaient plus une belle-mère et sa belle-fille qui s'affrontaient, mais deux femmes qui partageaient un travail qu'elles aimaient faire. Le ramassage des abricots, des cerises et des prunes n'était pas trop difficile, encore qu'il exigeât parfois l'intervention de mon père pour grimper à l'échelle afin d'atteindre quelques beaux fruits restés suspendus à l'arbre. Pour la cueillette des groseilles, il en était tout autre. Comme les buissons étaient à même le sol, il fallait procéder différemment. Ma grand-mère était presque toujours assise sur un petit tabouret° alors que ma mère restait pliée en deux pendant des heures. Le soir, bien sûr, elle se tenait les reins° en gémissant: « Aïe ! Aïe ! Aïe ! »

Une fois la cueillette et le ramassage finis, ma mère et ma grand-mère transportaient leurs bassines pleines de fruits à la cuisine pour un triage et un nettoyage faits avec autant de précaution que s'il s'agissait de diamants. Les fruits étaient ensuite pesés avec leur équivalent en sucre puis macérés° avant de commencer la cuisson. Cette cuisson me rappelle qu'en France, on n'a pas la climatisation° ou, tout du moins, peu. À l'époque, quand les confitures cuisaient puis étaient écumées°, j'avais l'impression d'étouffer. La chaleur qui émanait de la cuisine était presque insupportable mais le pire était que tout y collait: les deux tables, les chaises, le fourneau, le plancher et les murs. Ma mère et ma grand-mère avaient beau s'affairer pour tout nettoyer, tout collait pendant des semaines après la fin de la besogne°.

Pour la phase finale, la mise en pots, ces deux femmes que j'aimais tant devenaient des ogresses. Personne n'avait le droit d'approcher pendant qu'elles stérilisaient et séchaient les pots ou les bocaux et les rondelles en caoutchouc, préparaient la cire et mesuraient puis coupaient les carrés de Cellophane, de papier sulfurisés° ou les coiffes en tissu pour faire joli. Quant aux étiquettes°, l'une les alignait sur la petite table de la cuisine avant que l'autre, de sa plus belle écriture, n'inscrive la nature de la confiture puis sa date de fabrication.

le papier sulfurisé : parchment paper / *une étiquette* : label

Une fois les confitures refroidies, ma mère et ma grand-mère transportaient leurs bocaux dans une pièce vide appelée chambre penderie parce que seuls des vêtements qu'on ne portait jamais y pendaient. Au-dessus de ces vêtements, il y avait une longue étagère sur laquelle reposeraient désormais les confitures, dans le noir, car la fenêtre de cette pièce restait toujours fermée.

Quelques années plus tard, après que ma grand-mère soit décédée et que mes parents soient partis en voyage, je décidai de faire ces confitures moi-même pour faire plaisir à ma mère. Peine perdue. Elle ne fut pas contente. J'avais tuméfié° les fruits, brûlé les confitures et mal fermé les pots. Je crois qu'au fond de son cœur, ma mère regrettait le temps où elle travaillait côte à côte avec sa belle-mère, probablement les meilleurs moments qu'elles aient jamais passés ensemble !

tuméfier : to make swell up

⚜ Une cuillerée de réflexion

1. Nommez les types d'arbres fruitiers dans le « jardin de derrière ».
2. Après la fabrication de confitures pourquoi est-ce que tout collait ?
3. Pendant la phase finale pourquoi les deux femmes devenaient-elle des ogresses ?
4. L'auteur, peut-elle faire de la confiture aussi bien que sa mère et sa grand-mère ? Qu'est-ce qui arrive ?
5. Y a-t-il une activité dans votre famille qui réunit tout le monde ? Y en a-t-il une qui ramène la paix dans la famille ? Y en a-t-il une conflictuelle ?
6. Avez-vous un potager chez vous ? Que faites-vous pousser chaque année ? Avez-vous un verger ? Quels arbres fruitiers y a-t-il ?
7. Écrivez un essai qui décrit une activité qui réunit les gens.

✤ Un brin de parole

La cuisine guadeloupéenne

— Nadège Veldwachter
professeure de littératures francophones

la cive : shallot

accras : fritters

l'hexagone : France

« Au siècle dernier, dans les cuisines d'une habitation guadeloupéenne, une vieille cuisinière normande se désolait de ne pas avoir de pommes de terre pour préparer ses beignets à la façon normande. Une de ses voisines, une cuisinière d'origine africaine qui émiettait de la morue séchée, comprenant sa déception lui proposa de remplacer les pommes de terre par son poisson. C'est à cet instant qu'une jeune Hindoue qui passait par là, rajouta des cives° et du piment, ce qui donna par la suite l'un des plats les plus réputés de la gastronomie antillaise ». (volcreole.com)

Cette anecdote sur les origines multiples des accras°, l'un des hors-d'œuvres les plus célèbres des Antilles françaises, est à l'image du métissage qui caractérise la culture générale des îles de la Caraïbe. Les terres françaises se composent de deux îles dans l'archipel caribéen, la Guadeloupe et la Martinique, et d'un pays d'Amérique Latine, la Guyane. Après les périodes esclavagiste et coloniale qui commençèrent dès le XVIIe siècle, ces régions sont devenues en 1946 des Départements d'Outre-Mer (DOM), c'est-à-dire des collectivités territoriales intégrées dans la République Française au même titre que les départements de l'hexagone°.

Située à près de 7000 km de la France, la Guadeloupe est la plus grande des deux îles. Elle est, en fait, composée de cinq îles et îlets : Basse-Terre et Grande-Terre (qui, regroupées, lui donnent sa forme de papillon), au sud, les îles de Marie-Galante et des Saintes, et à l'est, l'île de la Désirade. Ses premiers habitants amérindiens l'appelaient l'île aux belles eaux, Karukera. La présence d'une population diverse venant d'Afrique, d'Europe, d'Asie et des pays du levant (Liban et Syrie en particulier) sert à créer une culture hybride que l'on appelle créole. Le mot sert à décrire les personnes, la langue, la végétation, et même une race de chiens ! Avec deux saisons par an, le carême (saison chaude, les températures montent jusqu'à 35 degrés entre les mois de février et avril) et l'hivernage (saison pluvieuse et cyclonique de juillet à octobre), les Guadeloupéens sont de bons vivants qui aiment s'amuser et surtout manger. Il faut dire que la cuisine des antilles est particulièrement savoureuse et sait mettre en valeur toutes ses traditions venues d'ailleurs.

Commençons notre petit tour culinaire par l'événement musical attendu par tous en début d'année : le carnaval est l'une des plus grandes fêtes populaires qui enflamme l'île pendant des semaines de janvier à février. Différents groupes défilent, à pied ou dans des chars, dans les rues (on dit qu'on va « courir le vidé »°) et ils entrent dans des compétitions de costumes, de musique et de chant, de chorégraphie, même de beauté, couronnées par l'élection des Reines du carnaval. Le groupe de plus connu est Akiyo, (expression créole signifiant « qui sont-ils ? »). Il défile au son du gwo ka, à la fois tambour et rythme de musique. Les membres de ce groupe sont généralement des « mass à kongo »° ils portent des haillons°, ont le corps enduit° de suie° et de mélasse°, et des fouets à la main. Ils font souvent peur aux enfants, surtout ceux qui n'ont pas été sages ! Le mercredi des cendres, habillé en noir et blanc, on brûle Vaval, le roi du carnaval. Pour danser jusqu'à l'aube vous imaginez bien que les beignets de Mardi Gras sont eux aussi de la fête. Ils ressemblent beaucoup à ceux que l'on fait à la Nouvelle Orléans, et pour leur donner une petite touche antillaise, on rajoute un peu de rhum à la pâte, de la banane, et des épices comme la cannelle et la vanille.

courir le vidé : parading in the street at carnival

le mass à Kongo : carnival costume / *un haillon* : rag / *enduit* : coated with / *la suie* : soot / *la mélasse* : molasses

À grande majorité catholiques, les Guadeloupéens observent toutes les fêtes religieuses. Cependant, les fêtes de Pâques sont devenues synonymes de camping sur la plage. C'est le moment de sortir les tentes, de rassembler famille et amis et de rejoindre les plus beaux bords de mer. Ils se trouvent généralement sur Grande-Terre. Les « touristes » locaux se dirigent en grands nombres vers les communes du Gosier, de Saint-Anne et de Saint-François où le climat chaud et sec contraste avec celui humide et montagneux de Basse-Terre. On joue aux cartes ou aux dominos ; on se baigne à toute heure de la journée ou du soir. L'après-midi, on fait du sorbet au coco. Il est toujours meilleur lorsqu'il est tourné dans une sorbetière° à main. Le soir, on se raconte des contes lors de léwoz (rythme de tambour) pour amuser ou instruire petits et grands. Pour rester fidèle aux décor, les plats sont principalement à base de fruits de mer. Parmi les plus populaires on trouve : les accras de morue, le matété de crabe (mélange de riz et de crabes de terre), le calalou aux crabes (une soupe aux épinards et aux crabes), ou les dombrés (proche des « dumplings » dans la préparation) et ouassous (grosses écrevisses). Pour se désaltérer°, les ti-punch (rhum, citron vert et sucre) en appéritif coulent à flot.

une sorbetière : sorbet machine

se désaltérer : to quench one's thirst

La population venue d'Inde après la fin de l'esclavage a su garder beaucoup de ses traditions culinaires et religieuses. On peut voir ce patrimoine dans la présence de temples hindouistes reconnaissables à leurs couleurs vives, rouges et jaunes, surplombés° par des statues en l'honneur de divinités telles Shiva ou Kali. Le meilleur exemple de mélange de pratique religieuse et culinaire se retrouve dans la cérémonie du Mayinmin (les orthographes diffèrent souvent). Lors de cette dernière, des rites sacrificiels de moutons, de poules ou de cabris (brebis locales) sont dédiés à la déesse Mariamman. A la fin du rituel, l'animal sacrifié est préparé en colombo (variété de curry vert), qui est pratiquement devenu le plat national de la Guadeloupe. Dans ce contexte cérémonial, le colombo se mange sur de grandes feuilles de bananiers° avec les doigts !

surplombé : overhung

un bananier : banana tree

Il n'y a ni hiver, ni neige aux Antilles pour Noël, mais depuis quelques années, les Antillais retournent à leurs traditions et célèbrent Nwel an tan lontan, comme autrefois. Quelques semaines avant le 25 décembre, pendant l'Avent°, on passe de maisons en maisons en petits groupes pour des chanté nwel, chanter des cantiques de Noël. On chante jusqu'au milieu de la nuit des chansons inspirées de la liturgie chrétienne, mais au son des tambours, de l'harmonica et du violon. Elles sont en créole ou en français ou encore un mélange des deux langues. La nuit du 24 décembre, la fin de la messe de minuit sonne officiellement la naissance de Jésus et le début des dégustations. L'autre événement essentiel de la période de Noël est lorsque l'on tue le cochon. Il a été nourri toute l'année car c'est de lui que viendra les principaux plats du repas : le fameux boudin créole est servi en apéritif. Non, non, pas trop de grimaces. Il n'a rien à voir avec la version anglaise du « black pudding », les épices exotiques dans ce boudin (le piment, le bois d'Inde°, la cive) le rendent tellement savoureux que vous oublierez la présence de certains ingrédients — la viande, accompagnée de riz ou d'igname (une racine blanche) et de pois d'Angole (variété de haricot) ainsi que le jambon fumé, que l'on amène entier et coupe en lamelles à la table même. Il y a aussi différents gratins à basse de christophines (gros légume vert qui ressemble à une poire) ou de bananes. Et enfin, tout ceci est arrosé de liqueurs locales telles que le sirop de groseilles°-pays ou le shrubb (des pelures° d'orange et de mandarines séchées puis macérées dans du rhum).

l'Avent : Advent

le bois d'Inde : Bay rum spice

une groseille : gooseberry

la pelure : peel

Voilà, j'espère que ce tour, bien que rapide, vous aura mis l'eau à la bouche. Si un jour vous visitez un jour la Guadeloupe n'oubliez pas votre appétit !

⚜ Une cuillerée de réflexion

1. Dans quelle mesure, les Antilles françaises sont-elles caractérisées par l'attribut du métissage de culture.
2. Que veut dire *Départements d'Outre-Mer* ? Nommez-les. La population, a-t-elle le droit de voter aux éléctions en France ?
3. Sur une carte de la Caraïbe, à quelle forme ressemble la Guadeloupe ?
4. Le mot *créole* est polysémique. En Guadeloupe, que veut-il dire ?
5. Décrivez le carnaval en Guadeloupe. Comparez-le aux autres fêtes dans le monde.
6. Comparez le beignet en Guadeloupe à celui à la Nouvelle Orléans. Regardez des photos de beignets sur google.image.
7. Comment les Guadeloupéens festoient-ils à Pâques ? Comparez le Réveillon en Guadeloupe à celui en France.
8. Composez un menu en employant des aliments guadeloupéens. N'oubliez pas la boisson.
9. Écrivez un essai qui dépeint la vie sur une île.

Un grain de conversation

« Le petit Jésus en culotte de velours ! » BABY JESUS IN VELVET UNDERPANTS !

Si on déguste un vin exceptionnel ou un aliment sublime, on peut dire, *Le petit Jésus en culotte de velours !*

À Vous, Chez Vous

⚜ Recette

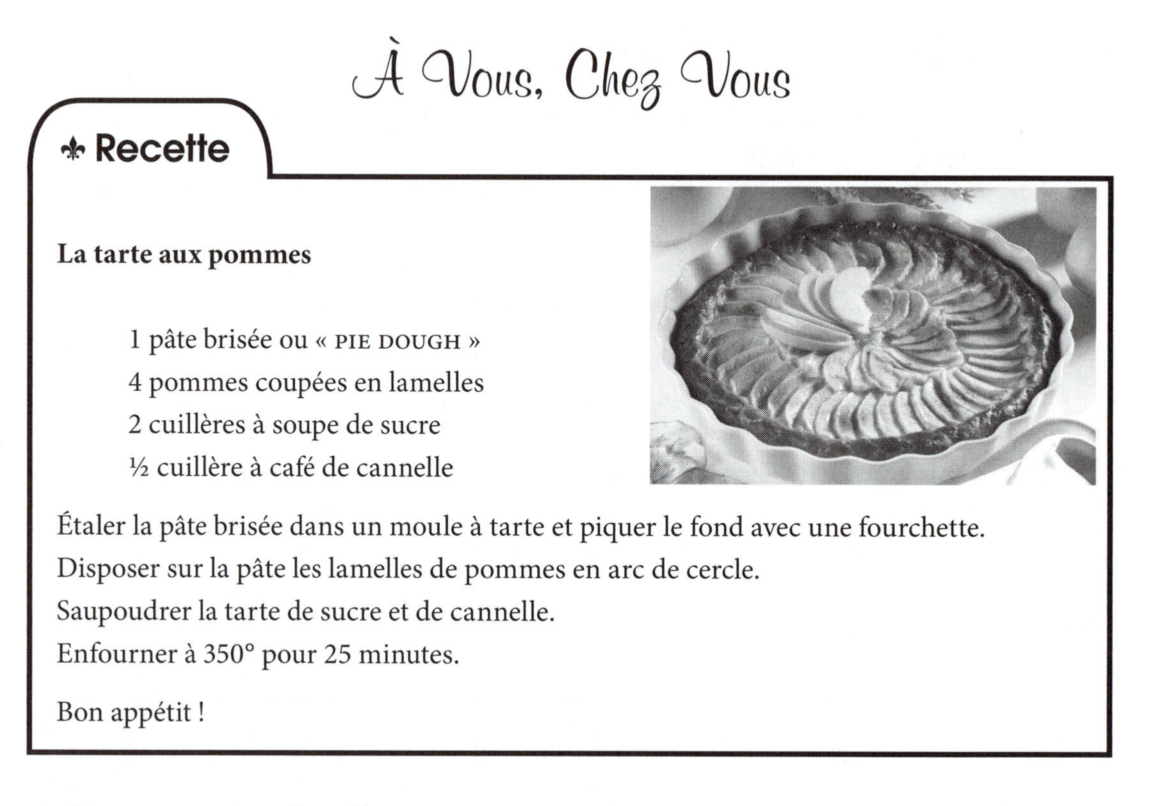

La tarte aux pommes

1 pâte brisée ou « PIE DOUGH »
4 pommes coupées en lamelles
2 cuillères à soupe de sucre
½ cuillère à café de cannelle

Étaler la pâte brisée dans un moule à tarte et piquer le fond avec une fourchette.
Disposer sur la pâte les lamelles de pommes en arc de cercle.
Saupoudrer la tarte de sucre et de cannelle.
Enfourner à 350° pour 25 minutes.

Bon appétit !

⚜ Pour en savoir plus

Si vous appréciez le style littéraire badin de Raymond Queneau, voir sa collection complète de 10 sonnets dans *Cent mille milliards de poèmes* (Gallimard, 1961). Ses *Exercices de style* (Gallimard, 1982) sont également originaux.

Pour lire deux autres essais de Roland Barthes sur la gastronomie française, lire « Le vin et le lait » ainsi que « Cuisine ornementale » dans *Mythologies* (Éditions du Seuil, 1957).

Si vous voulez apprécier le livre qui a introduit la cuisine classique française au public américain, lire *Mastering the Art of French Cooking* (Alfred A. Knopt, 1961) par Julia Child, Louisette Bertholle, et Simone Beck.

Pour en lire plus sur la Guadeloupe, consulter www.volcreole.com/forum/sujet-1470.html

Pour une comédie sur le patron parisien d'un restaurant gastronomique fréquenté par des clients célèbres et importants où un homme politicien y disparaît, voir *Le grand restaurant* (Jacques Besnard, 1966).

Pour des documentaires ou des drames sur l'agrobusiness, voir *Super Size Me* (Morgan Spurlock, 2004), *Sustainable Table: What's on Your Plate?* (Mischa Hedges, 2006), *Fast Food Nation* (Richard Linklater, 2006), *King Corn* (Aaron Woolf, 2007), *Food Fight* (Christopher Taylor, 2008), et *Food, Inc.* (Robert Kenner, 2008).

Chapitre 8

Café et friandises
Un mariage de goûts

Contrairement aux E.U. où le café accompagne le dessert, celui-ci tient en France une place spéciale et constitue à lui tout seul son propre service. Le serveur français lance un regard étrange à l'Américain qui lui demande un café en même temps que le dessert. Le café a une saveur forte et particulière et peut masquer le goût délicat d'un dessert tel qu'un sorbet ou une crème brûlée. Néanmoins, dans les grands restaurants le café est accompagné d'une friandise ou d'une mignardise. Cela peut-être un petit morceau de chocolat ou un macaron, fait maison bien sûr !

Historiquement, le café américain n'a pas bonne réputation. Avant l'arrivée de Starbucks, les restaurants faisaient le café le matin en se servant de graine de café de qualité inférieure. Et la cafetière° restait toute la journée sur la plaque chauffante°. En français, il y a des expressions pour un café de mauvais goût : *Ce café, c'est de la lavasse !* ou *C'est du jus de chaussettes !* De plus, l'Américain n'apprécie guère le bénéfice d'un bon espresso en fin de repas. Il préfère pourtant un café crème, c'est-à-dire, un café au lait. Certains Français consomment même un espresso le matin. En entrant dans un café ou une brasserie, à la demande d'*un petit noir* le serveur amènera une demi-tasse à moitié remplie de boisson ébène° et parfumée.

une cafetière : coffee pot / *une plaque chauffante* : hotplate

ébène : ebony

C'est une autre boisson qui caractérise le Français – le vin. Depuis des siècles, faire pousser des vignes et produire du vin font partie de la culture française. Rien n'est simple dans le vin sauf la définition – jus de raisin fermenté. Même les trois couleurs traditionnelles, rouge, blanc et rosé, possèdent une gamme de nuance qui couvre une bonne partie de l'arc en ciel. Il y a des vins orange°, jaunes, gris, et verts, allant du clair au foncé. Violet et

orange : exception; never pluralizes

Les principaux vignobles

marron sont également possibles. Il peut être sec ou liquoreux, différent selon la teneur en sucre, avec un taux d'alcool entre 5,5 et 14 degrés. Plusieurs pays d'Europe dictent quel cépage° peut être planté dans une région particulière, ainsi que les méthodes de culture et vinification°. L'exécution de ces directives permet au vigneron° d'obtenir une certification de qualité nommée Appellation d'Origine Contrôlée (AOC). Cette certification est couramment un gage de bonne qualité. Plusieurs aliments ont maintenant l'AOC tel que le fromage, le poulet et même le beurre. Cela permet de préserver les méthodes traditionnelles et artisanales en identifiant le produit à son authenticité et à son origine géographique.

le cépage : cultivated variety of grape

la vinification : wine making

un vigneron : winemaker

Malgré la petite taille du pays, la France est soumise à cinq zones de climat différentes donnant naissance à plusieurs régions différentes pour la production du vin. Les principaux vignobles° sont l'Alsace, la Champagne°, le Bordeaux, la Bourgogne, le Rhône, la Provence, le Languedoc, et la Loire (voir la carte). L'Alsace et la Loire sont célèbres pour leur variété de vins blancs. Le Languedoc produit la plupart des vins de table français et mondiaux. Selon les experts, les meilleurs vins rouges et blancs sont produits dans

un vignoble : vineyard

la Champagne : sparkling wine region in France

le Bordelais° et en Bourgogne. Le champagne° est bien entendu réputé pour sa méthode particulière, dite *champenoise.* Pendant la production, le processus de double fermentation crée des bulles de gaz carbonique°. Les seuls vins autorisés à porter le nom de champagne sont ceux produits dans une région bien délimitée et avec certains cépages. Les autres vins issus de la même méthode à travers le monde ne portent pas le nom de champagne. En Californie, par exemple, on dit que l'on produit du vin pétillant, dit mousseux, ou *Sparkling Wine* en anglais. Parfois, le vigneron californien ajoute l'information « méthode champenoise » sur l'étiquette de la bouteille pour indiquer que sa technique de production est exactement comme celle employée en Champagne. L'importance de l'origine régionale d'un vin est évidente dans la grande portée du *terroir.* Cela veut dire, apprécier non seulement le cépage, mais aussi la nature du sol, l'orientation du coteau°, la pluviosité, et la qualité de l'air. En bref, les variables naturelles du vignoble ont une influence sur l'illustre breuvage final.

le Bordelais : the Bordeaux region / *le champagne* : sparkling wine

le gaz carbonique : carbon dioxide

le coteau : hill

Concernant les techniques de production de vin, deux « mondes » s'affrontent – le *Vieux* qui comprend l'Europe et en particulier les pays du pourtour méditerranéen, et le *Nouveau* qui comprend les Amériques, l'Australie, la Nouvelle-Zélande et l'Afrique du Sud. Dans le Vieux Monde, on suit les méthodes de vinification anciennes et traditionnelles. Par contre, dans le Nouveau Monde, on emploie des techniques novatrices et expérimentales. Une grande différence entre les deux est le type de tonneau° employé pour le vieillissement. Le Vieux Monde utilise très souvent le tonneau en bois de chêne°, alors que le Nouveau Monde n'hésite pas à utiliser le tonneau en acier inoxydable°. Au sein du Nouveau Monde, la Californie jouit d'une bonne réputation avec des vins de haute qualité. Cet État a même son propre cépage appelé le Zinfandel qui pousse uniquement sur les terres de l'ouest des E.U.

le tonneau : barrel

le chêne : oak

l'acier inoxydable : stainless steel

Le vendange a lieu généralement en septembre et octobre. Historiquement, dans le vignoble du Beaujolais en Bourgogne, le vigneron veut savoir la qualité du vin de la récente récolte. Le vin est pour cela mis en bouteille sans maturation en tonneau. Cette tradition se perpétue et la venue du *Beaujolais Nouveau,* vin très jeune donnant une indication du résultat de la saison, est maintenant une occasion festive dans les villes françaises ainsi que dans les restaurants français à travers le monde.

Cette promotion mondiale est par ailleurs un cauchemar pour la mise en circulation logistique, car la dégustation doit avoir lieu le même jour partout dans le monde. Ainsi 55 à 60 millions de bouteilles de Beaujolais Nouveau sont mis sur le marché international le troisième jeudi de novembre !

La description du goût et de l'arôme du vin est toute une autre affaire. *Ce vin me semble SOBRE, presque MAIGRE, mais surtout GRACIEUX et DISTINGUÉ.* On se demande ce que cela veut dire exactement ! Cet exemple-ci est prétencieux, mais il y a bel et bien une science pour la description précise du vin qui est peu connue du grand public. Il faut se rendre compte entre autres de l'acidité, de l'alcool, et du taux de sucre. De plus, les fruits, les légumes et les épices possèdent des composés chimiques identiques. Pour cette raison, dire que le vin a un goût de vanille n'est pas excentrique. Il est même commun pour les vins vieillis en tonneau de chêne. Des parfums de fruits rouges et doux comme la groseille, la fraise et la cerise sont évoquées dans le Pinot noir.

trinquer: to toast

Lors des anniversaires, mariages, ou un succès personnel, il est coutumier de trinquer°. Les verres sont remplis et levés pour boire « à la santé » d'autrui. Il s'en suit la consommation bercée par le son des glou, glou, glou...

⚜ Une cuillerée de réflexion

1. Prenez-vous généralement le dessert le soir ? Que prenez-vous ? Vos amis, que prennent-ils ? Votre famille fait-elle partie des exceptions ?
2. Vous souvenez-vous du dessert le plus étrange de votre vie ? Décrivez les circonstances.
3. Aimez-vous prendre à boire avec le dessert ? Que prenez-vous ? Connaissez-vous quelqu'un qui prend une boisson vraiment bizarre ou rigolote ?
4. Allez-vous souvent prendre un café chez Starbucks ? Aimez-vous le café dans les restaurants de chaîne aux E.U. ?
5. Aimez-vous le vin ? Quelle robe préférez-vous, blanc, rouge ou rosé ? Avez-vous un pays, un vignoble, ou un cépage de préférence ?
6. À quelles occasions buvez-vous du vin ? du champagne ?
7. Avez-vous eu l'occasion de déguster un vin coûteux ? Décrivez la scène.
8. Êtes-vous capable de distinguer le goût d'un vin AOC d'un vin de table ?
9. Avez-vous visité un vignoble ? Avez-vous participé à une dégustation de vin ? Exposez tous les détails ainsi que vos sensations.

⚜ Un zeste d'activité

1. En consultant Internet, faites des recherches sur un vignoble français de votre choix (*Par exemple*, Bordeaux, Alsace). Retrouvez les cépages qui y sont plantés. Ensuite, sélectionnez quelques noms de vins réputés dans cette région.
2. Naviquez sur Internet pour découvrir ce qui donne la couleur au vin.
3. Sur Internet toujours, faites des recherches sur un vignoble américain. Retrouvez les cépages qui y sont plantés. Ensuite, sélectionnez les noms de vins réputés dans cette région.
4. Naviguez sur Internet pour retrouver les trois cépages employés dans la fabrication du champagne. Quelle forme de verre est conseillée pour le servir ? Pourquoi ?
5. Dernièrement, les vignerons donnent à leurs vins des noms étranges et amusants tels que Bored Doe, Marilyn Merlot, Two Buck Chuck, Fat Bastard, et Red Guitar. Inventez un nom novateur, drôle, étrange ou rigolo pour « votre » vin. Décrivez l'arôme et le goût en utilisant les adjectifs les plus ridicules possibles.
6. En vous servant d'Internet, cherchez la définition de ce que l'on appelle la pourriture noble (*noble rot*). Quelles cépages sont susceptibles d'avoir ce champignon. Cherchez ce qu'est le vin glacé. Enfin, comparez le vin de pourriture noble et le vin glacé.
7. À l'aide d'Internet, découvrez le rituel français qui a lieu autour de l'arrivée du Beaujolais Nouveau. Cherchez la façon dont ce rituel est répété à travers le monde.
8. Naviguez sur le site de Gary Vaynerchuk à www.winelibrarytv.com. Regardez une vidéo de dégustation de vin adaptée aux jeunes consommateurs. Résumez vos observations.

⚜ Au goût littéraire

Un poème d'Isabelle Têche

Le gombo de Cadiens

Quoi c'est ça ?
Explique-moi.

D'abord, tu prends un pays :
Le ventre troué° du Mississippi°,

Ensuite, écoute :
Un peu de Bretons,
De Normands, de Berrichons°,
Tu remues longtemps,
Tu écrases les grumeaux°,

Et puis :
Un peu d'Allemands,

Remue encore :
Un peu d'Espanols,

troué : with a hole / *le Mississippi* : Mississippi River

un Berrichon : native of Berrichon, central France

un grumeau : lump

Tourne fort.

Laisse reposer.

Et puis, goûte :
  C'est pas encore ça ?
Alors, attends un peu,
C'est là que le goût viendra,
Peu à peu, en douceur,
      en douceur,
      secrètement.

C'est pas pour rien
Que vous Cadiens,
On vous a fait souffrir
À petit feu …

Une cuillerée de réflexion

1. Nommez les ingrédients dans cette recette du gombo métaphorique. Ces composants représentent la Louisiane.
2. À votre avis, pourquoi faut-il tourner fort la préparation ? Pourquoi faut-il la laisser reposer ?
3. Qu'est-ce qui va faire venir « le goût » louisianais ? Pourquoi ce goût va-t-il venir « secrètement » ?
4. De quoi les Cadiens ont-ils souffert ? Expliquez le sens métaphorique de « à petit feu ».

Métaphore mangeable : *Mettre de l'eau dans son vin*

Être plus mesuré ou tempéré.

À l'occasion du débat, les politiciens ont décidé de mettre de l'eau dans leur vin.

Le breuvage

Pour beacoup de Français la journée n'est pas complète sans visite au café du quartier. Malgré la quantité de tâches à faire, on a toujours un petit moment pour un petit noir. Un client peut rester des heures à table sans se soucier du temps. L'expression *pause-café* prend ainsi toute sa véracité !

Pour ceux qui n'apprécient pas le café, il y a d'autres choses toutes aussi communes. Un citron ou une orange pressée rallongée d'un peu d'eau, par exemple. Ou encore, pour les plus jeunes, un sirop de fruit à l'eau ou à la limonade. Ceux-ci décorent les terrasses de café de couleurs variées, rouge pour la grenadine, verte pour la menthe. Attention les

Français appellent « limonade » une boisson incolore, gazéifiée, douce et parfumée au citron. Son goût ressemble à Sprite™ ou à 7Up™. L'équivalent de la « lemonade » américaine est appelé citronnade. Bien entendu, le Coca Cola™ tient maintenant une place importante, mais la bouteille d'eau minérale garde une place prépondérante sur les tables des cafés français.

Pendant longtemps, il ne venait pas à l'esprit de l'Américain d'acheter de l'eau en bouteille et l'eau du robinet était de rigueur. Après le succès de Perrier, une avalanche de marques envahit le pays. À présent, la bouteille d'eau est voyante et attachée au sac à dos de l'étudiant. Espérons que cette mode de bien-être continuera !

Astuce	
Le nom de boisson	**Les ingrédients**
le kir	*du vin blanc et de la crème de cassis*
le kir royal	*du champagne et de la crème de cassis*
le panaché	*de la bière et de la limonade (≈SPRITE™)*
le pastis	*du Pernod (goût d'anise) et de l'eau*
le diabolo	*du sirop de fruit et de la limonade*
la grenadine	*du sirop de grenadine et de la limonade*
le martini	*du vermouth doux*
l'indien	*du sirop de grenadine et l'Orangina (≈CITRUS SODA)*
le monaco	*de la bière, de la limonade et du sirop de grenadine*

L'abus d'alcool est dangereux pour la santé. À consommer avec modération.

⚜ Une cuillerée de réflexion

1. Consommez-vous du café au quotidien ? Combien de fois allez-vous au café par semaine, par mois ? Prenez-vous toujours la même chose ou variez-vous ?
2. Achetez-vous de l'eau minérale ? Quelle marque préférez-vous ? Pouvez-vous distinguer les différences de goûts entre différentes eaux ?

⚜ Une pincée de grammaire

Faire **causatif pour exprimer *to have someone do something, to do something***

La structure *faire + infinitif* s'appelle le causatif car le sens principal indique de *causer* quelque chose. *Le chef fait construire une nouvelle cuisine* veut dire « The chef is having a new kitchen built. » Pourtant pour les actions de *cuire* dans la cuisine, on utilise souvent le *faire causatif* mais le sens dans ce cas est simplement « to do something. » *Pour Noël, sa mère fait cuire une grande dinde* veut dire « For Christmas, her mother cooks a big turkey. »

Traduisez les phrases suivantes en français en utilisant la structure *faire + infinitif.*

1. The chef had a new restaurant built (*construire*). ______________________________
2. The commis boiled the water (*bouillir*). ______________________________
3. First, the sous-chef browns the chicken (*dorer*). ______________________________
4. It's necessary to melt butter in a casserole (*fondre*). ______________________________
5. Cook the tart for 35 to 40 minutes (*cuire*). ______________________________

Un grain de conversation : *Quelques techniques culinaires*

Faire chauffer	to heat
Faire bouillir	to boil
Faire sauter	to sauté
Faire revenir	to brown
Faire poêler	to fry
Faire saisir	to sear
Faire frire	to deep fry

⚜ Au goût littéraire

Le goûter

— Jeannine Worms (1923-2006)

Jeannine Worms a écrit maintes pièces de théâtre, et en particulier des comédies mettant en scène l'absurdité humaine. Pour cela, elle parodie souvent les lieux communs et les stéréotypes. Cet extrait-ci évoque deux connaissances, deux femmes de la bourgeoisie qui prennent leur goûter rituel dans une pâtisserie. Elles discutent de tout et de rien sur différents sujets tels l'amour, les affaires, les relations mondaines, et la politique. La médisance des deux femmes sert à rappeler et surtout à imposer leur statut social au sein de la société ainsi qu'entre elles. Installées à une table avec une panoplie de pâtisserie, ces dames, 1re Dame, (*Fernande*) et 2ème Dame (*Paulette*), parlent et parlent pour ne rien dire. Tout au long de leur conversation, elles s'empiffrent de patisseries, les unes après les autres. Le premier sujet abordé est une liaison défendue entre Amélie et M. Dupin.

Deux dames dans une pâtisserie. Elles bouffent° des gâteaux à la crème et sirotent° des chocolats glacés.

bouffer : to eat
siroter : to sip

1re Dame. Si ça n'était pas vous, je ne l'aurais pas cru.

2ème Dame. Je ne l'aurais pas cru non plus si ça n'avait pas été Amélie.

1re Dame. (*petite cuillérée*). Alors, vous me dites que c'est sa fille ?

2ème Dame. (*cuillérée*). 16 ans !

1re Dame. Un scandale ! (*Cuillérée*).

2ème Dame. Je ne vous le fais pas dire ! (*Gâteau.*)

1re Dame. (*mastiquant°*). Moi, on m'avait raconté l'histoire, mais on m'avait pas dit que c'était elle.

mastiquer : to chew

2ème Dame. (*même jeu*). Pensez-vous ! Elle a bien d'autres choses à faire.

1re Dame. On trouve toujours le temps.

2ème Dame. Pour des choses pareilles ? ! …

1re Dame. Pour celles-là ou pour d'autres ! … Après tout, il s'agit de la situation de son mari.

2ème Dame. Puisqu'elle est avec le petit Dupin !

1re Dame. (*sidérée°, suspendant sa mastication, fourchette en l'air*). Le petit Dupin ?

sidéré : staggered

2ème Dame. (*confirmant*). Le petit Dupin.

1re Dame. (*n'en revenant toujours pas*). Le fils de Madame Dupin ?

2ème Dame. Et de M. Dupin. Enfin … légitimement.

1re Dame. (*bon sens, vive*). Oh ! si, oh ! si. Dupin est son second mari.

2ème Dame. Et alors ?

1re Dame. Le petit est né du temps du premier.

2ème Dame. (*se rendant à l'évidence*). En effet, dans ce cas …

1re Dame. (*revenant à son étonnement*). Le petit Dupin ! … Mais sa mère et elle étaient amies d'enfance.

le fiel : gall

Tapinet-Durand : le pâtissier

P.D.G. : Président-directeur général

goupiller : to fix, to arrange

2ème Dame. (*fiel° heureux*). Elles ne le sont plus.

2ème Dame. … (*Elle bouffe et propose un gâteau à l'autre, tout en suivant son idée.*) Vous en voulez ?

1re Dame. Tut ! Je vais peut-être goûter celui-ci. (*Elle se sert.*) Humm ! … Toujours aussi bon, chez Tapinet-Durand°.

2ème Dame. C'est une chose qui rassure. Par ces temps où tout change !

1re Dame. (*yeux au ciel*). Aaaah ! …

(…)

1re Dame. … (*Gâteau fini, elle suce le bout de ses doigts. Comme pour elle-même.*) Je me demande ce qu'ils mettent dans leur crème patissière.

2ème Dame. (*sur sa lancée, mangeant toujours*). Avec son mari, qui est P.D.G.° chez Jones ! …

1re Dame. (*fausse modestie de la supériorité*). Le mien l'est chez Jones & Jones ! …

(…)

2ème Dame. … Vous devriez prendre cette petite tarte.

1re Dame. (*tentée*). Vous croyez ? J'ai déjà pris un chou, un chausson, un baba …

2ème Dame. (*tentatrice*). Ce n'est rien du tout ! Regardez, elle est toute petite …

1re Dame. (*succombant*). Bon. Mais demain, je ne goûterai pas. (*Elle bouffe.*) Ils sont vraiment très bons. Tenez, ça ne m'étonnerait pas que ce soit Amélie qui ait goupillé° toute l'affaire.

2ème Dame. Vraiment ?

(…)

1re Dame. Vous devriez en reprendre.

2ème Dame. (*manières*). J'ai mangé plus que vous.

1re Dame. Quelle importance ! Et puis, au citron. L'acidité, ça ferait plutôt maigrir.

2ème Dame. (*prête à succomber*). Vous croyez ?

1re Dame. C'est mon médecin qui me l'a dit.

2ème Dame. Dans ce cas … (*Elle bouffe. songeuse.*) Néanmoins, ça n'explique pas que la mère de la petite …

(…)

2ème Dame. … (*Soupir. Elle prend un gâteau, pour se consoler.*)

1re Dame. Enfin, on ne se change pas. (*Soupir. Elle se sert un gâteau pour se consoler.*)

2ème Dame. (*mastiquant*). On grossit, tout au plus.

1re Dame. Pour ce à quoi ça nous sert, d'être plus minces ! … Tenez, je reprends un chou.

2ème Dame. Et moi, une tarte.

1re Dame. Puis, après tout, je reprends une tarte aussi.

2ème Dame. Et moi, un chou.

1re Dame. (*mastiquant, amère*). Pour rester Jones & Jones toute ma vie ! …

(…)

2ème Dame. Des démons ! Ils veulent notre peau, à tous !

1re Dame. Quoi, …

2ème Dame. Enfin, quand je dis notre peau, c'est notre po-sition, ce que nous sommes, notre peau, quoi ! Parce que, imaginez que vous ne soyez plus Jones & Jones, mais, Durand, tout simplement, et … pas Tapinet !… C'est-à-dire : métro, pas de résidence secondaire, un petit deux-pièces en périphérie, dans le meilleur cas ! …

(…)

2ème Dame. Ce que le monde est petit, tout de même…

1re Dame. (*pointue*). Oh ! pas le monde. Notre monde ! (*Plus conciliante*). Enfin, oui, si vous voulez : le monde. Parce que, le reste…

1re Dame. (*soulagée*). Hé bien, je crois que je vais reprendre un de ces éclairs.

2ème Dame. Je me suis assez privée°. Je pense que je vais en faire autant.

se priver : to deprive oneself of

1re Dame. (*bouffant*). Ils sont toujours aussi bons, chez Tapinet-Durand.

2ème Dame. (*bouche pleine*). Cette constance, dans la qualité, c'est une chose qui rassure.

Elles bouffent tandis que la lumière décroît et qu'éclate une musique joyeuse sur un bruit de mastication.

⚜ Une cuillerée de réflexion

1. Y a-t-il des moments où vous mangez pour vous consoler ? Si oui, que mangez-vous ? Y a-t-il un mets de la cuisine de grand-mère (*comfort food*) que vous préférez ? Décrivez-le. Est-ce une recette de votre famille depuis plusieurs générations ?

2. Êtes-vous allé dans un salon de thé français ? Si oui, décrivez-le. Qu'aviez-vous commandé ? Était-ce bon ?

⚜ Un zeste d'activité

1. Faites une liste de toutes les pâtisseries mangées par les deux femmes.
2. Écrivez un dialogue entre deux étudiants au café qui cancanent (*gossip*) au café sur leurs amis.

La découverte d'un mets nouveau fait plus pour le bonheur du genre humain que la découvewrte d'une étoile .

– Jean Anthelme Brillat-Savarin (1755-1826)

⚜ Une pincée de grammaire

Verbe + la préposition *à* ou *de* + infinitif

Malheureusement, il n'y a pas de Règle d'Or pour la structure verbe + *à* ou *de* + infinitif. Il faut mémoriser le verbe avec « sa » préposition associée, comme cela était le cas avec le genre des noms. On mémorise par cœur « *le* livre » et non pas seulement « livre ». De la même façon, il est conseillé de se souvenir de la liste des verbes et de la préposition appropriée *à* ou *de*. Voici les plus communs :

Astuce	
Verbe + à + infinitif	**Verbe + de + infinitif**
apprendre à faire	*accepter de faire*
avoir à faire	*choisir de faire*
commencer à faire	*décider de faire*
continuer à faire	*demander (à qn) de faire*
demander à faire	*essayer de faire*
hésiter à faire	*finir de faire*
s'intéresser à faire	*oublier de faire*
réussir à faire	*refuser de faire*
tenir à faire	*remercier (qn) de faire*

Étudiez le schéma ci-dessus, puis sans vous servir de celui-ci, complétez le paragraphe ci-dessous avec *à* ou *de*.

Martine a décidé ______ s'inscrire au Cordon Bleu à Paris. Pendant plusieurs mois, elle a hésité ______ remplir les feuilles car elle s'intéresse également ____ enseigner au lycée. Finalement, elle a choisi ______ apprendre ______ faire la cuisine. Si elle réussit ______ finir le programme de cours, elle essayera ______ faire un stage dans un restaurant trois étoiles.

Un grain de conversation

« *Un ange passe* » AN ANGEL PASSES

Quand toute conversation s'arrête soudainement à table et le silence se fait entendre, le Français dirait *un ange passe*.

⚜ La Dégustation : La Quiche Lorraine

Malgré l'existence d'une dizaine de recettes de quiche, la plus connue à travers le monde est la recette de la quiche lorraine. Comme le nom indique, cette quiche est originaire de la Lorraine, département du nord-est de la France, à côté de l'Alsace. Et comme toutes les recettes de ce livre, celle-ci est simple et savoureuse. Même si la pâte faite maison est meilleure, il est également possible d'en acheter toute préparée au supermarché. Il n'y a qu'à rajouter des œufs battus, des oignons, du fromage et des lardons pour réaliser cette spécialité régionale. Par contre, si l'on mets des épinards ou des brocolis, ce n'est plus une quiche lorraine, même si l'on trouve cela délicieux. La quiche est normalement servie chaude, en plat principal accompagné d'une simple salade.

⚜ À Table

La quiche est un joli mets. Pas multicolore comme la salade niçoise, mais dorée et parfumée, surtout à la sortie du four. Ce genre de plat permet de définir avec simplicité le terme de saveur. D'une part, il y a le goût, relevé par les papilles, et d'autre part la saveur qui est une combinaison de goût et d'odorat. Alors, essayez de séparer le goût de la saveur en dégustant la quiche lorraine. Consultez la liste de vocabulaire pour vous aider à vous exprimer.

⚜ Vocabulaire

feuilleté : flakey
pas assez cuit : runny
spongieux : spongy
léger : light
délicieux : delicious
chaud : hot
fade : bland
original : unusual
trop cuit : overcooked
pas assez cuit : undercooked
salé : salty
parfait : perfect

⚜ Une cuillerée de réflexion

1. Décrivez la saveur (*flavor*) de la quiche. Décrivez le goût (*taste*). Êtes-vous capable de distinquer l'un de l'autre ?
2. Aimez-vous la quiche lorraine ? Aimez-vous la quiche en général ? En avez-vous déjà goûter ? Si oui, comparez vos expériences avec cette dégustation.
3. Décrivez les ingrédients d'une quiche lorraine. Cherchez sur Internet d'autres recettes de quiche. Créez votre recette préférée.
4. Quelle boisson pourrait accompagner la quiche ? Quelle boisson ne va pas du tout ?
5. Que mettez-vous au menu pour accompagner la quiche (y compris l'entrée et le dessert) ?
6. Écrivez un résumé de la dégustation.

⚜ Un brin de parole

Embrassons le terroir

— Karen Thielman
École des Trois Ponts
— Christopher Thielman
professeur et chef, College of DuPage
[Co-traduction : Pascal Simonnot]

un bovin : bovine
le veau : veal
une lueur : glimmer

« Pour mon anniversaire, je voudrais vous emmener au marché aux bovins° de St. Christophe et après ça, pour le déjeuner, on ira manger une tête de veau°. », dit René, avec une indéniable lueur° dans le regard.

Chris et moi, avons esquissé un léger sourire, et lui avons répondu : « Ben oui, ce serait formidable ! » Mais, au fond de nous, nous paniquions secrètement. Nous avions à l'esprit une image très claire, grâce au personnage de Tante Georgette dans notre manuel scolaire de langue française FRENCH IN ACTION. Celle-ci était installée à la table d'un bistro typiquement parisien, exigeant une tête de veau, et bien que le restaurant imaginaire n'en eût plus, le lecteur se trouvait gratifié d'une inoubliable photo de la tête entière d'un pauvre petit veau, posée sur un plateau de service.

Nous voilà donc face à la perspective d'ingérer « avec plaisir » ce même repas. Ne vous méprenez pas, sur le plan culinaire, nous n'étions pas des poules mouillées ! Mon mari Christopher est un professeur de cuisine accompli. Il enseigne au College of DuPage, situé dans une banlieue de Chicago. Par ailleurs, nous n'étions pas exactement des novices en matière de cuisine française. De notre collaboration avec René Dorel, directeur de l'École des

Trois Ponts, un institut de langue et de cuisine françaises, étaient nés une amitié durable ainsi qu'un programme d'une semaine de cours et de visites autour du thème de la cuisine traditionnelle française. À l'époque de ce déjeuner, nous avions déjà emmené plusieurs groupes en France au cours des années précédentes. Nous avions partagé de nombreux repas à la grande table de l'École, apprenant le concept de terroir : cette combinaison du sol, du climat, du relief qui donne à un produit son caractère unique. Nous essayions d'encourager nos étudiants à s'ouvrir à de nouvelles aventures et saveurs pendant que nous-mêmes goûtions les spécialités locales et repoussions chaque fois un peu plus loin nos frontières gastronomiques mais… Chris et moi n'étions pas vraiment prêts pour la tête de veau !

Juste avant notre départ, le trajet de 40 minutes à travers le sud de la campagne bourguignonne, René jeta un coup d'œil à mes doigts de pieds dépassant de mes sandales, et me suggéra délicatement de mettre à la place, des chaussures « à bout fermé ». Sage conseil !

Le marché aux bovins de St. Christophe en Brionnais touchait à sa fin mais il y avait encore des choses à voir. Un vaste toit métallique abritait des dizaines d'enclos qui étaient remplis de Charolais, se poussant et se donnant de puissants coups de cornes dans un concert de grognements° et de grommellements°. Nous connaissions bien la race Charolaise. Les paysages de nos excursions quotidiennes au cœur de la « France profonde » en étaient parsemés et nous nous réveillions chaque matin au son de leurs doux meuglements° dans les pâturages juste sous nos fenêtres. Célèbres pour leur couleur blanche et leur aptitude à fournir aussi bien des produits laitiers, qu'une des viandes les plus délicieuses de la région, nous savions que la vente attirerait beaucoup de monde, selon une tradition qui se perpétue depuis cinq siècles.

un grognement: grunt / *un grommellement*: muttering

un meuglement: mooing

Les hommes étaient vêtus de longs sarraus° noirs ou bleu foncé et avaient une canne à la main pour faire obéir les bêtes. Il nous semblait qu'il y avait beaucoup de discussions étouffées entre les acheteurs et les vendeurs. Pas de commissaire-priseur débitant° à toute vitesse les enchères°, contrairement à ce que nous pensions. René nous expliqua que les animaux étaient achetés et vendus pour la viande, le lait ou tout simplement pour être amenés « à la maison » afin d'y être élevés et engraissés avant d'être revendus lors d'un prochain marché. C'était l'époque de la

un sarrau: smock

débiter: to sell / *l'enchère*: bidding

« bulle immobilière » où les gens achetaient des maisons pour les rénover et puis les revendre immédiatement. Nous nous amusions à l'idée que plusieurs de ces bovins seraient « flipped ».

bondé : packed

À table ! Juste au bout de la rue, un restaurant bondé° servait de la nourriture locale. Nous nous sommes installés à une sorte de terrasse couverte et les conversations autour de nous étaient bruyantes, animées et conviviales. Nous avons jeté un coup d'œil au menu, mais nous savions que notre choix était déjà prédéterminé. Un pichet de vin rouge fut servi – pour trinquer à l'anniversaire et peut-être pour nous donner un peu de courage. Chris et moi, nous nous tenions prêts alors que le serveur s'avançait vers notre table, mais René nous regarda patiemment avec un petit sourire et .... nous tira finalement d'affaire. Il dit que nous pouvions choisir ce que nous désirions, mais il voulait au moins que nous goûtions la tête de veau qu'il avait l'intention de prendre en cette occasion spéciale. Nous avons poussé un grand soupir de soulagement, et nous avons commandé à la hâte une entrecôte° et des frites. Mais, aussitôt le serveur parti transmettre notre commande à la cuisine en ébullition, le remords° d'avoir joué la sécurité commença à nous tirailler.

une entrecôte : ribsteak
le remords : remorse

Quand les plateaux arrivèrent, quelle surprise ! Il n'y avait pas de tête de veau entière – façon Tante Georgette – seulement un plat, plein à ras bords° de morceaux de viande. Quelques-uns semblaient être un peu plus...gélatineux que les autres, mais tout bien considéré, assez appétissants. Notre entrecôte était délicieuse, et maintenant nous attendions avec hâte de goûter le plat de René. La curiosité prenait désormais le pas sur l'hésitation, et Chris et moi avons pris plusieurs morceaux.

à ras bords : to the brim

Quand nous sommes rentrés à l'École, nous étions pleins d'enthousiasme et voulions partager au plus vite notre anecdote gastronomique avec nos amis français. « Nous avons mangé de la tête de veau ! Et ça n'était pas si horrible ! En fait, c'était assez bon. Pas quelque chose que nous mangerions tous les jours, mais certainement pas de quoi avoir peur. »

Cette expérience venait renforcer les leçons que nous avions apprises au fil des années et de nos dîners à des tables françaises. Nous savons que nous sommes en France dès que les plats arrivent et que notre premier instinct est d'agiter la main au-dessus pour amener ces arômes incroyables jusqu'à notre nez. Les saveurs de la cuisine française sont ni plus ni moins miraculeuses. Depuis ce déjeuner, nous nous sommes surpris à devenir de plus en plus aventureux dans nos choix de menu. Nous nous régalons d'entendre la liste des ingrédients ainsi que les techniques culinaires. Après tout, ce sont des recettes qui ont été perfectionnées sur plusieurs générations et qui demandent souvent plusieurs jours pour être préparées correctement. Le concept nous a suivis chez nous dans le Midwest des E.U., et nous faisons l'effort d'acheter des produits frais locaux. Nous essayons de dîner dans des établissements qui ont la fierté de servir une cuisine authentique et régionale, et pour lesquels convivialité et passion de la table sont de vraies valeurs. Chris encourage ses étudiants culinaires à « embrasser le terroir » et à toujours saisir la moindre occasion d'essayer quelque chose de différent. En changeant nos goûts, nous changeons nos perceptions, élargissons nos frontières, et devenons quelque chose de nouveau.

⚜ Une cuillerée de réflexion

1. Êtes-vous allé dans un marché bovins ? Décrivez les marchés que vous avez déjà visités.
2. Réflechissez à la notion du terroir. Dans quelle mesure, le terroir, peut-il changer le goût des aliments?
3. Qu'est-ce que le bœuf Charolais ? Pourquoi est-il réputé ?
4. Avez-vous eu une expérience similaire à celle vécue par les auteurs, où l'on vous a demandé de manger un mets spécial mais très étrange pour vous ? Décrivez les circonstances en détails en incluant vos émotions.
5. Le Français est réputé pour manger des escargots et des cuisses de grenouilles, des aliments étranges pour le palais américain. Aimeriez-vous en goûter ? Que feriez-vous s'il vous en était offert lors d'une occasion spéciale avec une famille française ?

⚜ Un zeste d'activité

1. Écrivez un essai personnel qui décrit la première fois que vous avez dégusté une nourriture étrange ou un plat exotique. Étiez-vous en famille ou au restaurant ? Dans quel pays vous trouviez-vous ? Incluez non pas seulement les événements mais aussi chaque sentiment et émotion.

⚜ Un brin de parole

Moi, breton

— Éric Calais
professeur de géoscience

Je suis breton, d'un pays qui a longtemps été pauvre. Sans grand intérêt pour la France tant que l'unité républicaine n'était pas à l'ordre du jour, la Bretagne a développé son identité face aux éléments, la dureté de la terre et l'agressivité de la mer que paysans et marins travaillaient pour peu de récompense. Pas de place aux délicatesses culinaires. On mange pour se nourrir de produits immédiatement disponibles. La cuisine bretonne, ou plus précisément les produits bretons – crêpes et fruits de mer en sont les fleurons°, en tous cas pour le touriste – sont de nos jours très prisés°. Il sont pourtant longtemps restés la nourriture du peuple, et rien d'autre.

un fleuron : jewel
prisé : appreciated

Mes grands-parents n'ont appris le français qu'à l'école et ont continué à parler leur langue maternelle – le breton° – toute leur vie. Dans son enfance à la ferme familiale, mon grand-père était régulièrement nourri de crêpes faites à base de farine de blé noir et d'eau. Un repas facile et bon marché, critères essentiels pour une famille pauvre de 10 enfants. La pâte était étalée sur une plaque de fonte – la billig – disposée sur le feu, dans la cheminée. La farine de froment° était une gourmandise, mélangée parfois seulement (et encore avec parcimonie) à la farine de blé noir°. La règle était simple : les enfants avaient le droit de manger un nombre illimité de crêpes « sèches », c'est-à-dire sans beurre (ni bien sûr sans aucune autre garniture), mais avaient le droit, pour leur dernière crêpe – et aucune autre ne leur serait servie ensuite – de commander une crêpe au beurre, plaisir délicieux mais final.

le breton : langue celtique de Bretagne

le froment : wheat
le blé noir : buckwheat

Mon grand-père, né paysan, devint coiffeur dans un petit village du centre de la Bretagne. Dans la deuxième moitié des années 60, ses revenus déclinèrent de manière inquiétante en réponse à la mode yéyé° et à une chanson de Françoise Hardy qui vantait les mérites des cheveux longs pour les filles comme pour les garçons. Ma grand-mère décida de suppléer à l'économie familiale en faisant des crêpes et en les vendant dans le magasin de coiffure – qui avait l'avantage de vendre les journaux et de faire débit de boissons. Les affaires ont longtemps bien marché et ma grand-mère utilisait aussi ses talents de crêpière lors de repas familiaux. À ces occasions, suivant la tradition, les invités venaient avec leur propre beurre. Les quantités utilisées pour

la mode yéyé : les années 60

garnir les crêpes étaient trop importantes pour que la dépense soit laissée à la charge de l'hôte. Je me souviens en particulier de mon arrière-grand-père, sabotier de son métier. Il arrivait au « repas de crêpes » avec sa plus belle assiette sur laquelle il avait disposé en cercle, prédécoupés, des morceaux de beurre de la taille d'une petite boite d'allumette. Quand il repartait, tout avait été consommé, fondu sur la billig et sur les crêpes.

Le beurre, or de la cuisine bretonne !

Les choses ont bien changé. Les crêpes sont maintenant un produit touristique qui n'est pas nécessairement bon marché. Les crêperies rivalisent d'idées de garniture, crêpes aux noix de Saint Jacques, voire à l'escabèche°, tout est permis. On les trouve de San Francisco à Paris, vendues dans des échoppes° sur les trottoirs, ou comme desserts dans les restaurants. Il s'agit le plus souvent de crêpes sucrées. Des « crêpes douces », comme on les appelle en Bretagne, faites à base de farine de froment. Les crêpes de blé noir restent surtout confinées à la région, où les locaux vont à la crêperie comme mon grand-père allait dîner après avoir passé la journée à garder les vaches : pour manger un repas entier de crêpes. Bien sûr, plus question de commander des crêpes sèches, même les locaux sont convertis aux garnitures attrayantes – les plus simples, à base de jambon, d'œuf ou de fromage râpé, restent parmi les plus prisées. Le nec plus ultra°, à mon humble avis, est la « crêpe complète », garnie de beurre, d'un œuf au plat, de morceaux de jambon et de fromage râpé. La crêpe au beurre finale de mon grand-père sera remplacée par une crêpe douce, peut-être garnie de pommes (préalablement revenues dans du beurre) flambées au calvados°.

à l'escabèche : fish marinade preparation / *une échoppe* : food stand

le nec plus ultra : the very best

le calvados : apple brandy esp. from Normandy

Mais la fabrication de la crêpe reste la même : la pâte, mélange blé de noir et de froment, un œuf, un peu de sel, un peu de beurre fondu, éventuellement quelques ingrédients secrets. Elle est laissée reposer pendant plusieurs heures, puis est étalée sur une plaque de fonte circulaire – la billig – a l'aide d'un bâton en bois en forme de T – le rozell. Une fois cuite d'un coté (quelques secondes), on la retourne avec une spatule et, tout de suite, on entame la garniture. Toujours en faisant fondre une noix de beurre, suivie par exemple d'un œuf, d'un peu de jambon, etc. Il est important de ne pas oublier la noix de beurre finale.

La crêpe connaît des variations régionales. Dans certaines parties de Bretagne, elle est faite très épaisse (plusieurs millimètres) et appelée « galette ». Dans d'autres régions (à moins que ça ne soit seulement à Paris), le terme « galette » est réservé au blé noir, alors que le terme « crêpe » est réservé au froment. Dans ma région d'origine, les confins du pays glazik, la galette c'est tout autre chose. La pâte est réalisée à base de lait, battue à la main et contient essentiellement de la farine de blé noir. Elle doit rester très épaisse. Elle est disposée en disques d'environ 10 cm de diamètre sur une billig bien chaude, rapidement retournés, et qui ne sont pas sans rappeler des blinis°. Ces galettes ne m'ont jamais été servies avec autre chose que du beurre. Elles sont impossible à trouver en restaurant et sont restées un produit purement local. Des expérimentations récentes très hardies - uniquement en famille – montrent que ces « blinis bretons » sont un excellent accompagnement du foie gras (avec une groseille ou un morceau de figue bien mûre sur le côté). Nous expérimentons bientôt le caviar.

un blini: Slavic crêpe eaten with caviar

⚜ Une cuillerée de réflexion

1. Pour les Américains un repas de crêpes est exotique. Comparez ce fait avec la crêpe en Bretagne.
2. Quelle est la règle vis-à-vis de la crêpe dans la famille de l'auteur. Avez-vous des règles similaires dans votre famille ?
3. Quel aliment, selon l'auteur, est aussi précieux que de l'or ? Expliquez l'habitude qui en résulte pour les convives ?
4. Comment la fabrication de la crêpe a-t-elle changé à travers le temps ? Dans quelle mesure le type de garniture sur la crêpe a-t-il changé ?
5. Décrivez les variations régionales des crêpes selon l'auteur, en faisant la distinction entre *crêpe* et *galette*.
6. Nommez les garnitures typiques des crêpes. Décrivez la crêpe préférée de l'auteur. Décrivez votre garniture préférée.
7. Où peut-on trouver des galettes du pays glazik ? Quelle garniture met-on dessus ? Quels aliments peuvent accompagner la galette du pays glazik?

⚜ Un zeste d'activité

1. Effectuez une recherche sur Internet pour trouver différentes recettes de crêpes. Laquelle aimeriez-vous préparer ? Pourquoi ?
2. Interrogez vos camarades de classe afin de déterminer la crêpe préférée.

À Vous, Chez Vous

Recette

La quiche lorraine

1 pâte feuilletée ou « puff pastry » ou
« phyllo dough »
3 œufs
300 ml (1¼ CUP) de crème Half & Half™
du lardon fumé (COOKED BACON) coupé en morceaux
du sel et du poivre

Étaler la pâte feuilletée dans un moule à tarte.
Piquer le fond avec une fourchette.
Battre ensemble les œufs et y ajouter doucement la crème.
Mettre la préparation, les lardons, le sel et le poivre dans le moule à tarte.
Enfourner pendant 20 à 25 minutes dans un four préchauffé à 350°.

Bon appétit !

Pour en savoir plus

Pour en lire plus sur le Beaujolais Nouveau, consulter *I'll Drink to That* par Rudolph Chelminski (Gotham, 2007).

Pour l'appréciation du vin, consulter les sites excellents pour les jeunes de Gary Vaynerchuk www.winelibrarytv.com et www.theyoungwinos.com

Pour davantage de poèmes franco-louisianais, lire *Acadie tropicale ; poésie de Louisiane* (Center for Louisiana Studies, 1983).

Pour lire *Le goûter* de Jeannine Worms en entier, voir la revue *L'Avant-Scène*, n°492, 1972.

Pour un film comique avec un rebondissement qui se déroule lors d'un dîner entre anciens amis, voir *Cuisine et dépendance* (Philippe Muyl, 1993).

Chapitre 9

Digestif
Championne la digestion

Il n'est pas évident de penser que de l'alcool *championne la digestion*. Quoi qu'il en soit, finir le repas par un alcool bien fort est certainement une tradition gastronomique. Les Français débutent le repas par un apéritif (dit familièrement *apéro*), une coupe de champagne ou un martini°, par exemple, et le finissent avec un digestif, un cognac ou un calvados° (appelé familièrement *calva*) par exemple. Une tradition normande veut que l'on prenne un petit verre de calva au milieu du repas pour stimuler l'appétit. À présent, ce *trou normand*, comme il est appelé, prend la forme d'un sorbet de pomme arrosé de calva. Il est aussi possible de prendre un simple sorbet pour délivrer le palais des goûts tenaces ou épicés. Rassurez-vous, même s'ils sont pris religieusement lors de festins, ni le digestif ni l'apéritif ne sont consommés au quotidien.

le martini : sweet vermouth

le calvados : apple brandy made in Normandy

Ce dernier chapitre sur la gastronomie française achève de *stimuler la digestion* de toutes les idées présentées dans ce manuel. Nous espérons que le lecteur appréciera désormais le rapport profond entre la nourriture, la table et la vie. Une Américaine a bien compris cette relation spéciale : la renommée Julia Child. Si la culture gastronomique américaine intègre des éléments de la cuisine française au court de ce siècle, c'est sans conteste grâce à cette dame irrésistible et charismatique. Imitée par des comédiens de tous côtés pour ses manières singulières et sa voix aiguë, elle est quand même appréciée par un large public. En 1963, elle s'introduit dans les foyers américains par le biais d'une émission télévisée intitulée *The French Chef*. Malgré la complexité des préparations comme le Soufflé de Poisson ou le Jambon Farci en Croûte, elle encourage les jeunes ménagères° à adapter les recettes classiques françaises à la cuisine américaine généralement mal équipée de cette époque. Son rapport avec le public est légendaire puisqu'elle n'était pas embarrassée de se

une ménagère : housewife

tromper de technique dans ses préparations culinaires, animant de surcroît les émissions ! Son importance est notable à tel point que peu de temps avant sa mort, sa cuisine a été installée au Musée Smithsonian à Washington, DC, lui garantissant l'immortalité.

Une autre liaison culturelle peu perçue par les Américains est la relation présente entre l'art et la gastronomie. Au sein de l'histoire de France, les deux sont pourtant inséparables depuis cinq siècles. Comme nous l'avons déjà vu, une importante part de l'art culinaire vient d'Italie suite au mariage de Catherine de Médicis au futur roi de France, Henri II au 16e siècle. Au 17e siècle le souci du détail artistique est renforcé avec le mariage d'une autre Médicis, Marie, à Henri IV. Les Italiens contribuent surtout aux innovations dans la confiserie° particulièrement dans le domaine artistique. L'importance visuelle de la nourriture s'élargit pour inclure les objets présents *sur* la table. L'esthétique de la table comprend désormais l'argenterie, la faïence, la verrerie et la nappe. Les villes de Rouen, Nevers, Sèvres et Limoges deviennent des centres historiques de la faïence et de la porcelaine. De formation italienne, les maîtres français transforment la terre cuite et créent des services en céramique luxueux. Même l'art de plier les serviettes se développe. Certaines formes restent incontournables depuis cette époque, comme le bonnet d'évêque° et le nénuphar°. De plus, la présentation des plats, l'ordre du service, l'assortiment de textures et de couleurs dans l'assiette témoignent de la grande importance de l'apparence visuelle dans la gastronomie. Leur présence dans les tableaux d'artistes ainsi que dans la littérature démontre leur prestige dans les hauts rangs de société.

la confiserie : candies

le bonnet d'évêque : bishop's hat / *le nénuphar* : water lily

Prenons l'exemple du célèbre impressionniste, Claude Monet. Son talent ne se restreint pas à la toile°. Il a fait réalisé à Limoges un service de vaisselle° dont les couleurs jaune et bleu s'harmonisent avec celles de sa cuisine à Giverny. À son avis, on doit vivre l'art. Fin gourmet, Monet se préoccupe constamment des détails dans la préparation des aliments. Par exemple, pour la volaille, il ne veut que des races de qualité selectionnées pour la tendresse de leur chair. Pour la salade, il y en a toujours deux services — une noire de poivre (immangeable pour tout autre que lui). De plus, puisqu'il aime les asperges à peine cuites, il y en a aussi deux services. L'essentiel, pour lui, est d'offrir à ses hôtes° des plats d'une très grande qualité.

une toile : canvas

un service de vaisselle : set of dishes

un hôte : guest

Que ce soit une œuvre ancienne ou un tableau contemporain, le thème culinaire est récurrent. Les natures mortes, les aristocrates à table, et simplement un mets exquis sont des sujets communs.

Dans le domaine de la littérature, nous avons déjà pu apprécier des extraits de Zola et Dumas qui intègrent avec détail l'art culinaire dans leurs œuvres. Balzac, dont nous allons voir un extrait, est quant à lui surnommé, par les experts, le roi gastronome littéraire. La gastronomie fait partie intégrante de sa vie. Il est assez expert pour s'associer avec les grandes personnalités de l'époque afin d'établir les règles de la table, les bonnes manières et le comportement pour recevoir. Il est, de plus, un des premiers auteurs à décrire le menu de ses personnages.

Dans le monde contemporain, certains usages gastronomiques perdurent et d'autres évoluent. La cuisine française classique sert de base, presque toujours, pour l'innovation. Le mouvement culinaire donne ses titres de noblesse au chef qui ose prendre des risques. Il y aura toujours des chefs visionnaires qui se situent hors de la tendance générale. Par exemple, Grant Achatz de l'Alinea à Chicago, le chef étoilé pratiquant la cuisine moléculaire, joue justement sur le séquençage des saveurs. Depuis des siècles, le menu va du salé au sucré. Pourtant, Chef Achatz vivifie° le palais en les intercalant le long du repas. Il semble que la fin du 20e et le 21e siècle soit l'ère de l'innovation culinaire, et que le monde accueille avec gourmandise les écarts gastronomiques. En guise de conclusion, citons Balzac qui, dans *Physiologie du mariage*, écrit avec sagesse : *Un morceau de pain bis° et une cruchée° d'eau font raison de la faim de tous les hommes, mais notre civilisation a créé la gastronomie.*

vivifier : invigorate

le pain bis : brown bread / *une cruchée* : pitcher

⚜ Une cuillerée de réflexion

1. Comparez la place du dîner, de la nourriture, de la table, bref, la place de la gastronomie dans la culture française par rapport à la place de celle-ci dans la culture américaine.
2. L'art culinaire, est-il important dans votre vie personnelle ? Dans votre famille ?
3. Pensez-vous souvent à la façon de disposer les aliments dans l'assiette ? Pensez-vous à accorder les couleurs ? Choisissez-vous des plats qui se complètent en couleurs au lieu du goût ? Pensez-vous à la texture de la nourriture ?
4. Utilisez-vous des nappes et des serviettes en tissu ? Pliez-vous vos serviettes de façon artistique ? Décrivez votre forme préférée.
5. Mettez-vous une décoration au centre de la table ? Décrivez-la.
6. Vos parents, ont-il un service de vaisselle ? Décrivez-le. Espérez-vous en avoir vous-même un plus tard ?

7. Avez-vous déjà essayé de faire des confiseries ? Quel était le résultat ? Était-ce difficile ? Exposez vos recettes préférées pour les sucreries. Citez le bonbon que vous aimeriez apprendre à faire ? Croyez-vous que la préparation est compliquée ?
8. Quand vous recevez des amis, quel est votre menu préféré ? Aimez-vous faire des repas formels ?
9. Quelle est la composition de vos trois repas d'une journée quotidienne. Quelles sont les heures de repas ? Prenez-vous un goûter ou une pause-café ? Mangez-vous le soir après le dîner ?

⚜ Un zeste d'activité

1. Certains membres de votre famille, regardaient-ils Julia Child dans les années soixante ? Demandez-leur de vous raconter leurs impressions. Si ce personnage célèbre vous intéresse, visionnez le film *Julie & Julia* (Ephron, 2009).
2. En consultant Internet, cherchez qui est Raymond Oliver ? Quelle est sa contribution au monde culinaire français ?
3. Faites un dessin du service de vaisselle que vous aimeriez avoir dans l'avenir.
4. Utilisez Internet pour visionner des vidéos montrant comment faire le bonnet d'évêque et le nénuphar. Essayez de les reproduire. Si cette tâche vous captive, cherchez également la chemisette et le papillon.
5. Contemplez le célèbre tableau d'Edouard Manet intitulé *Déjeuner sur l'Herbe*. Inspirez-vous en pour créer un menu de pique-nique. En employant des expressions de quantité, décrivez tout ce qui va dans le panier. N'oubliez pas les boissons et les couverts. Qui inviteriez-vous ?
6. Refaites la même chose avec un tableau de votre choix. Exposez la relation entre la nourriture de votre menu et la scène du tableau.
7. Dressez une liste des mets qui mélangent le sucré et le salé. Quelles sont pour vous les bons mariages de goût, sucré, salé ?
8. Préférez-vous commencer le dîner par un dessert ? Composez un menu qui change l'ordre de succession des saveurs. Justifiez vos choix par une logique sérieuse ou fantaisiste.
9. Composez un menu qui surprend le palais. N'oubliez pas la boisson !

⚜ Au goût littéraire

Un poème de Jacques Prévert

Déjeuner du matin

Il a mis le café
Dans la tasse
Il a mis le lait
Dans la tasse de café
Il a mis le sucre
Dans le café au lait
Avec la petite cuiller
Il a tourné
Il a bu le café au lait
Et il a reposé la tasse
Sans me parler
Il a allumé
Une cigarette
Il a fait des ronds°
Avec la fumée
Il a mis les cendres°
Dans le cendrier°
Sans me parler
Sans me regarder
Il s'est levé
Il a mis
Son chapeau sur sa tête
Il a mis
Son manteau de pluie
Parce qu'il pleuvait
Et il est parti
Sous la pluie
Sans une parole°
Et moi j'ai pris
Ma tête dans ma main
Et j'ai pleuré.

un rond : smoke ring

la cendre : ash
un cendrier : ashtray

une parole : word

⚜ Une cuillerée de réflexion

1. Décrivez la scène. Où se passe-t-elle ? Combien de personnages y a-t-il ? Quel est le point de vue ?
2. Décrivez le ton du poème. Est-il heureux, surprenant, léger, philosophique, lyrique, ou autre ? Justifiez vos choix.
3. Quel temps fait-il ? Pourquoi l'auteur, choisit-il ce temps ? Voyez-vous une autre possibilité de temps comme arrière-plan ?
4. Contemplez le style de l'auteur — le temps des verbes, la répétition des actions, le détail des actions, et les courtes phrases. Dans quelle mesure ce style renforce-t-il la narration du poème ?
5. Pourquoi le personnage pleure-t-il à la fin du poème ? Vous identifiez-vous à son émotion ?

Métaphore mangeable : Entre la poire et le fromage

En fin de repas, lorsque les conversations deviennent plus frivoles.

Les fiançés ont annoncé la date de leur mariage entre la poire et le fromage.

⚜ Les aliments nommés pour des personnes célèbres

Il arrive parfois qu'une préparation porte le nom d'une personne connue. Brillat-Savarin a inspiré le nom d'un fromage. Le chef Escoffier crée la pêche melba en honneur de la chanteuse australienne, Nellie Melba. Il est également touché par la composition de Gioacchino Rossini lui dédiant les tournedos rossini. En voici d'autres exemples en tableau.

Astuce	
Le mets	**La personne célèbre**
le gâteau Saint-Honoré	*Saint Honoré, l'Évêque d'Amiens*
la coquille St. Jacques	*St. Jacques le Grand, l'apôtre*
la pastille	*Giovanni Pastilla, confectionneur de Marie de Medicis*
Dom Pérignon	*Dom Pérignon, moine bénédictin, fabricant du champagne*
la lamproie à la Rabelais	*François Rabelais, écrivain de la Renaissance*
le savarin Talleyrand	*Charles Maurice de Talleyrand, diplomate, homme d'État*

⚜ Une cuillerée de réflexion

1. Exposez les raisons pour lesquelles une préparation est-elle nommée en l'honneur de quelqu'un ? Donnez des explications précises, si possible.
2. Connaissez-vous d'autres exemples de mets nommés pour des personnes célèbres ? Citez-les.
3. Aimeriez-vous avoir une préparation portant avec votre nom ? Si oui, quel type de plat serait le vôtre ?

⚜ Un zeste d'activité

1. Le fromage n'est pas la seule préparation nommée en l'honneur de Brillat-Savarin. Retrouvez les autres en vous servant d'Internet. Lesquels avez-vous déjà dégustés ?
2. Retrouvez la recette de la pêche melba. Décrivez sa préparation. Est-ce un mets facile ou difficile à préparer ? L'avez-vous déjà dégusté ?

Un grain de conversation : *des douceurs culinaires pour « ma chérie »*

ma caille	*quail*	mon lapin	*rabbit*
mon canard	*duck*	ma poule	*hen*
mon chou	*pastry*	mon poulet	*chicken*
mon cochon	*pig*	mon sucre d'orge	*sugar cane, barley sugar*
mon coco	*egg*	mon trognon	*apple core*
ma crotte	*round goat cheese, animal droppings*		

⚜ Une pincée de grammaire

Tu et *Vous*

Les pronoms *tu* et *vous* sont très importants dans la langue française. Premièrement, ils diffèrent en nombre — *tu* singulier, *vous* pluriel. Mais le *vous* peut être employé à la seconde personne du singulier. Il est dans ce cas employé de façon formelle et marque le respect. Le *tu* reste la forme que l'on utilise entre amis. Fortement utilisé, une transgression à cette tradition et vous risquez d'insulter quelqu'un. D'habitude, on attend la permission avant de tutoyer quelqu'un d'une position sociale supérieure. On peut recevoir également la permission d'utiliser le prénom de quelqu'un, mais il faut toujours continuer à utiliser le vouvoiement. Alors, *pour l'étudiant américain*, afin d'éviter tout malentendu, on peut proposer la règle suivante :

Règle d'Or : Utiliser *tu* avec des jeunes, des enfants, et des animaux et *vous* dans toute autre situation

Complétez le dialogue avec une phrase contenant *tu* ou *vous*. La scène se passe à table chez M. Asham, son jeune fils, Omar, et un jeune étudiant américain, Kevin.

M. ASHAM : Kevin, voudriez-vous encore de salade ?
KEVIN : Volontiers, Monsieur ! Puis-je vous passer la vinaigrette ?
M. ASHAM: Écoutez, Kevin, vous louez la chambre ici depuis 6 mois, vous pouvez m'appeler par mon prénom, Khaled.
KEVIN: Bon d'accord, Khaled, ______________________________.
OMAR : Kevin, est-ce que tu veux aller au ciné ce soir avec moi ?
KEVIN: ______________________________________.
OMAR: Génial !

Qu'est-ce que la crème fraîche ?

La crème fraîche ne doit pas demeurer un mystère pour l'étranger. Cet ingrédient trouvé dans chaque réfrigérateur en France, ou presque, est très facile à faire si vous ne la trouvez pas parmi les produits exotiques de l'épicerie fine de la ville. Selon Julia Child, qui a déchiffré les classiques de la cuisine française pour les Américains, il suffit d'ajouter une cuillère à soupe de babeurre (BUTTERMILK) à une tasse de « heavy whipping cream ». De chauffer le tout à feu doux pour quelques minutes jusqu'à une température de 85° F. Puis enfin, de faire reposer cette préparation dans un récipient couvert d'un papier film pendant une journée jusqu'à épaississement. Finalement, remuer doucement la crème ; la couvrir ; et la mettre au réfrigérateur. Elle se garde une dizaine de jours au réfrigérateur. C'est tout. C'est facile. Et on économise !

⚜ Au goût littéraire

Le père Goriot

— Honoré de Balzac (1799-1850)

Honoré de Balzac, a écrit des romans réalistes célèbres, pendant l'Âge d'Or de la gastronomie. La Révolution de 1789 vient d'avoir lieu ayant pour résultat la reconstruction du pays. Cela veut dire entre autres que la bourgeoisie apprend maintenant l'art de vivre aristocratique. Les chefs qui auparavant étaient sujets des nobles ouvrent dès lors les premiers restaurants. Brillat-Savarin et Grimod de la Reynière introduisent les règles de la table. Il faut noter l'influence profonde du roi Louis XVIII, surnommé Louis Dix Huîtres, pour son appréciation de la bonne chère°. En outre, Balzac, fin gourmet lui-même, intègre le monde culinaire, les scènes à table, et la haute cuisine dans sa littérature. Il crée une véritable littérature gastronomique.

la bonne chère : fine food

Les thèmes gastronomiques apparaîssent dans plusieurs de ses œuvres dont *Le père Goriot*. Connu pour l'emploi extensif du détail réel, Balzac étudie tous les aspects de la société. Le personnage Goriot est un ancien fabricant de vermicelles, de pâtes d'Italie et d'amidon°. Il habite à Paris dans la pension° bourgeoise de Mme. Vauquer avec plusieurs autres locataires. Ils appartiennent à des corps de métier différents et possèdent donc différents moyens financiers. L'extrait ci-dessous décrit les pensionnaires arrivant à table commençant à lancer un jeu de mots avec le suffix *-rama*. Ils finissent par se moquer du père Goriot.

l'amidon : starch / *une pension* : boarding house

Les pensionnaires, internes et externes, arrivèrent les uns après les autres, en se souhaitant mutuellement le bonjour, et se disant de ces riens qui constituent, chez certaines classes parisiennes, un esprit drôlatique dans lequel la bêtise entre comme élément principal, et dont le mérite consiste particulièrement dans le geste ou la prononciation. Cette espèce d'argot varie continuellement. La plaisanterie qui en est le principe n'a jamais un mois d'existence. Un événement politique, un procès en cour d'assises, une chanson des rues, les garces d'un acteur, tout sert à entretenir ce jeu d'esprit qui consiste surtout à prendre les idées et les mots comme des volants, et à se les renvoyer sur des raquettes. La récente invention du Diorama, qui portait l'illusion de l'optique à un plus haut dégré que dans les Panoramas, avait amené dans quelques ateliers de peinture la plaisanterie de parler « rama », espèce de charge qu'un jeune peintre, habitué de la pension Vauquer, y avait inoculée°.

inoculer : to infect

— Eh bien ! « monsieurre » Poiret, dit l'employé au Muséum, comment va cette petite « santérama° » ? Puis, sans attendre la réponse : Mesdames, vous avez du chagrin°, dit-il à madame Couture et à Victorine.

santérama : santé + rama, "health o' rama" / *le chagrin :* displeasure

— Allons-nous « dinaire° » ? s'écria Horace Bianchon, un étudiant en médécine, ami de Rastignac, ma petite estomac est descendue USQUE AD TALONES°.

dinaire : "dîner" with affected pronunciation

usque ad talones : jusqu'aux talons, false Latin / *froitorama : froid* + rama, "cold o' rama" / *la gueule du poêle :* front of the stove

— Il fait un fameux froitorama° ! dit Vautrin, Dérangez-vous donc, père Goriot ! Que diable ! votre pied prend toute la gueule du poêle°.

— Illustre monsieur Vautrin, dit Bianchon, pourquoi dites-vous « froitorama » ? il y a une faute, c'est « froidorama ».

— Non, dit l'employé au Muséum, c'est « froitorama », par la règle : j'ai froit aux pieds.

— Ah ! ah !

(…)

— Ah ! ah! Voici une fameuse « soupeaurama° », dit Poiret en voyant Christophe qui entrait en tenant respectueusement le potage.

soupeaurama : soupe au + rama, "soup o' rama"

le chou : cabbage

— Pardonnez-moi, monsieur, dit madame Vauquer, c'est une soupe aux choux°.

Tous les jeunes gens éclatèrent de rire.

(…)

flairer : to sniff

Assis au bas-bout de la table, près de la porte par laquelle on servait, le père Goriot leva la tête en flairant° un morceau de pain qu'il avait sous sa serviette, par une vieille habitude commerciale qui reparaissait quelquefois.

— Eh bien ! lui cria aigrement madame Vauquer d'une voix qui domina le bruit des cuillers, des assiettes et des voix, est-ce que vous en trouvez pas le pain bon ?

— Au contraire, madame, répondit-il, il est fait avec de la farine d'Étampes, première qualité.

— À quoi voyez-vous cela ? lui dit Eugène.

la blancheur: whiteness

— À la blancheur°, au goût.

— Au goût du nez puisque vous le sentez, dit madame Vauquer. Vous devenez si économe que vous finirez par trouver le moyen de vous nourrir en humant° l'air de la cuisine.

humer : to smell

un brevet d'invention : patent for an invention

— Prenez alors un brevet d'invention°, cria l'employé au Muséum, vous ferez une belle fortune.

— Laissez donc, il fait ça pour nous persuader qu'il a été vermicellier, dit le peintre.

une cornue : laboratory beaker

— Votre nez est donc une cornue°, demanda encore employé du Muséum.

— Cor quoi ? fit Bianchon.

— Cor-nouille.

— Cor-nemuse.

— Cor-naline.

— Cor-niche.

— Cor-nichon.

— Cor-beau.

— Cor-nac.

— Cor-norama.

niais : foolish

Ces huit réponses partirent de tous les côtés de la salle avec la rapidité d'un feu de file, et prêtèrent d'autant plus à rire, que le pauvre père Goriot regardait les convives d'un air niais°, comme un homme qui tâche de comprendre une langue étrangère.

⚜ Une cuillerée de réflexion

1. Imaginez les plats sur la table de Mme. Vauquer. Décrivez-les. Croyez-vous qu'elle ait fait la bonne chère pour les pensionnaires ? Comment en êtes-vous arrivé à cette conclusion ?
2. Quelle bêtise, les convives font-ils à table ? Faîtes-vous des bêtises ou des plaisanteries à table ? Votre comportement est-il différent lorsqu'il y a des adultes à table ?
3. À votre avis, pourquoi Mesdames Couture et Victorine ont-elles du chagrin ? Auriez-vous aussi du chagrin dans cette situation ?
4. Mme. Vauquer, comprend-elle la blague ? Comment le savez-vous ? Vous souvenez-vous d'une situation entre amis où vous n'avez pas compris la blague ? Décrivez la situation. Comment avez-vous réagi ?
5. Le père Goriot, comprend-il que les jeunes pensionnaires se moquent de lui ? Sachant que Balzac dépeint la société post-révolutionnaire, pourquoi, à votre avis, le font-ils ?
6. Ce qui est permis à table varie selon la famille. Quand vous étiez petits, vos parents vous ont-ils permis de jouer à table ? À quoi jouiez-vous ? Le dîner, était-il un repas solennel et sérieux ou, les membres de la famille, avaient-ils le droit de bavarder à haute voix ?
7. Aimez-vous la bonne chère ? Donnez quelques exemples de fins aliments que vous aimez. Aimez-vous cuisiner des produits fins ? Donnez quelques exemples de vos recettes préférées. Sont-elles compliquées à réaliser ?
8. Balzac intègre parfois des calembours (*pun*) dans ses romans. Essayez de comprendre ces deux-ci, extraient de *Un début dans la vie.* 1) *Patience, Paris n'a pas été bâti dans un four !* 2) *Les voyages déforment la jeunesse.*

⚜ Un zeste d'activité

1. Composez les menus de la journée (le petit déjeuner, le déjeuner, le goûter, le dîner) dans la pension de Mme. Vauquer.
2. Imaginez que vous êtes patron d'un gîte (*Bed & Breakfast*). Qu'aimeriez-vous servir pour les repas ? Que serait votre spécialité maison ? Faites votre brochure publicitaire.
3. Cherchez le sens des huit réponses faites avec *cor.* Créez un dialogue culinaire en faisant des calembours. (Par exemple, *verre, vert, ver ; dessert, des serres ; dix-huit, dix huîtres ; sept tables, set de table ; l'eau, lot ; le vin, levain*)

Manger est un besoin. Savoir manger est un art.

– La Rochefoucauld (1613-1680)

⚜ Une pincée de grammaire

C'est et *Il / elle est* pour exprimer *S/he is*

La décision entre l'emploi de *c'est* ou *il est* demeure toujours difficile pour l'étudiant américain car l'anglais n'a qu'une structure *he is.* La traduction de *He is happy* or *He is a chef* en français requiert deux différentes structures : « Il est content » pour la première phrase, mais « C'est un chef » pour la seconde. Si le verbe *être* est suivi d'un nom, employez « c'est ». S'il est suivi d'un adjectif, d'un adverbe ou d'une préposition, utilisez la structure « il est ». Alors, la clé reste dans la structure de la phrase.

Règle d'Or : *c'est* + nom; *il / elle est* + adjectif, adverbe, préposition

Complétez la phrase avec *c'est* ou *il /elle est.*

Julia Child est allée en France pour appendre à faire la cuisine classique française au Cordon Bleu. ____________________ américaine et en la voyant, on remarque tout de suite que ____________________ une grande américaine de 6'2" ! Son influence dépasse le physique puisqu'elle influence presque tous les chefs aux E.U., dont Thomas Keller du restaurant trois étoiles, French Laundry. ____________________ un homme très connu pour la perfection de ses préparations culinaires. À propos de Julia Child, il dit, « ____________________ incroyable, bref, ____________________ un génie ! Elle m'inspire à faire de mon mieux. »

Un grain de conversation : *les herbes et les épices*

allspice	*du poivre de la Jamaïque*	oregano	*de l'origan*
bay leaf	*du laurier*	parsley	*du persil*
chervil	*du cerfeuil*	pepper	*du poivre*
chives	*de la ciboulette*	rosemary	*du romarin*
cinnamon	*de la cannelle*	sage	*de la sauge*
clove	*du girofle*	salt	*du sel*
fennel	*du fenouil*	savory	*de la sarriette*
garlic	*de l'ail*	sorrel	*de l'oseille*
ginger	*du gingembre*	thyme	*du thym*
nutmeg	*de la muscade*	vanilla	*de la vanille*

⚜ La Dégustation : La crêpe

Du point de vue de l'Américain, les crêpes font partie de la liste des mets les plus français. Avec ceci, l'Américain nommerait les escargots et les cuisses de grenouille. En Bretagne, la crêpe est comme le plat national à prendre le matin, au déjeuner et au dîner. Dans le reste de la France c'est un délice de fête (telle que le Chandeleur) ou pour une occasion spéciale. Comme les autres dégustations dans ce manuel, la crêpe illustre bien la simplicité de peu d'ingrédients pour un goût presque sublime.

⚜ À Table

Puisque le but de cette dégustation est d'apprécier la simplicité du goût, prenez tout d'abord un morceau de crêpe sans garnitures. Essayez de séparer le goût du beurre et du sucre. Maintenant, ajoutez la garniture de votre choix. Tentez de comprendre la relation complexe existante entre la crêpe et la garniture. Consultez les expressions ci-dessous pour alimenter la discussion.

⚜ Vocabulaire

délicat : delicate
léger : light
sucré : sweet
alléchant : appetizing
miam-miam : yummy
c'est trop bon : so good

⚜ Une cuillerée de réflexion

1. Aimez-vous les crêpes ? Si oui, à quelle occasion en mangez-vous ? Quelle garniture préférez-vous sur la crêpe ?
2. Préférez-vous la crêpe sucrée ou salée ? Que peut-on mettre dans une crêpe salée ?
3. Quel type de farine (*flour*) aimez-vous pour la crêpe – la farine de froment (*wheat*), la farine de blé complet (*whole wheat*) ou la farine de blé noir (*buckwheat*) ?
4. Quel type de boisson pourrait accompagner la crêpe ? Quelle boisson ne va pas du tout ?
5. Écrivez un résumé de la dégustation.

⚜ Un brin de parole

« La Fresh Attitude »

— Valérie Perez
responsable pédagogique,
École des Trois Ponts

Voici le nouveau slogan diffusé régulièrement en France pour la promotion de la consommation de fruits et de légumes frais : La Fresh attitude ! Les Français ont déjà la réputation de dévorer quotidiennement des produits frais aux yeux de leurs voisins étrangers. Qui n'a pas rêvé de faire son marché et de se faire plaisir en choisissant avec soin ses légumes ou fruits de la semaine devant les étales des primeurs et maraîchers ?

faire l'éloge : to speak highly of

prévenir : prevent

Par exemple, les Américains sont souvent en adoration devant nos salades qu'ils appellent toutes « laitues », alors que pour nous c'est juste une variété de salades parmi beaucoup d'autres et je dirais la variété de base. Ils raffolent de la couleur, de la fraîcheur, du croquant et de l'aspect appétissant de ce végétal. Et pour nous, Français, ce comportement est étrange, car la salade fait partie du quotidien et on en oublie complètement l'aspect fraîcheur du produit. Et ne parlons pas des poires ou du raisin qu'ils dévorent et dont ils font l'éloge° du parfum et de la douceur. Le marché est, avant tout, le bonheur des yeux par les couleurs et la variété des produits. Et voilà que pour nous Français, ça ne suffit plus ! « La Fresh attitude » est arrivée et envahit nos écrans, nos magazines, nos radios et veut gérer notre comportement alimentaire au quotidien. Selon nos diététiciens et spécialistes des maladies cardio-vasculaires, repris en cœur par nos grands sportifs, l'idéal est de manger au minimum 5 fruits et légumes différents par jour. C'est maintenant une véritable mission pour remplir son panier et préparer ses menus. Les soupes, gratins et compotes en tout genre sont maintenant très tendance ! Et c'est bien entendu une mission financière car on ne peut pas multiplier ses achats dans l'objectif de prévenir° les maladies. Chacun fait au mieux. Enfin, une chose est sûre, les touristes pourront toujours se régaler de crudités, de gratins et de tartes aux fruits. Les marchés et supermarchés n'ont pas fini de vendre des produits frais aux grandes vertus !

⚜ Une cuillerée de réflexion

1. Quel est le message de l'auteur ? Y a-t-il des slogans ou promotions dans la culture américaine qui paraissent malplacés ou maladroits ? Développez vos arguments.
2. Donnez le point de vue de l'Américain selon l'auteur. Comparez-le à celui du Français. Y a-t-il un conflit, une différence, une harmonie ?

⚜ Un zeste d'activité

1. Créez une promotion alimentaire fantaisiste pour les jeunes Américains. Préparez une déclaration pour « votre patron » qui la justifie. Concevez au moins trois slogans créateurs et amusants.
2. Écrivez un essai qui discute de l'influence des médias sur nos préférences alimentaires.

⚜ Un brin de parole

Ma culture adoptée

— Jennifer S. Haase
professeur de géosciences
[Traduction : Xavier Rassion]

Vivre dans un petit village et faire des courses de produits frais chaque jour (parfois plusieurs fois par jour !) sont deux choses que je n'avais jamais expérimentées avant de séjourner chaque année dans un petit bourg de Bretagne près du lieu où mon mari a grandi. Lesconil est un petit port de pêche dans le pays Bigouden, le pays de ces charmantes danseuses portant de grandes coiffes en dentelle en forme de phare°, fermement attachées pour résister aux occasionnelles averses° horizontales. À peine arrivés, les activités quotidiennes, dormir et travailler, sont rapidement évincées par l'activité « manger ». Étant la première debout le matin, je débute ma journée par un petit footing° sur les chemins côtiers° et poursuis en marchant vers la boulangerie Guidal, deux rues plus loin. Chaque matin, nous sommes gâtés par une sélection fraîche de croissants croustillants, pains au chocolat, et baguettes. En tant que boulangerie bretonne traditionnelle, on y trouve également des crêpes faites maison. J'en prends plusieurs pour ma fille qui aime bien les grignoter° durant la journée. Je réponds aux questions de la boulangère sur mon parcours matinal (sous la pluie bien sûr) et elle m'informe des activités du village. Je retourne enfin chez moi les mains pleines de pains au chocolat encore chauds dans le sac en papier. Se rendre à la boulangerie est une fenêtre sur la vie quotidienne française pour tout Américain. Même pour une période très courte. Si seulement on pouvait arrêter de courir partout pendant plus de quatre jours. En effet, en allant à la boulangerie quatre jours de suite, la boulangère vous reconnaîtra et après avoir donné quelques compliments très mérités sur les produits faits maison, vous recevrez sans tarder des sourires de bienvenue à chaque visite. Cela vous permettra d'exprimer votre enthousiasme pour votre nouveau petit déjeuner préféré. Demander quelques indications sur les alentours vous ouvrira la porte aux conversations sympathiques et vous permettra de faire partie du village. Tout autant que les mamans avec leurs poussettes°, les marins-pêcheurs avec leurs chapeaux en pente et les grand-mères faisant les courses pour le repas du soir, qui font tous la queue avec vous. Je suis ainsi chaleureusement accueillie

le phare : lighthouse
une averse : downpour
un footing : jogging / *côtier* : coastal
grignoter : to nibble
une poussette : stroller

chaque année lorsque j'entre dans le magasin pour la première fois des vacances.

Le mercredi, le marché s'installe sur le grand parking, la place centrale du village. Je m'arrête au stand de légumes de Jacqueline et Michel° et prend ma place dans la longue file d'attente. L'idée est de s'insérer dans la queue avec une voisine afin de discuter. Pourquoi est-ce que tous le monde fait la queue devant le stand de Jacqueline et Michel (ce n'est que pour des légumes) et non à un autre ou la file est plus courte ? Qui sait ! Les voisines sont dans celle-ci alors allons-y. Peut-être est-ce parce que Jacqueline est exubérante de gentillesse ou est-ce parce que son mari et elle cultivent eux-mêmes les produits qu'ils vendent au marché ? Ce ne sont pas de simples vendeurs qui achètent des caisses de légumes un peu plus tôt dans la matinée pour les revendre par la suite sur les marchés. Peut-être est-ce parce que lorsque votre tour arrive, après 15 minutes, ils vous offrent une branche de céleri ou de persil pour accommoder votre recette. Et en plus, je n'aime même pas les légumes ! Mais il faut en acheter, et dès qu'on se lance, on se met à croire qu'on aime réellement les betteraves° et les haricots. Parfois, on continue sa lancée° jusqu'à la cuisson, pour moi peut-être 80% des fois. J'ai rapidement été surnommée « l'Américaine » à ce stand du marché. Et depuis le deuxième été, je suis accueillie à bras ouvert chaque semaine et souvent reçue par Jacqueline avec un commentaire cocasse° sur mon français de mari plutôt timide. J'ai aussi parfois le droit à ma comique leçon de français sur comment prononcer tel ou tel légume, et sur leurs genres, « un brocoli, pas une brocoli ». Si je demandais deux brocolis dés le départ cela m'éviterai la leçon, mais je serai obligé de manger encore plus de légumes !

Michel : male counterpart to *Michèle*

une betterave : beet / *continuer sa lancée* : to keep going

cocasse : funny

Le stand des olives est un autre de mes préférés. Je sais, l'olive n'est pas du tout un produit local de Bretagne. Mais j'ai passé quelques années en Provence où j'ai découvert que les olives ne sont pas de simple boules trouées mono-goût que l'on mange placées au bout de chaque doigt lorsque l'on est enfant. Ni les maussades° acides trucs verts rempli de machin° bidule° rouge, qu'on ne réussit pas à avaler sans une bonne dose d'alcool. Les olives sont un mode de vie, le paysage, le cœur de la Provence. J'ai habité dans un village près duquel un moulin, le Moulin d'Opio, tournait en tant qu'écomusée, c'est à dire un musée vivant qui préserve un aspect ancien de la vie française, qui comme souvent, vous l'aurez deviné, est en rapport avec la nourriture. Au moulin d'Opio, on peut amener ses propres olives et repartir avec de l'huile fraichement pressée. J'ai tenté de la faire une fois avec ma fille de trois ans. Nous avions cueilli toutes les olives du jardin. Nous avions soigneusement trié° les olives en trois

maussade : dull / *le machin* : thing / *un bidule* : thingy

trier : to sort

catégories : les olives parfaites, les olives un peu mangé par des insectes et les olives ayant un petit trou indiquant quelles étaient, ou furent, habitées. Arrivée au moulin, j'ai montré les trois seaux et ai demandé au meunier° s'il ne fallait pas utiliser seulement les meilleures ? Et Hop ! Il a tous jeté directement dans le bac° ! Alors, peut-être ma fille a-t-elle tiré profit de l'exercice, trier les olives, mais apparemment, cela n'en vaut pas la peine. Et puis, au bout du compte, ce n'est pas vraiment sa propre huile que l'on récupère. On met ses olives dans le bac d'un côté, et on remplit, 10 mètres plus loin ses bouteilles avec de l'huile de quelqu'un d'autre, après que les olives, vers° et noyaux° aient passé toutes les étapes de l'assourdissante° machinerie.

un meunier : miller
le bac : vat

un ver : worm / *un noyau* : seed / *assourdissant* : deafening

En tout cas, c'est en Provence que j'ai appris qu'il y a au moins dix-sept moyens différents de préparer les assortiments d'olives : marron, vertes ou noires, de différente formes et tailles, avec différentes variétés d'herbes. Les vendeurs d'olives proposaient aussi des épices, des fruits secs et des noix. Il n'y a qu'un seul vendeur d'olives au marché Breton de Lesconil (en comparaison aux trois du marché provençal), mais j'y trouve un choix similaire. Le souriant jeune homme qui tient le stand a le teint de quelqu'un qui a passé quelques sombres hivers de Bretagne dehors. Un mercredi, j'ai discuté 10 minutes avec lui au sujet des possibilités culinaires d'une gousse de vanille tahitienne d'une senteur incroyable, pour laquelle j'hésitais à dépenser 3 euros. Depuis, il me dit bonjour chaque fois que je lui rends visite. Au fait, l'astuce est de faire bouillir la gousse de vanille dans du lait, d'y additionner un œuf battu après avoir retiré la gousse, d'ajouter des morceaux de baguette rassis, qui réussissent quand même à sécher en une demi-journée sous le climat Breton, de rajouter des fruits frais, des fraises par exemple (du marché évidemment !), et de mettre le tout au four pour obtenir un délicieux pudding.

Les fraises sont la spécialité de Plougastel, un petit village à l'intérieur des terres, éloigné de Lesconil. Leur système de distribution apparaît très efficace néanmoins, parce que depuis que ces fraises sont connues partout en France, il y en a une forte demande. C'est pourquoi ce stand fait l'objet du premier arrêt du marché, surtout si l'on a fait la grasse matinée°, car ils seront certainement en rupture de stock avant la fin de la matinée. En tant qu'Américain vous ne pouvez pas dire que vous aimez les

faire la grasse matinée : to sleep late

épluché : skinned

fraises tant que vous ne les avez pas goutées en France. Ces fraises bretonnes sont les meilleurs de toutes. Quand mon mari était enfant, il allait cueillir gratuitement les fraises à la ferme familiale d'un ami, ceci lui évitait de faire le jardinage à la maison et avait l'avantage de fournir toutes la famille en fraises, fraises bien meilleures que les mauvaises herbes. Ces fraises sont tellement mûres qu'elles se décomposent en une journée, encore faut-il leur en laisser le temps ! L'inconvénient est que le marché n'est que le mercredi. On est alors obligé de poursuivre les commerçants sur tous les marchés de la région pour satisfaire son addiction. Mes parents se plaignaient quand j'étais petite que les fruits des supermarchés américains avaient le goût de papier cartonné. Je n'ai compris ce qu'ils voulaient dire qu'au moment où j'ai goûté les fruits en France. Maintenant je me rends compte qu'ils mangeaient probablement des fruits frais comme ça quand ils étaient petits. Maintenant les Américains ne se rendent même pas compte que les fruits ont le goût de papier cartonné parce qu'ils n'ont rien goûté d'autres. Donc attention, avant d'aller au marché : cela peut vous amener à déprécier les fruits des supermarchés américains pour toujours.

Après être allée à la boulangerie, et au marché le mercredi, je me rends à la petite épicerie qui fait aussi boucherie. Au bout du compte, j'ai du marché à peu près 600 mètres au total. À la boucherie, l'Américain peut être très étonné. En effet, la viande n'est pas découpée de la même façon. Bizarre ! On a l'impression que de nouvelles espèces ont été découvertes. C'est juste que les vaches n'arrivent pas avec des lignes en pointillées indiquant « découper ici », pour que les morceaux de viande aient toujours la même forme. Nous reconnaissons tous un bifteck, une côte du porc ou un rôti. On peut se sentir très intimidé quand on arrive au comptoir. Il faut demander à une personne vivante de couper un morceau de viande d'une des pièces pas très reconnaissable. Et aaaak ! Oui, cette chose épluchée° a vraiment l'air d'être un lapin ! Voici deux approches possibles : 1) commander la même chose que la personne avant vous : c'est la plus facile pour la prononciation ; 2) indiquer quelque chose avec le doigt et demander au boucher s'il connaît une bonne recette pour la préparer. Il vous recommande toujours une recette, et ce n'est jamais trop compliqué. Faites attention si vous adoptez l'approche numéro 1, regarder bien ce que la personne a commandé. Il peut y avoir des choses bizarres dans la vitrine. J'ai fait beaucoup de progrès depuis que je mange la nourriture française, mais j'ai toujours des difficultés avec les terrines de foie de je ne sais quoi, l'andouille (un saucisson roulé quelconque qui possède une odeur m'empêchant de rester dans la même pièce) et la graisse salée qui est exactement ce que son nom indique : de la graisse avec du sel. Cette dernière est une « spécialité » française qui est particulièrement appréciée par les marins° bretons étalés au petit déjeuner sur de la baguette et plonger dans le bol de café. L'approche numéro 2 fonctionne aussi à la poissonnerie à la criée°.

un marin : sailor

à la criée : auction

Rendons nous à la criée ! Au bout du quai de Lesconil, qui reste toujours un port de pêche, il y a la criée. De retour sur vos pas, joignez le petit groupe qui commence à s'accumuler à l'arrivée des chalutiers, ces bateaux de pêche trainant leur filet au fond, rentrant au port vers quatre heures de l'après midi. Il y a un trafic° mystérieux au bord du quai où les bateaux sont débarqués. Ceux connaissant les bonnes personnes retournent à la maison avec un sac en plastique gigotant°, bénéficiant probablement d'un tarif maison. Je ne me suis pas encore assez intégrée dans la culture du village pour être à même de comprendre les règles non écrites de ce système. Même mes amis voisins, dont la famille a grandi dans le village, n'y participent pas, et attendent patiemment de l'autre côté de la criée ou les poissonneries sont ouvertes au public. La vraie spécialité de Lesconil est la langoustine, aussi connu sous le nom de Demoiselle de Lesconil. C'est un petit animal rose pâle avec une queue d'à peu près 8 à 10 centimètres, qui ressemble à un croisement entre un homard et une crevette. C'est un délice, quoi qu'aient pu être vos précédentes expériences avec les fruits de mer. Le repas est très simple à préparer. Faire bouillir une grande casserole d'eau salée avec une feuille de laurier° et y jeter un kilo de langoustine par personne. Voilà ! La réussite gastronomique française instantanée ! Le plus difficile est de se convaincre d'envoyer ces petites bêtes frétillantes° à leur triste sort° et de claquer le couvercle avant qu'elles ne s'échappent. Cette tâche est déléguée à celui qui est le plus proche, le sous-chef ou votre mari.

un trafic : trafficking

gigoter : to squirm

le laurier : bayleaf

frétiller : to wriggle / *le sort* : fate

Le fruit de mer est le cœur de ce petit village. Bien que le nombre de chalutiers ait diminué continuellement depuis les années soixante-dix pour n'atteindre qu'une dizaine aujourd'hui, leurs arrivées au port restent chaque soir le signal pour ranger ces affaires, son boulot, et penser au repas du soir en se tournant vers le port pour percevoir ce que l'on va manger. Avec le temps, chacun des arrêts effectués sur la route du quai, aux boutiques et magasins, permet de développer un sens de vie commun à tous les résidents. Si l'on a la chance d'avoir de merveilleux voisins comme les nôtres, l'amitié fleurit au fil des repas partagés, en appréciant la cuisine, la vie, et l'esprit de Lesconil. En tant qu'Américaine, c'est une approche complètement différente, l'activité « manger » n'est pas seulement associée à la notion de « cuisiner », mais englobe aussi les concepts de « marcher », « parler », « se ravitailler »,

« visiter », et « vivre ». Et je pense que l'on ramène un peu de ça chez soi en retournant au États-Unis. N'avez-vous jamais parlé à la personne derrière le comptoir de la boucherie du supermarché américain ? Essayez, vous obtiendrez peut-être des conseils très intéressants sur la préparation du carré de porc au barbecue.

⚜ Une cuillerée de réflexion

1. Dès son arrivée en France, décrivez comment la routine de l'auteur change. Comment passe-t-elle la journée ?
2. Pourquoi l'auteur fait-elle la queue au marché de légumes si elle ne les aime pas ? Donnez des raisons pour lesquelles elle aime le stand de Jacqueline et Michel en particulier.
3. Où a-t-elle appris à apprécier les olives ? Que peut-on faire au Moulin d'Opio ? Que met-on dans le bac d'autre que les olives ?
4. Comparez le marché aux olives de Provence à celui en Bretagne.
5. Le marchand d'olives en Bretagne, qu'a-t-il appris à faire à l'auteur ? Décrivez l'astuce.
6. Où faut-il aller pour le premier arrêt du marché ? Pourquoi ?
7. Quant aux fruits, quel conseil l'auteur donne-t-elle aux Américains ?
8. Expliquez pourquoi l'Américain peut-il être étonné à la boucherie ?
9. Quant à l'achat de la viande, quelles approches voit-elle ?
10. Exposez ce qui se passe à la criée.
11. Qu'est-ce qu'une langoustine ? Décrivez-la ainsi que sa cuisson. Qu'est-ce qu'elle n'aime pas faire pendant leur préparation ?
12. Par rapport à l'activité de manger, qu'a appris l'auteur ?

⚜ Un zeste d'activité

1. Écrivez un essai sur une expérience personnelle qui illustre le choc culturel dans un pays étranger. Si vous n'avez pas encore voyagé à l'étranger, imaginez une situation par rapport à vos connaissances.
2. Écrivez un essai qui compare la relation à la nourriture de chacun, Américain et Français.

À Vous, Chez Vous

⚜ Recette

Les crêpes

2 cuillères à soupe de beurre
3 œufs
1/8 cuillère à café de sel
50g (¼ CUP) de sucre
250g (1 ⅓ CUPS) de farine
500 ml (2 CUPS) de lait

Faire fondre le beurre à feu doux.
Mélanger les œufs et le sel dans un récipient.
Ajouter le sucre et remuer.
Ajouter le lait progressivement tout en continuant de remuer.
Incorporer la farine et mélanger jusqu'à l'obtention d'une pâte homogène.
Verser le beurre fondu.
Verser une demi-louche de la pâte à crêpe sur une poêle bien chauffée et graissée.
Faire cuire la crêpe 1 à 2 minutes sur chaque face.
Garnir avec du sucre, du Nutella™, du jus de citron, ou de la confiture.

Bon appétit !

⚜ Pour en savoir plus

Pour en apprendre plus sur la relation entre l'art et la nourriture, lire *Van Gogh à l'auberge Ravoux : Quarante recettes à l'ancienne* de Christophy Bony (Hoebeke, 2002).

Pour mieux concevoir les pensées de Julia Child ainsi que sa formation au Cordon Bleu de Paris, lire *My Life in France* coécrit par elle et son petit-neveu, Alex Prud'homme (Knopf, 2006).

Pour lire la bible sur la méthode de la cuisine classique trouvée dans la cuisine de chaque ménagère française, consulter *La bonne cuisine de Madame E. Saint-Ange* par Madame Saint-Ange (Larousse, 2005 [1927]).

Pour finir l'histoire du microcosme social dans la pension de Mme. Vauquer, lire *Le père Goriot* par Honoré de Balzac (Gallimard, 1971).

Pour une perspective stimulante de la gastronomie contemporaine, lire *Pique-assiette: La fin d'une gastronomie française* par François Simon (Grasset & Fasquelle, 2008).

Pour entrevoir la vie d'une chef passionnée par son métier, trois versions du même film sont disponibles — l'original *Chère Martha* (Sandra Nettlebeck, 2004), ou *Le Goût de la Vie* et *No Reservations* (Scott Hicks, 2007).

Appendices
Pour vous aider

A. Expressions de quantité gastronomique

Une assiette au saumon : a salmon plate
Un bol de céréale : a bowl of cereal
Une boîte de conserve, de haricots verts : a can of food, of green beans
Un bouquet de persil, de thym : a bunch of parsley, of thyme
Un bout de pain : a piece of bread
Une branche de céleri, de thym : a stalk of celery, of thyme
Un clou de girofle : a clove
Une coupe de champagne : a glass of champagne
Une cuillère, un cuiller, une cuillerée à café : a teaspoon
Une cuillère, un cuiller, une cuillerée à soupe : a tablespoon
Un dé de crème fraîche : a thimble of crème fraîche ; couper des carottes en dés : to dice carrots
Une feuille de laurier : a bay leaf
Un filet d'huile d'olive, de vinaigre : a dribble, dash of olive oil, vinegar
Une gousse d'ail, de vanille : a clove of garlic, a vanilla bean
Une lamelle de gruyère : a strip, a slice of Gruyère ; couper en lamelles (pour légumes) : to cut into thin strips
Une liaison de jaune d'œuf : an emulsion of egg yolk
Une louche d'eau : a ladle of water
Un morceau de beurre : a pat of butter
Une noisette de beurre : a knob of butter
Une motte de beurre : a slab of butter
Une noix de beurre : a knob of butter
Une palette de porc : a pork shoulder
Un paquet de levure : a teaspoon of baking powder
Une part de gâteau : a portion of cake
Une pincée de sel, de canelle : a pinch of salt, of cinnamon
Une pluche de fenouil : a sprig of fennel
Une poêlée de saucisses : a frying pan full of sausages
Une tasse de lait, de café, de sucre : a cup of milk, of coffee, of sugar
Une terrine du chef : a chef's pâté served in an earthenware dish
Une tranche de pain de mie, de jambon : a slice of sandwich bread, of ham
Un verre de vin, de bière, d'eau : a glass of wine, of beer, of water

B. Leçon modèle pour la dégustation

Dégustation : Salade Niçoise and vinaigrette

I. Introduction

In this particular dégustation, the group has chosen an important cultural specialty and decides to involve the class in the creation of the final product in addition to the actual tasting and critique. Since the choice of a salad and dressing lends itself to this outcome, the instructor approves the creative bent on the assignment. The class is conducted in a regular classroom with seminar tables arranged in a square so everyone has eye contact with each other. The dégustations last 45 minutes of a 75 minute class which allows for a small amount of pre-dégustation time for the instructor's business and some post-dégustation time for clean-up. Picnic-style plasticware supplies are kept in a department cabinet for the duration of the semester. The group brings the supplies to classroom the day of presentation and cleans and returns them to the cabinet at the end.

II. Pre-prepared materials

A. Food supplies: chopped and cooked Niçoise salad ingredients in plastic containers; vinegar, oil, salt, pepper, and French mustard for vinaigrette.

B. Report for instructor and class members.

Report Guide for Dégustation

1. Members of dégustation team.
2. Type of dégustation.
3. Explanation of the importance of food item in the French culture.
4. Descriptive TL vocabulary pertinent to this particular food (e.g. "sparkling" water, "shortbread" cookies, "medium-rare" or "well-done" meat).
5. Suggested dishes to make with this food as well as complementary menu items.
6. Description and discussion of at least two recipes, including historical notes and contemporary variations.
7. Some interesting facts or details uncovered during research.

III. Oral Presentation

The group has chosen to make the historically original version of the salade niçoise and presents it as such within the cultural context of the region of France where it is a specialty. Recipes are distributed and explained. Historical recipes are compared to contemporary variations. Information from the report is presented. Once the class members learn the original components of salade niçoise, they are advised to create their own contemporary version. The same steps are followed for the vinaigrette, after which it is put on the salad.

IV. Dégustation

The group which has decided to make the historically original version serves portions to individual class members. (If it is a cheese dégustation, portions are placed on platters and labeled for reference). The class members then taste their own versions for comparison.

V. Discussion and critique

The group leads a discussion and critique, and encourages the use of new vocabulary and full participation of other class members. The instructor may, at this point, assign a brief written critique for homework as a follow-up.

VI. "Lab" Clean-up

Tables are wiped. Trash is disposed of. Supplies are returned to the storage cabinet.

C. Guide de lecture pour *Aventures dans la France gourmande* par Peter Mayle (Seuil, 2003)

Vous allez lire l'histoire amusante et drôle d'un Anglais qui s'appelle Peter Mayle qui visite la France en faisant un tour de France gastronomique. Chaque chapitre est divisé en deux parties pour le rendre plus accessible à l'étudiant.

Découverte I (11-20)

1. Décrivez l'attitude de M. Jenkins envers les Français.
2. Décrivez la circonstance du premier repas mémorable de l'auteur.
3. Comment les traditions gastronomiques ont-elles changé à travers les années ?
4. Pourquoi le point de vue de l'auteur est optimiste sur les traditions ?
5. Expliquez la phrase : « vaut le détour ».

Découverte II (21-29)

1. Décrivez un serveur français selon l'auteur.
2. Pourquoi couvre-t-on la tête avec une serviette juste avant de manger ?
3. Décrivez quelques différences d'étiquette qui distinguent l'Angleterre de la France.
4. Comment l'auteur trouve-t-il des Français ?
5. Citez quelques nouveaux mots de vocabulaire et leurs définitions en français.

Bénédicité I (30-40)

1. Qu'est-ce qu'une truffe ?
2. Quel événement fête la truffe ?
3. Quelle boisson est le nectar national ?
4. Selon l'auteur, est-ce que les Français sont très religieux ?
5. Citez quelques nouveaux mots de vocabulaire et leurs définitions en français.

Bénédicité II (41-49)

1. Décrivez le sens de « la vente aux enchères ».
2. Quelle spécialité fait-on avec des truffes ?
3. Quelle est la réaction du voisin de table lorsque l'auteur lui demande son avis sur les cultures génétiquement modifiées ?
4. Citez deux exemples des gestuelles dramatiques à table.
5. Quel type de poêle faut-il utiliser pour cuire une omelette ? Pourquoi ?

Les Amateurs de Cuisses de Vittel I (50-58)

1 Selon les Anglais, quel est l'emblème de la France ?
2. Pourquoi la ville de Vittel est-elle célèbre ?
3. Citez quatre mets délicats aux grenouilles.
4. Comment Vittel est-elle devenue La Mecque des amateurs de grenouilles ?
5. Décrivez comment attraper une grenouille.

Les Amateurs de Cuisses de Vittel II (59-73)

1. Définissez « confrérie ».
2. Comment un confrère s'habille-t-il ?
3. Quel honneur a reçu l'auteur ?
4. Qu'est-ce qui est arrivé au président Loisant ?
5. Quelle est la danse préférée des Français ?

Aristocrates aux pieds bleus I (74-85)

1. Qu'est-ce que les sulfates ?
2. Pourquoi le poulet de Bresse est-il notable ?
3. Dans quelle ville se trouve la plus grande foire aux poulets ?
4. Expliquez la distinction « Appellation d'Origine Contrôlée » ?
5. Décrivez la personnalité de Régis.
6. Régis, que pense-t-il du McDo ?

Aristocrates aux pieds bleus II (85-96)

1. Quant à la gastronomie, comparez l'escargot et la grenouille.
2. Selon Régis, pourquoi les enfants sont-ils si sages au restaurant ?
3. Citez plusieurs adjectifs pour décrire le poulet de Bresse à la crème.
4. Selon Régis, qu'est-ce qui est le mieux, le poulet ou la grenouille ?
5. Quel est le réflexe des Anglais ?
6. Expliquez la blague à la fin du chapitre.

Amour I (97-108)

1. Pourquoi la ville de Livarot est-elle célèbre ? Décrivez le produit.
2. Pourquoi Sadler est-il célèbre ? Décrivez ce monsieur.
3. Quel peuple s'installe à cette époque en Normandie ?
4. Qu'est-ce qu'un concours de rapidité du livarot ?
5. Sadler aime-t-il faire des discours publics ? Expliquez.
6. Quel est le rôle de l'auteur à Livarot ?

Amour II (109-118)

1. Décrivez encore le livarot.
2. Décrivez le concours pour les gourmets juniors.
3. Qui est l'outsider et décrivez son comportement pendant le concours ?
4. Que fait l'auteur pour remercier Sadler ?
5. Qu'est-ce qui est arrivé au pantalon de l'auteur ?

Estomac I (119-129)

1. Nommez 5 façons de cuire les escargots.
2. Pourquoi le concours de beauté s'appelle-t-il Miss Coquille ?
3. Décrivez le désastre de la foire ?
4. Pourquoi la ville de Contrexéville est-elle célèbre ?
5. Définissez en français « ils étaient sur leur trente et un » (p. 129) ?

Estomac II (130-139)

1. Que boit-on avec des escargots ?
2. Comment mange-t-on un escargot ?
3. L'auteur, sait-il manger des escargots ?
4. Pourquoi faut-il prendre des précautions avec des escargots ?
5. Qu'est-ce que « la toilette des escargots » ?
6. Quel pays produit deux fois plus de foie gras que la France ?

Déjeuner I (140-149)

1. Quel est le rituel élitiste ?
2. Quel est le code vestimentaire du restaurant ?
3. À quel magnifique spectacle Bruno veut-il aller avec l'auteur ?
4. Pourquoi est-il magnifique ?
5. Après quelle heure le spectacle commence-t-il ?

6. Pour quel repas le Club s'ouvre-t-il ?
7. Citez deux expressions qui veulent dire « cell phone » .

Déjeuner II (149-157)

1. Décrivez la réaction de Janine envers le spectacle ?
2. Décrivez la cuisine d'été.
3. Pourquoi immerge-t-on les frites deux fois dans l'huile bouillante ?
4. Qu'est-ce qui était construit pour les hommes entre le restaurant et la boutique ?
5. L'auteur, que veut-il pour les gens qui utilisent les téléphones mobiles ?
6. Expliquez le désastre.

Marathon I (158-167)

1. Comment se distingue le marathon du Médoc du marathon conventionnel ?
2. Nommez les deux attractions qui intéressent l'auteur.
3. Pourquoi plante-t-on un rosier à chaque rangée de vigne ?
4. Comment les coureurs « se préparent » pour le marathon ?
5. Citez quelques mots de vocabulaire culinaire et leurs définitions.

Marathon II (168-179)

1. Quel phénomème est extrêmement inhabituel en France ?
2. Qu'est-ce qu'un « pipi rustique » ?
3. Que gagne le champion du marathon ?
4. Qui a gagné et en combien d'heures ?
5. En combien d'heures les derniers coureurs finissent-ils ?

Envol I (180-190)

1. Nommez l'événement.
2. Citez quelques adjectifs pour décrire le goût du vin.
3. Qu'est-ce qui accompagne la chanson ?
4. Nommez le réceptacle où on recrache du vin.
5. Que cherche l'auteur en ville ?
6. Nommez des noms ou types de vin.

Envol II (191-201)

1. Dans quelle région de vin se trouve la ville de Beaune ?
2. Pourquoi avale-t-on une cuillerée d'huile d'olive ?
3. Quant à la ponctualité, comment sont les Français ?

4. Combien de vins au total vont-ils déguster ?
5. Décrivez le Français typique par réputation.
6. Combien de vins par plats ont-ils dégusté ?

Rendez-vous (202-206)

1. Nommez la saucisse la plus aristocratique du monde ?
2. Pendant quelle saison la mange-t-on ?
3. Qu'est-ce qui valait le détour ?
4. Quel temps fait-il ?
5. Qu'est-ce qui est arrivé à l'auteur ?

Une Purge I (207-218)

1. Qui est l'ange gardien gastronomique et quel est son travail ?
2. Comment trouve-t-elle le travail de l'auteur ?
3. Qui est Michel Guérard ?
4. Combien d'étoiles le restaurant d'Eugénie-les-Bains mérite-t-il ?
5. Qu'est-ce qu'une tisane ?
6. Après qui la ville d'Eugénie-les-Bains a-t-elle été nommée ?
7. Qu'est-ce que la cuisine minceur ?
8. Quel est le paradoxe de Guérardville ?

Une Purge II (219-230)

1. L'auteur apprécie-t-il les traîtements thérapeutiques ?
2. Citez les principes de la cuisine minceur ?
3. L'auteur participe-t-il aux activités de tennis, natation, bicyclette et randonnée ?
4. Pourquoi l'auteur va-t-il à la mer ?
5. Qu'est-ce que l'armagnac ?
6. Quels sont les trois C ?
7. Odile croit-elle ce qu'a mangé l'auteur ?

Estomac guidé I (231-238)

1. Quel était le but original du Guide Michelin ?
2. Citez les 3 changements du Guide en 1920 ?
3. Qu'est-ce qu'un macaron ?
4. Quelles sont les conséquences de perdre un macaron ?
5. Pourquoi le Guide est exempt de toute publicité ?

6. Quelle est la différence entre les inspecteurs du Guide Michelin et les critiques gastronomiques ?

Estomac guidé II (239-249)

1. Pourquoi les inspecteurs du guide doivent garder l'anonymat ?
2. Aimeriez-vous faire le travail d'un inspecteur ? Pourquoi ?
3. Qui est Monsieur Tout-le-Monde ?
4. L'auteur espère-t-il devenir inspecteur ?
5. Quelles sont des conséquences des retombées de l'étoile ?
6. Qui est Paul Bocuse ?

D. Guide de lecture pour *Comment cuisiner son mari à l'africaine* par Calixthe Beyala (Albin Michel, 2000)

Vous allez lire l'histoire riche et réfléchie d'une jeune Noire à Paris, Mlle. Aïssatou, qui attire l'attention d'un M. Bolobolo par son habileté culinaire à préparer des délices africains.

Prologue (5-10)

1. L'expression « Il était une fois » … signale le début d'un conte. Comment peut-on le concevoir comme présage à l'histoire du roman ?
2. Comment Andela arrive-t-elle à ses fins ?
3. Traduisez le nom de la recette à la fin du chapitre.
4. Donnez un titre à ce chapitre.

Chapitre 1 (11-16)

1. Pourquoi la narratrice imite-t-elle les Blanches ?
2. Que fait-elle comme travail ?
3. Commentez le rôle de la recette africaine dans l'histoire.
4. Traduisez le nom de la recette à la fin du chapitre.
5. Donnez un titre à ce chapitre.

Chapitre 2 (17-22)

1. Expliquez les conflits personnels de la narratrice.
2. Décrivez la rencontre entre la narratrice et les Blancs au café.
3. Quelle est importance du dîner pour la narratrice ?
4. Traduisez le nom de la recette à la fin du chapitre.
5. Donnez un titre à ce chapitre.

Chapitre 3 (23-28)

1. Décrivez le quartier et l'immeuble de Mlle. Aïssatou (la narratrice).
2. Que pense Mlle. Aïssatou de M. Bolobolo ?
3. Expliquez le conseil de la mère de Mlle. Aïssatou, « Aujourd'hui là. Demain disparus. »
4. Traduisez le nom de la recette à la fin du chapitre.
5. Donnez un titre à ce chapitre.

Chapitre 4 (29-36)

1. Comment comprenez-vous l'expression «J'ai eu une réaction africaine. » ? (31)
2. Quel est le rôle de la mère de Mlle. Aïssatou ?
3. Décrivez le dîner de Mlle. Aïssatou.
4. Traduisez le nom de la recette à la fin du chapitre.
5. Donnez un titre à ce chapitre.

Chapitre 5 (37-42)

1. Quel type d'acheteur est Mlle. Aïssatou — raisonnable, impulsive, réfléchie?
2. Quels sont les « souvenirs communs » (40) de Mlle. Aïssatou et de M. Bolobolo ?
3. Comment M. Bolobolo réagit-il à cette découverte ?
4. Commentez le rôle de la mère de Mlle. Aïssatou dans ce chapitre.
5. Mlle. Aïssatou est-elle une femme pessimiste ou optimiste ? Justifiez votre réponse.
6. Traduisez le nom de la recette à la fin du chapitre.
7. Donnez un titre à ce chapitre.

Chapitre 6 (43-52)

1. Pourquoi Mlle. Aïssatou va-t-elle chez un marabout ?
2. Que symbolise la nourriture ? Justifiez votre opinion.
3. Selon Maïmouna, quel est le défaut de Mlle. Aïssatou ?
4. Quel est le conseil de Maïmouna ?
5. Traduisez le nom de la recette à la fin du chapitre.
6. Donnez un titre à ce chapitre.

Chapitre 7 (53-60)

1. Qui est le meilleur ami de Mlle. Aïssatou ?

2. Que Mlle. Aïssatou propose-t-elle à M. Bolobolo ?
3. Pourquoi Mlle. Aïssatou n'arrive-t-elle pas à dormir cette nuit ?
4. Traduisez le nom de la recette à la fin du chapitre.
5. Donnez un titre à ce chapitre.

Chapitre 8 (61-66)

1. Pourquoi Mlle. Aïssatou va-t-elle chez M. Bolobolo ?
2. Décrivez la mère de M. Bolobolo ?
3. Comment le repas finit-il ?
4. Traduisez le nom de la recette à la fin du chapitre.
5. Donnez un titre à ce chapitre.

Chapitre 9 (67-76)

1. Mlle. Aïssatou est-elle amoureuse de son ami Éric ? Justifiez votre réponse.
2. Que fait Aïssatou dans son appartement ?
3. Quel en est l'effet sur les autres locataires de l'immeuble ?
4. Traduisez le nom de la recette à la fin du chapitre.
5. Donnez un titre à ce chapitre.

Chapitre 10 (77-86)

1. De quelle façon Mlle. Aïssatou se comporte-t-elle différement ?
2. En voyant M. Bolobolo au café, comment Mlle. Aïssatou se sent-elle ?
3. Pourquoi la mère de Mlle. Aïssatou n'est plus présente dans ses pensées ?
4. Traduisez les noms des recettes à la fin du chapitre.
5. Donnez un titre à ce chapitre.

Chapitre 11 (87-94)

1. Quel temps fait-il ? Est-ce symbolique ?
2. Pourquoi Mlle. Aïssatou fait-elle le ménage dans son appartement ?
3. Dans quelle mesure les gens sont-ils « tous prisonniers du temps dans le monde moderne ». (89)
4. Traduisez les noms des recettes à la fin du chapitre.
5. Donnez un titre à ce chapitre.

Chapitre 12 (95-104)

1. Qu'arrive-t-il quand Mlle. Aïssatou invite M. Bolobolo à dîner ?

2. Décrivez le comportement de M. Bolobolo pendant le dîner.
3. Quels goûts différencient les deux rivales, Mlle. Aïssatou et Mlle. Bijou ?
4. Dans quel mesure leurs propres goûts représentent-ils des cultures différentes ?
5. Traduisez les noms des recettes à la fin du chapitre.
6. Donnez un titre à ce chapitre.

Chapitre 13 (105-112)

1. Comment la compétition entre les deux rivales se termine-t-elle ?
2. Discutez l'effet séducteur de la nourriture dans l'histoire.
3. Traduisez le nom de la recette à la fin du chapitre.
4. Donnez un titre à ce chapitre.

Chapitre 14 (113-122)

1. Qu'est-ce qui se passe entre les deux rivales ?
2. Décrivez le comportement de M. Bolobolo pendant qu'il dîne ?
3. Reste-t-il la nuit ? Peut-on penser d'un présage de l'histoire ?
4. Traduisez le nom de la recette à la fin du chapitre.
5. Donnez un titre à ce chapitre.

Chapitre 15 (123-130)

1. Quel conseil la concierge demande-t-elle à Mlle. Aïssatou ?
2. Que Mlle. Aïssatou propose-t-elle comme solution au problème de la concierge ?
3. Comment les repas de Mlle. Aïssatou ont-ils changé M. Bolobolo ?
4. Traduisez les noms des recettes à la fin du chapitre.
5. Donnez un titre à ce chapitre.

Chapitre 16 (131-142)

1. Selon Mlle. Aïssatou, que signifie la nourriture ?
2. Pourquoi la mère de Mlle. Aïssatou réapparaît dans l'histoire ?
3. Traduisez le nom de la recette à la fin du chapitre.
4. Donnez un titre à ce chapitre.

Chapitre 17 (143-150)

1. Que Mlle. Aïssatou voit-elle dans la rue ? Que fait-elle ?
2. Comment M. Bolobolo réagit-il ?
3. Traduisez les noms des recettes à la fin du chapitre.
4. Donnez un titre à ce chapitre.

Épilogue (151-157)

1. Qui est Hélène ? Comment Mlle. Aïssatou réagit-elle par rapport à cette rencontre ?
2. Pensez-vous que Mlle. Aïssatou réussit à « cuisiner son mari à l'africaine » ? Justifiez votre réponse.
3. Traduisez le nom de la recette à la fin du chapitre.
4. Donnez un titre à ce chapitre.

Glossaire Culinaire

Français

Addition (f) : check
Agrumes : citrus fruits
Ailler : to flavor with garlic ; aillé : flavored with garlic
Aliment (m) : food ; aliments allégés : light fare
Alimentation (f) : diet ; un magasin d'alimentation : grocery store
Allumer [le four] : turn on the oven
Amuse-bouche (f) : appetizer
Anchois (m) : anchovy
Appareil (m) : mixture of different ingredients constituting the base of a recipe
Apéritif (m), apéro : before-dinner drink ; prendre l'apéritif : have a before-dinner drink
Appellation d'Origine Contrôlée [AOC] (f) : strict regulations for quality control
Apporter l'addition : bring the bill
Asperger : sprinkle [voir parsemer, saupoudrer]
Assaisonner : to season
Asseoir : sit ; s'asseoir : to seat oneself
Banane (f) : banana
Batteur à œufs : rotary egg beater
Battre [au fouet] : to whisk ; battre en neige : whisk egg whites ; bien battre le mélange : give the mixture a good whisk ; battez-le avec une fourchette : beat it with a fork ; l'œuf battu : beaten egg
Betterave (f) : beet
Beurrer : to butter
Bière (f) : beer
Bifteck (m) : steak
Biscotte (f) : melba toast
Biscuit (m) : cracker, cookie
Boire : drink ; boire à la russe : to drink and cast one's glass aside in the Russian style
Boisson (f) : drink
Bon appétit : Enjoy your meal ; literally, good appetite
Boucherie : butcher's shop
Bouffe (f) : food ; meal among friends
Bouffer : eat
Bouillon (m) : broth [*voir* fond]
Bouillabaisse (f) : fish soup from the region of Provence
Bouquet garni (m) : herbs ; sprigs of fresh herbs tied together and wrapped in cheesecloth
Bouteille (f) : bottle
Bûche de Noël : yule log
Canneberge (f) : cranberry
Calorie (f) : calorie ; beaucoup de calories, peu de calories
Calotte (f) [d'une pomme, d'une tomate] : crown
Calvados (m), calva : apple brandy from Normandy
Carafe (f) : small pitcher [*voir* pichet]
Carte (f) : menu
Casse-croûte (m) : snack
Casserole (f) : saucepan
Cave (f) : cellar, wine cellar
Céréale (f) : cereal ; les céréales : cereal
Chantilly (f) : whipped cream
Charcuterie : delicatessen specialities, pork butcher's shop ; un traiteur : a delicatessen
Charlotte (f) : cake with cream and raspberry sauce
Chauffer, préchauffer : to heat ; to preheat
Chinois (m) : conical sieve ; Passer le tout au chinois au dessous d'un pot : strain over a pot.
Client (m) : customer
Cocotte (f) : deep, oven-proof dish; pressure cooker
Coing (m) : quince
Collation (f) : snack [voir en-cas, goûter]
Commander : to order ; Elle commande un verre de vin ; elle commande du vin.
Commerçant, le marchand : vendor, merchant, shopkeeper

Concassé : crushed, ground
Confit (m) de canard : duck simmered in its own fat
Congeler : to freeze
Convive (m,f) : guest [*voir* hôte]
Coquille (f) : shell
Coquilles Saint-Jacques : scallops
Cordon-bleu (m) : superb cook ; famous French cooking school ; originally was the sash worn by the Ordre du Saint-Esprit which came to symbolize excellence in any field, but especially in cooking.
Côte (f) : chop ; la côte du porc : porkchop ; des côtes d'agneau grillées aux herbes : grilled lamb chops with herbs
Côtelette (f) : a cutlet ; une côtelette de veau : veal chop
Coupe (f) : dish ; la coupe de fraises à la chantilly : strawberry sundae with whipped cream ; une coupe de champagne : glass of champagne
Courgette (f) : zucchini
Couvert (m) : place setting, set of silverware
Croque-monsieur (m) : toasted cheese and ham sandwich ; croque-madame : toasted cheese and ham sandwich with a fried egg on top
Crudités (f) : raw vegetables
Cuillère (f) : spoon ; cuillère en bois : wooden spoon
Cuire à la vapeur, à feu vif : to cook with steam, high heat
Cuisine diététique (f) : diet food ; diététicien : dietician
Curry (m) : curry ; le curry indien : curry
Dégustation (f) : tasting
Déjeuner (m) : lunch ; breakfast in Belgium, Switzerland, Canada ; to eat lunch ; déjeuner sur le pouce : quick lunch
Détrempe (f) : dough
Digestif (m) : after-dinner drink
Dîner (m) : dinner ; to have dinner, to dine ; lunch in Belgium, Switzerland, Canada [*voir* souper]
Eau (f) : water
Éclair (m) : classic French pastry
Égoutter : to drain
Emporter : carry ; [aliment] pour / à emporter : to carry out, food to go
En-cas (m) : snack [*voir* collation, goûter]
Entrée (f) : first course
Entremets (m) : dessert
Éplucher : to peel [*voir* peler]
Escalope (f) [de veau à la normande] : veal cutlet [in cream and mushroom sauce]
Escargot (m) : snail
Faim (f) : hunger ; J'ai faim / J'ai la dalle / J'ai un petit creux : I'm hungry ; Je meurs de faim : I'm dying of hunger ; J'ai une faim de loup : I could eat a horse
Faire ses courses, faire les provisions : to buy groceries
Farce (f) : stuffing
Fariner : to flour [a pan]
Fast-food (m) : fast food [voir restauration rapide]
Fines herbes (f) : mixture of herbs, usually parsley, chives, chervil and tarragon
Flambée : "flambéeing", sprinkling a dish with brandy or other alcohol, then igniting it with a match to burn the alcohol off
Flotte (f) : informal word for "water"
Fond (m) : stock ; fond de volaille : chicken stock, de canard : duck, de bœuf : beef ; [*voir* bouillon]
Fondre : to melt
Fouet (m) : whisk ; fouet à œufs : egg whisk ; battre au fouet : to whisk
Four (m) : oven ; Au four 45 minutes : Bake 45 minutes
Frangipane (f) : almond cream filling
Framboise (f) : raspberry
Friandise (f) : delicacy, sweet ; C'est une friandise : It's a delicacy
Frire : to deep fry
Fromage (m) : cheese ; fromage de chèvre : goat cheese
Galette (f) : flat cake, sweet or savory
Gargote (f) : greasy spoon restaurant
Gastronomie (f) : gastronomy ; gastronome (m) : food connoisseur
Gâteau (m) : cake ; gâteau sec : cookie
Gaufre (f) : waffle
Gourmand(e) : fond of eating and drinking ; having a sweet tooth

Gourmet (m) : epicure
Goût (m) : taste
Goûter (m) : afternoon snack [*voir* collation, en-cas]
Grande surface (f) : big box supermarket
Grignoter : to snack
Groseille (f) : red currant
Grossièrement : coarsely
Guinguette (f) : open-air restaurant
Hacher : to chop
Haricot (m) [le haricot] : bean ; haricot vert / rouge : green / red bean
Homard (m) [le homard] : lobster
Hors-d'œuvre (m) [le hors-d'œuvre] : appetizer
Hôte (m) : host, guest [*voir* convive]
Hot dog (m) [le hot dog] : hot dog
Huile (f) [l'huile] : oil ; huile d'olive : olive oil ; huile de tournesol : sunflower seed oil
Infusion (f) : herbal tea
Ingrédient (m) : ingredient
Ivre : drunk [*voir* soûl, saoul]
Jus (m) : juice
Légume (m) : vegetable ; légumes à l'anglaise : boiled vegetables
Levure (f) : baking powder, yeast
Limonade (f) : similar to Sprite™, 7UP™
Magasin spécialisé : specialty store [*par exemple*, la charcuterie, la boulangerie, le fromagerie]
Maître d'hôtel (m) : maître d.
Maïzena™ : cornstarch
Malbouffe (f) : junk food
Manger : to eat
Mangeur, mangeuse : eater
Marchand (m) : merchant, shopkeeper
Mélange (m) : mixture
Mélanger : to mix
Menu (m) : menu, fixed-price menu
Mets (m) : dish
Mettre [le couvert / la table] : set the table ; se mettre à table : to sit down at the table
Millésime (m) : vintage
Mixer, mixeur (m) : mixer, blender, juicer ; le mixer à lame en hélice : spiral-blade mixer
Motte (f) : slab ; motte de beurre : slab of butter
Moule (m) : cake tin
Moutarde : mustard (f)
Mûr/e : ripe
Mûre (f) : blackberry
Myrtille (f) : blueberry
Nappe (f) : tablecloth
Napper : to coat
Navarin (m) : lamb stew
Navet (m) : turnip
Neige [battre en] (f) : to whip or beat until stiff
Noisette (f) : hazelnut ; une noisette de beurre : a knob of butter
Noix (f) : walnut : une noix de beurre : a pat of butter : noix de cajou : cashew
Œuf (m) : egg ; œufs en neige : whipped egg whites
Oignon (m) : onion
Omelette (f) : omelette ; omelette norvégienne : baked Alaska
Organisme génétiquement modifié, OGM (m) : genetically-modified organism
Pain (m) : bread ; baguette (f) : thin, long loaf ; flûte (f), ficelle (f) : very thin, long loaf ; bâtard (m) : fat, short loaf ; pain de campagne : round country loaf ; pain complet : whole wheat ; artisanal : using traditional technique & ingredients ; pain de seigle : rye ; pain de sarrazin : buckwheat ; pain perdu (French toast) ; pain de mie (white sandwich bread) ; pain d'épice : gingerbread
Papillotte (f) : candy paper ; en papillottes : baked in tinfoil
Parfum (m) : flavor
Paroi (f) : inside surface ; les parois du bol : inside surfaces of the bowl
Parsemer : sprinkle [*voir*, asperger, saupoudrer]
Passer : to pass ; passez-moi…s'il vous plaît ; passe-moi….s'il te plaît : please pass the ….
Passoire (f) : strainer [*voir* chinois]
Patate (f) : potato ; patate douce : sweet potato
Pâté (m) : liver paste
Pâte (f) : batter, dough [*voir* détrempe] ; pâte brisée : short-crust pastry ; pâte feuilletée : puff pastry
Pause-café (f) : coffee break
Peler : to peel [*voir* éplucher, détacher]
Petit déjeuner (m) : breakfast
Pichet (m) : small pitcher [*voir* carafe]

Picoler : to drink alcohol in excess
Pièce (f) : piece ; la pièce : apiece ; à la pièce : separately
Pinard (m) : informal word for wine
Pizza (f) : thin pizza
Plat (m) : dish [*voir* mets] ; baking dish ; platter
Plat principal (m):main course
Poêle (f) : frying pan ; stove ; passer à la poêle, poêler : to fry ; poêlée (f) : panful
Poêlon (m) : casserole
Pois (m) : pea ; petit pois : pea ; pois chiche : chickpea
Poisson (m) : fish ; poissonnier/ière : fishmonger
Poivre (m) : pepper ; la poivrière et la salière : pepper and salt shakers
Poivron : pepper ; poivron rouge / vert : red / green pepper
Pomme (f) : apple ; pommes mousseline : mashed potatoes
Pomme de terre (f) : potato ; pomme de terre en robe de chambre / en robe des champs : baked potatoes ; pommes de terre mousseline : mashed potatoes [voir purée] ; pommes frites (f) : French fries
Potage (m) : soup [*voir* soupe]
Potager (m) : kitchen or vegetable garden
Pot-au-feu (m) : beef and vegetable stew
Poulet (m) : chicken
Pourboire (m) : tip
Prendre : to order, to eat ; Que prenez-vous, messieurs-dames ? : What would you like to order? ; prendre le petit déjeuner / un verre d'eau
Pression (f) : draft beer
Primeurs (f) : early produce
Profiteroles (f) : puff pastry shells often laced with chocolate syrup ; des profiteroles au chocolat : cream puffs with chocolate sauce
Purée (f) : mashed potatoes [voir pommes mousseline]
Quenelle (f) : dumpling
Quiche (f) : quiche
Radis (m) : radish
Raisin (m) : grape ; raisin sec : raisin
Ramequin (m) : individual baking dish for custard and mousse
Râpé : grated
Rassis : stale
Recette (f) : recipe
Recevoir : to invite someone to one's home, to have someone over
Régime (m) : diet
Remuer : stir
Répartir : to divide up : répartir dessus en petits morceaux une noix de beurre : dot all over with small bits of a pat of butter
Repas : meal ; le repas fait maison : home cooking ; petit repas : informal meal
Reprendre : to take again ; to eat another serving ; Je reprendrais bien un peu de....? ; May I have another helping of...?
Restaurant (m) : restaurant ; restau-U, restaurant universitaire : campus cafeteria ; au restau-U : at the campus cafeteria
Restauration rapide (f) : fast food [*voir* fast-food]
Rissoler : to sauté
Riz (m) : rice ; riz au lait : rice pudding
Rouleau (m) : rolling pin
Rôti : roasted, roast
Saladière (f) : salad bowl
Salé : salty, salted ; salé et sucré : savory & sweet
Salière (f) et la poivrière : salt and pepper shakers
Santé, À votre santé, À ta santé : These expressions meaning "to your health" or "Cheers" are useful for toasts
Saoul : drunk [*voir* ivre, soûl]
Saucisse (f) : sausage
Saucisson (m) : pre-cooked sausage
Saupoudrer : to sprinkle, [*voir* asperger, parsemer]
Sauter : to sauté
Sel (m) : sel ; gros sel : coarse salt
Sens (m) : sense ; le goût, la vue, l'odorat (m), le toucher et l'ouïe (f) : taste, sight, smell, touch, hearing
Serveur/euse : waiter
Sommelier/ère : wine steward, wine waiter
Soûl : drunk [*voir* ivre, saoul] ; se soûler : to get drunk
Soupe (f) : soup ; consommé : clear soup ; potage : thick soup ; crèmes : cream soups ; veloutés : made with a white sauce

Souper (m) : dinner [in Belgium, Switzerland, Canada]
Sous-vide : cooked using vacuum-packed plastic bags
Spatule (f) : spatula
Stand (m) : outdoor display [e.g. vegetable stand]
Stufatu : slowly cooked in a closed container ; regional specialty of Corsica
Sucre (m) : sugar ; sucre en poudre : powdered sugar : sucre semoule : granulated sugar
Sucré : sweet ; sucré et salé : sweet & savory
Supermarché, le marché en plein air, les grandes surfaces ; l'épicerie [grocery store]
Surgelé (m) : frozen food, deep-frozen
Tablier (m) : apron
Tartare [steak] : seasoned raw steak
Tarte (f) : tart ; tarte aux pommes / au citron : apple / lemon tart
Tarte Tatin (f) : upside-down apple tart
Tartiflette (f) : cheese, potato and cream casserole specialty in the Savoie region
Tartine (f) : French bread with a spread [e.g. butter, jam]
Terrine (f) : earthenware dish often used for pâté ; terrine de pâté de foie : liver pâté
Thé (m) : tea
Torchon (m) : dish towel
Tournesol (m) : sunflower
Tourte (f) : double-crust tart, generally considered part of la cuisine paysanne, the cooking of the countryside
Traiteur (m) : a delicatessen
Travailler : to work ; Ne travaillez pas la pâte : don't overwork the batter
Trou normand (m) : palate cleanser between courses, traditionally with calvados
Ustensile (m) [de cuisine] : utensil
Vapeur (f) [à la] : steamed
Végétalien/ne : vegan
Végétarien/ne : vegetarian
Verser : to pour ; versez-y : pour into [the container]
Viennoiseries (f) : particular types of bread available in bakeries all over France
Vin (m) : wine ; vinification (f) : wine making
Vinaigre (m) : vinegar
Vignoble (m) : vineyard
Volaille : poultry
Volontiers : gladly
Yaourt (m) : yogurt ; pot de yaourt : carton of yogurt
Zeste (m) : zest ; zeste de citron : lemon zest

Anglais

After dinner drink: digestif (m)
Allspice: poivre (m) de la Jamaïque
Appetizer: amuse-bouche (m), hors-d'œuvre (m), amuse-gueule (m),
Apple: pomme (f)
Apiece: la pièce (f)
Apron: tablier (m)
Bake (to) [breads, cake, pies] : faire du pain; faire un gâteau; faire une tarte; cuire au four du pain; bake [apples, potatoes]: rôtir; Bake 45 minutes: Au four 45 minutes [verb is understood]
Baking powder: levure chimique (f)
Baking soda: bicarbonate de soude (m)
Banana: banane (f)
Batter: pâte (f)
Bean: le haricot (m)
Beef: bœuf (m)
Beer: bière (f); dark beer: bière brune; lager beer: bière blonde; draft beer: pression (f); lite beer: bière légère
Before-dinner drink: apéritif (m), apéro; to have a before-dinner drink: prendre l'apéritif
Blackberry: mûre (f)
Blackcurrant: cassis (m)
Blender: mixer (m), mixeur (m)
Blueberry: myrtille (f), bleuet (m) [in Canada]
Boil (to): bouillir, cuire à l'eau; bring to a boil: porter à ébullition
Boiled: à l'anglaise
Bottle: bouteille (f)
Bottle opener: ouvre-bouteilles (m)
Bowl: bol (m), recipient (m)
Braise (to): braiser, étuver
Bread: pain (m); whole wheat: pain complet; sandwich bread: pain de mie; dinner roll: petit pain; rye bread: pain de seigle; gingerbread: pain d'épice; French toast: pain perdu

Breakfast: petit déjeuner (m); déjeuner [in Belgium, Switzerland, Canada]
Broil (to): faire griller, gratiner
Brown (to): faire revenir, dorer, rissoler
Calorie: calorie (f)
Can opener: ouvre-boîtes (m)
Cashew: noix de cajou (f)
Casserole: poêlon (m)
Carrot: carotte (f)
Carton: carton (m)
Celery: céleri (m)
Chair: chaise (f)
Check: addition (f)
Cheese: fromage (m)
Chervil: cerfeuil (m)
Chick pea: pois chiche (m)
Chicken: poulet (m); fried chicken: poulet frit; roast chicken: poulet rôti
Chive: ciboulette (f)
Chocolate: chocolat (m); hot chocolate: chocolat chaud
Chocolate bar: tablette de chocolat (f); chocolate square: un carré de chocolat; milk chocolate: chocolat au lait; dark chocolate: chocolat noir
Christmas: Noël (m)
Cinnamon: cannelle (f)
Citrus fruit: agrume (m)
Clove: girofle (m)
Comfort food: cuisine (f) de grand-mère
Cookie: biscuit (m), gâteau sec (m); chocolate chip cookie: cookie (m)
Cornstarch: Maïzena ®, fécule de maïs, farine de maïs
Course: service (m), plat (m); main course: plat principal (m); first course: entrée (f)
Covered: enrobé
Cranberry: canneberge (f)
Cucumber: concombre (m)
Cup: tasse (f)
Deep fry (to): faire frire
Diet: régime (m); to go on a diet: se mettre au régime, suivre un régime; to be on a diet: être au régime; diet food: produit allégé et light, produit léger, produit minceur
Diner: client (m,f), convive (m,f)
Dinner: dîner (m); dinner guest: convive (m,f)
Dish: plat (m), mets (m)
Dish towel: torchon (m)
Dishwasher: lave-vaisselle (m)
Double-boiler: bain-marie (m); to cook in a double-boiler: cuire au bain-marie
Drain (to): égoutter
Drunk: ivre, soûl, saoul; to get drunk: se soûler
Easter: Pâques (f)
Egg: œuf (m); fried egg: œuf au plat / sur le plat; scrambled eggs: œufs brouillés ; hard-boiled egg: œuf dur; soft-boiled egg: œuf à la coq, œuf mollet; egg white: blanc d'œuf (m); egg whites: blanc d'œufs; egg yolk: jaune d'œuf (m)
Eggplant: aubergine (f)
Eggshell: coquille (f)
Egg timer: minuteur (m)
Electric mixer: batteur (m) électrique
Fast food: fast-food (m); restauration rapide (f)
Fat: matière grasse (f)
Feast: fête (f), festin (m); to feast: fêter, festoyer; to eat one's fill of: se repaître
Fennel: fenouil (m)
Fine dining: cuisine (f) gastronomique; haute cuisine
Fish: poisson (m)
Flavor: parfum (m), saveur (f)
Food: nourriture (f), aliment (m), alimentation (f)
Foodie: amateur (m) de bonne bouffe, foodista (m/f)
Food industry: agro-alimentaire (m)
Food mixer: mixeur (m)
Food processor: robot (m) ménager, robot de cuisine
Fork: fourchette (f)
French fries: [pommes] frites (f)
Freeze (to): congeler; deep freeze (to): surgeler
Fry (to): faire poêler, cuire à la poêle
Full: I'm full: Je n'ai plus faim, J'ai assez mangé, Je suis repu [Not: Je suis plein.]
Garlic: ail (m)
Genetically-modified organism: organisme génétiquement modifié [OGM]
Ginger: gingembre (m)
Glass: verre (m)
Grape: raisin (m)
Grate (to): râper; grated: râpé
Grater: râpe (f); cheese grater: râpe à fromage

Green [ecology]: vert (m), écolo-; go green: au vert
Green bean: haricot (m) vert
Grill (to): griller, faire griller, cuire au gril
Grocery shopping: faire le marché, faire ses courses
Groceries: provisions (f)
Ground: concassé
Ground beef: steak haché (m)
Guest: convive (m,f), hôte (m)
Hamburger: le hamburger (m)
Hazelnut: noisette (f)
Heat (to): [faire] chauffer; to preheat: [faire] préchauffer
Health food: aliments (m) naturels
Health food store: magasin (m) de produits bio
Helping: portion (f); part (f) [de gâteau, de tarte]
Hot dog: le hot dog (m); chien chaud [au Canada] (m)
Ice cream: glace (f)
Ingredient: ingrédient (m)
Invite (to): inviter, recevoir; to have someone over: recevoir
Jam: confiture (f)
Jar: pot (m)
Jelly: confiture (f)
Juice: jus (m); juicy: juteux/euse
Junk food: malbouffe (f)
Kabob: à la broche
Ketchup: ketchup (m)
Kitchen: cuisine (f)
Kitchen sink: évier (m)
Knife: couteau (m); bread knife: couteau à scie; cheese knife; couteau à fromage
Label: étiquette (f)
Ladle: louche (f)
Lamb: agneau (m)
Leftovers: les restes (m)
Lemonade: citronnade (f), fresh-squeezed lemonade: citron pressé (m)
Lettuce: laitue (f), salade (f); romaine lettuce: romaine (f)
Liver: foie (m)
Loaf [of bread]: un pain (m)
Lollipop: sucette (f)
Lobster: le homard (m)
Maître d.: maître d'hôtel (m)
Mango: mangue (f)
Maple syrup: sirop d'érable (m)
Marshmallow: guimauve (f)
Mayonnaise: mayonnaise (f)
Meal: repas (m)
Measure (to): mesurer
Medium-cooked [steak]: à point
Melt: [faire] fondre
Menu: carte (f); fixed-price menu: menu (m)
Milk: lait (m)
Mince (to): émincer
Mineral water: eau minérale (f)
Mixer: robot (m), mixer (m), mixeur (m), batteur (m)
Mixture: mélange (m)
Mold: moule (m)
More: encore; to have / eat more: reprendre
Mouthful: bouchée (f), gorgée (f)
Mushroom: champignon (m)
Mustard: moutarde (f)
Napkin: serviette (f)
Non-stick coating: revêtement anti-adhérent (m)
Nutmeg: muscade (f)
Nutrient: élément nutritif (m)
Nutrition: nutrition (f)
Nutritious: nutritif, nourrissant
Oil: huile (f); olive oil: huile d'olive; vegetable oil: huile végétale
Olive: olive (f)
Omelette: omelette (f); mushroom omelette: omelette aux champignons
Onion: oignon (f)
Oregano: origan (m)
Organic: biologique, bio
Owner [of a restaurant]: patron /nne
Parsley: persil (m)
Pea: pois (m), petit pois
Peel (to): éplucher, peler [une légume, un fruit]; décortiquer [une crevette, une noix], écaler [un œuf]
Pepper: poivre (m); pepper shaker: poivrière (f)
Pesticide: pesticide (f)
Pickle: cornichon (m)
Pizza: pizza (f)
Place mat: nappe (f)
Place setting: couvert (m)
Plate: assiette (f)

Platter: plat (m)
Poach (to): pocher
Pork: porc (m)
Potato: pomme de terre (f); mashed potatoes: purée (m), mousseline (f); sweet potato: patate douce
Pour (to): verser
Preheat (to): [faire] préchauffer
Preservative: conservateur (m)
Pumpkin: potiron (m); citrouille (f)
Queasy [to feel]: avoir mal au cœur
Quiche: quiche (f)
Quince: coing (m)
Radish: radis (m)
Raisin: raisin sec (m)
Rare-cooked [steak]: saignant; very rare : bleu; medium: à point
Raspberry: framboise (f)
Rice: riz (m); rice pudding: riz au lait
Ripe: mûr/e
Roast (to): rôtir
Roll [bread]: petit pain (m)
Rosemary: romarin (m)
Rolling pin: rouleau (m)
Sage: sauge (f)
Salade bowl: saladier (m)
Salt: sel (m); sea salt: sel marin, sel de mer; salt shaker / cellar: salière (f)
Sauce: sauce (f)
Saucepan: casserole (f)
Saucer: sous-tasse (f), soucoupe (f)
Sausage: saucisse (f); pre-cooked sausage: saucisson (m)
Sauté (to): [faire] sauter, [faire] rissoler
Savory: sarriette (f)
Scale: balance (f)
Season: saison (f); to season: assaisonner
Seasoning: assaisonnement (m)
Seat: siège (m); to seat oneself: s'asseoir
Sense: sens (m); sense of taste, sight, smell, touch, hearing: le gout, la vue, l'odorat (m), le toucher et l'ouïe (f)
Serving: portion (f); part (f) [de gâteau, de tarte]; serving spoon: cuillère de service (f)
Set (to) [the table]: mettre le couvert, mettre la table
Shopkeeper: marchand (m)
Silverware: couvert (m)
Simmer (to): mijoter; cuire à petit feu
Sink: évier (m)
Sip: à petites gorgées : in sips
Sit (to) [down at the table]: se mettre à table
Sorrel: oseille (f)
Soup: soupe (f); clear soup: consommé; thick soup: potage; cream soup: velouté
Soy sauce: sauce soja (f)
Snack: casse-croûte (m); collation (f), en-cas (m), goûter (m); to snack: grignoter
Spatula: spatule (f)
Spoon: cuillère (f); soupe spoon: cuillère à soupe; teaspoon: cuillère à café; dessert spoon: cuillère à dessert
Spoonful: cuillerée (f)
Spread (to): étaler
Sprinkle (to): saupoudrer, parsemer, asperger
Stale: rassis
Steak: bifteck (m), steak (m)
Steam (to): cuire à la vapeur
Steep (to) [tea]: faire infuser le thé
Stew: pot-au-feu (m); make stew: cuire à la casserole
Stock: fond (m); chicken stock: fond de volaille / / de canard / de bœuf
Stove: poêle (f)
Strainer: passoire (m); strained: passé au chinois
Straw: paille (f)
Strawberry: fraise (f)
String bean: le haricot vert (m)
Stuffing: farce (f)
Sugar: sucre (m); granulated sugar: sucre semoule (m); powdered sugar: sucre glace (m)
Supermarket: supermarché (m), moyenne surface (f), grande surface (f)
Sustainable: durable
Sweet potato: patate douce (f)
Sweets: douceurs (f), sucreries (f), friandise (f), mignardise (f)
Sweet tooth: gourmand/e
Syrup: sirop (m)
Tablecloth: nappe (f)
Take-out, carry-out: pour / à emporter
Tea: thé (m); tea bag: sachet (m) de thé; tea pot, kettle: théière (f); loose tea: thé en vrac

Thyme: thym (m)
Tip: pourboire (m)
Toast (to) [bread]: griller; Make toast: faire griller le pain; French toast: pain perdu (m); toast (to one's health): trinquer [À votre santé !]
Tomato: tomate (f)
Turkey: dinde (f), dindon (m)
Utensil: ustensile (m), outil (m)
Vanilla: vanille (f)
Vegan: végétalien/ne
Vegetable: légume (m); vegetable garden: potager (m); vegetable oil: huile végétale (f)
Vegetarian: végétarien/ne
Vinegar: vinaigre (m); balsamic vinegar: vinaigre balsamique; red wine vinegar: vinaigre de vin
Vineyard: vignoble (m)
Vintage: millésime (m)
Waffle: gaufre (f)
Waiter: serveur/euse [Not: garçon]
Walnut: noix (f)
Warm: tiède
Wash (to): laver; to wash one's hands: se laver les mains; to wash the dishes: faire la vaisselle
Water: eau (f); mineral water: eau minérale; fizzy water: eau gazeuse
Watermelon: pastèque (f)
Well-cooked (steak): bien cuit
Wet: mouillé/e
Whipped cream: chantilly (f)
Whisk: fouet (m); egg whisk: fouet à œufs; to whisk: battre au fouet; whisk the eggs into the mixture: incorporez les œufs dans le mélange avec un fouet
Wholewheat bread: pain complet (m)
Wine: vin (m); wine making: vinification (f); wine cellar: cave (f); wine glass: verre à vin (m); wine waiter: sommelier/ère
Yeast: levure (f)
Yogurt: yaourt (m)
Yolk [of egg]: jaune d'œuf (m)
Yule log: bûche de Noël (f)
Zest: zeste (m); lemon zest: zeste de citron
Zucchini: courgette (f)

Index

Grammaire

Personnages

Sujets

Crédits

Text

p. 5, excerpt from poem by Pierre de Ronsard. Public domain.

pp. 8–9, excerpt from *Gargantua et Pantegruel* by Rabelais. Public domain.

pp. 13–14, essay "La vie se croque au Nutella™" by Karine Annequin Welch. Used with permission.

p. 21, excerpt from poem "Le repas" by G. Apollinaire. Public domain.

pp. 24–25, *De la vanité des paroles*, excerpt from *Essais* of Montaigne. Public domain.

pp. 28–30, essay "La fille de la boulangerie" by Anne-Violin-Wigent. Used with permission.

p. 35, "L'Âme du vin", excerpt from *Les fleurs du mal* by Charles Baudelaire. Public domain.

pp. 38–39, "Le pavillon des fruits", excerpt from *Le ventre de Paris* by Emile Zola. Public domain.

pp. 42–46, essay, "De Prada pour de poulet" by Amy Glaze. Used with permission.

p. 52, from the novel *Les Nourritures terrestres* by Andre Gide. Public domain.

pp. 56–59, "La Madeleine", excerpt from *A la recherché les temps perdu*, Book 1 by Marcel Proust. Public domain.

pp. 67–69, essay "La beauté du couscous marocain" by Valérie Orlando. Used with permission.

p. 77, poem "Le vin perdu" by Paul Valéry. Public domain.

pp. 80–81, "Une cuisine modèle", excerpt from *Mon dictionnaire de cuisine* by Alexander Dumas. Public domain.

pp. 84–85, essay "Le nord et ses délices" by Frédérique Grim. Used with permission.

pp. 86–88, essay "Souvenirs de mes Noëls en France" by Maud Cherrier. Used with permission.

p. 94, Jean Cocteau, "Fruit" in Poesie 1913-1926, © Éditions Gallimard

pp. 98–99, "La symphonie des fromages", excerpt from Le ventre de Paris by Émile Zola. Public domain.

pp. 102–104, essay "Une viande de qualité dans le respect de la nature" by Maud Roucan-Kane. Used with permission.

pp. 105–107, essay "Qui c'est le gumbo?" by Michelle Beniot (writer/filmmaker) and Glen Pitre (writer/filmmaker). Used with permission.

p. 112, Raymond Queneau, poème composé à partir de Cent mille milliards de póemes, © Éditions Gallimard

pp. 115–116, "Le bifteck et les frites", excerpt from *Mythologies* by Roland Barthes, © Éditions du Seuil, 1957, coll. *Points Essais*, 1970, 2007. Used with permission.

pp. 119–121, essay "La paix des dames" by Nicole Roger-Hogan. Used with permission.

pp. 122–124, essay "La cuisine guadeloupéenne" by Nadège Veldwachter. Used with permission.

pp. 131–132, poem "Le gombo de Cadiens" by Isabelle Têche. Originally published in *Acadie Tropicale: poésie de Louisiane* (Center for Louisiana Studies, 1983). Used with permission.

pp. 135–137, *Le goûter* de Jeannine Worms, Paris, Éditions L'avant-scène théâtre, no. 492, 1er avril 1972. Used with permission.

pp. 140–143, essay "Embrassons le terroir" by Karen Thielman and Christopher Thielman. Additional translation by Pascal Simonnot. Used with permission.

pp. 144–146, essay "Moi, breton" by Eric Calais. Used with permission.

p. 153, Jaques Prévert, "Déjeuner du matin" in Paroles, © Éditions Gallimard

pp. 157–158, excerpt from *Le père Goriot* by Honoré de Balzac. Public domain.

pp. 161–162, essay "La Fresh Attitude" by Valérie Perez, responsable pédogogique, École des Trois Ponts. Used with permission.

pp. 163–168, essay “Ma culture adoptée” by Jennifer Haase. Used with permission.

Photos and Illustrations

p. 2, © istockphoto / nicoolay
p. 3, © istockphoto /nicoolay
p. 8, © Becky Brown
p. 14, © Maud Roucan-Kane
p. 15, © istockphoto / Silberkorn
p. 19, © istockphoto / Ceneri; Linda Diering and Becky Brown
p. 30, © Becky Brown
p. 31, © istockphoto / dirkr
p. 34, © Becky Brown
p. 38, tartes © Lowell Brown Knight, market © Tom Stephenson
p. 44, © Amy Glaze
p. 48, © istockphoto / Olga Lyubkina
p. 55, © Becky Brown
p. 57, © Becky Brown and Coralie Brown Knight
p. 59, © Becky Brown
p. 61, © Becky Brown
p. 66, © Becky Brown
p. 67, © Becky Brown
p. 68, © Tom Stephenson
p. 70, © istockphoto / toulouse_lulu
p. 74, © Becky Brown
p. 83, © Becky Brown
p. 87, © Becky Brown
p. 89, © istockphoto / Robyn Mackenzie
p. 91, © Becky Brown
p. 92, © Linda Diering and Becky Brown
p. 93, © Becky Brown and Coralie Brown Knight
p. 103, © Maud Roucan-Kane
p. 107, © Becky Brown
p. 108, © istockphoto / Carmen Martínez Banús
p. 110, © Becky Brown
p. 125, © Tom Stephenson
p. 126, © istockphoto / Viktor Fischer
p. 127, © Becky Brown
p. 128, © Linda Diering
p. 129, © Becky Brown and Coralie Brown Knight
p. 133, © Becky Brown
p. 141, © Karen Thielman
p. 143, © Karen Thielman
p. 145, © Becky Brown
p. 147, © istockphoto / Linda and Colin McKie
p. 150, © Becky Brown and Coralie Brown Knight
p. 152, © Becky Brown
p. 161, © Melanie Clary
p. 165, © Becky Brown
p. 168, © Becky Brown
p. 169, © istockphoto / Douglas Freer